백범 선생과 함께 한 나날들

백범 선생과
함께 한
나날들

선우진 지음 | 최기영 엮음

푸른역사

백범 김구 선생 존영

踏雪野中去　눈 덮인 들판을 걸어갈 때
不須胡亂行　함부로 걷지 말지어다
今日我行跡　오늘 내가 걸어간 발자국은
遂作後人程　뒷사람의 이정표가 되리니

백범 선생이 안중근 의사 의거 기념일인
1948년 10월 26일에 쓴 글이다.

대한민국임시정부 환국 기념(1945년 11월 3일)

대한민국임시정부 환국 기념 방명록(1945년 11월 3일)

들어가며

내가 백범白凡 김구金九 선생을 처음 뵌 것은 1945년 1월 31일, 중경重慶의 대한민국임시정부를 찾아 갔을 때였다. 그리고 1949년 6월 26일 백범 선생이 서거하신 그날까지 만 4년 반 동안 선생을 곁에서 모셨다. 백범 선생을 처음 뵈었을 때, 그분의 연세는 일흔이었고 나는 스물넷이었다. 조부나 다름없는 어른의 말년을 모신 셈이다.

일생을 조국의 독립에 바친 백범 선생은 당시 임시정부의 주석이자 독립운동의 거목이었다. 그런 어른을 곁에서 모신 일은 개인적으로 크나큰 영광이 아닐 수 없다. 사실 내 능력을 넘어서는 벅찬 일이었다. 반세기가 지났건만 아직도 백범 선생을 제대로 모시지 못해 죄송스럽기만 하다.

많은 사람들이 묻곤 한다. 백범 선생을 모시고 이른바 남북협상을 위해 평양에 다녀온 일이라든가, 돌아가실 때의 일을. 남북협상과 관련해서는 여러 차례 언급한 바 있지만 사실 백범 선생의 서거는 지금도 떠올리고 싶지 않은 기억이다. 그럼에도 내가 그 기억들을 찾아 나선 이유는 그분의 삶이 보여준 감동과 그분의 인간성 때문이다.

백범 선생은 독립운동가이자 조국통일에 헌신하신 분이기 이전에 범부凡夫를 자처하면서 따뜻한 인간애와 검소, 절제를 몸소 보여주었다. 당신 자신이 으뜸이 되기보다 나라와 국민을 섬긴 겸손한 분이었다. 진정한 지도자는 바로 그러한 분이라고 생각한다. 나는 백범 선생을 그림자처럼 수행하면서 선생의 그러한 면면을 생생히 지켜볼 수 있었다.

주위에서 그러한 백범 선생의 모습을 전할 수 있는 회고록의 집필을 종종 권유했지만, 오래 사양해 왔었다. 백범 선생의 서거가 나의 불민不敏 때문이라는 자책이 그 한 이유였다.

백범 선생은 우리 국민 모두가 가장 존경하는 인물이다. 독립운동뿐 아니라 통일운동의 선구자로 선생의 뜻이 제대로 이해되고, 서거 50주년을 맞아 그 분의 전집도 발간되었으며, 숙원이던 백범기념관이 완성되기에 이르렀다. 2007년 11월에는 백범 선생이 새로 발행될 10만 원권의 초상 인물로 선정되었다. 간난艱難했던 백범 선생의 일생이 역사가 흘러 오늘에 새롭게 국민들에게 되살아나는 것을 보면, 그 분은 오히려 행복한 삶을 사셨다고 평가해도 좋지 않을까.

따라서 이제 죄스러움을 넘어 팔십이 훨씬 넘은 내 기억이 더 희미해지기 전에 기억 속에 살아 있는 내가 아는 선생의 모습을 많은 이들에게 전하는 것이 내 마지막 의무가 아닐까 하는 생각이 들었다. 대단치 않은 내 지난 생애를 회고하는 것이 아니라, 백범 선생의 모습을 알리고 싶었던 것이다. 마침 김호연 김구재단 이사장의 권유와 서강대학교 최기영 교수의 도움을 받아 일을 마칠 수 있었다. 감사드린다. 더불어 이 책을 내는 데 수고한 여러 분에게 감사의 말을 전한다.

2008년 12월

선우진

차례

1948년의 사진 한 장

새벽잠을 설쳤다. 밤새 악몽을 꾼 것 같기도 하다. 탕 하는 총소리가 꿈결처럼 들린다. 무릎이 움찔한다. 이내 눈을 떴다. 여든이 훌쩍 넘은 요즘은 건강이 썩 좋지 못하다. 특히 다리가 욱신거려서 바깥출입을 거의 하지 않고, 종종 병원 신세를 지기도 한다. 주일마다 교회에 나가거나 집에서 성경을 읽고 기도하는 것을 소일로 삼은 지 오래다.

2007년 10월 2일, 유독 일찍 눈이 떠질 수밖에 없었다. 텔레비전 뉴스에서는 벌써 청와대의 방북 준비 장면을 비추고 있다. 간밤에 배달된 신문에는 노무현盧武鉉 대통령을 중심으로 한 남북 정상회담 방북단이 평양에서 나흘 동안 가질 예상 행사가 조목조목 정리되어 있었다. 청와대를 출발한 대통령 전용차의 이동경로도 보기 쉽게 그래픽으로 꾸며져 있었다. 벤츠 S600이 청와대를 나서 효자동 길로 접어들고 이윽고 광화문 대로에 다다르자 간간히 손을 흔들어주는 출근길 시민들의 모습이 화면에 잡혔다. 백범 선생이 1948년 38선을 넘은 이후로 처음 있는, 59년 만의 일이다. 남한의 지도급 인사가 육로로 평양길에 오르는 역사적인 사건은.

7년 전인 2000년에는 남한의 김대중金大中 대통령과 북한의 김
정일金正日 국방위원장이 분단 이후 처음으로 상봉해 전 세계의
이목을 집중시켰었다. 그러니까 통일을 향한 역사의 흐름에서 보
자면 백범 선생이 그 초석을 놓은 이래 반세기여 만에 두 번째,
세 번째로 남북 정상이 만나게 된 것이다. 이 모든 과정을 지켜보
는 나로서는 그야말로 남북 관계가 한 걸음씩 진보하고 있다는
생각을 떨칠 수 없었다.

　방북단 차량은 서울에서 1시간여 만에 군사분계선에 도착했
다. 노무현 대통령은 전용차에서 내려 지금은 매끈하게 아스팔트
로 포장된 노란 군사분계선을 향해 뚜벅뚜벅 걸어갔다. 남북정상
회담 공동기자단의 카메라 플래시가 부지런히 터지고 있었다.

　1948년 4월 19일, 그날도 플래시가 사방에서 터져 나왔다. 오
후 5시 50분, 개성의 합동통신 지사 앞을 통과할 무렵, 트럭에 몰
려 탄 채 길목을 지키던 20~30명의 기자들이 서라는 시늉을 하
며 인터뷰를 하자고 외쳐댔다.

　"서지 말고 계속 달리세."

　백범 선생은 미동도 하지 않고 운전사를 재촉했다. 개성에서
우리를 놓친 기자들은 길이 나쁜 해주−개성 사이의 도로에서 간
신히 우리 차를 따라잡았다. 백범 선생은 여현礪現지서를 거쳐 38
선 팻말 앞에 당도해서야 길게 숨을 돌리고 기자들을 만나주었
다. 이미 해는 서산을 뉘엿뉘엿 넘어가고 있었다. 오후 6시 40분.
초라하게 꽂혀 있는 38선 팻말의 글씨가 황혼에 조용히 묻혀가

는 시간이었다. 조선통신 사회부 유중렬柳重烈 기자 등 보도진들의 요청으로 백범 선생은 촬영 포즈를 취했다. 사진 촬영이 끝나기가 무섭게 기자들의 질문이 쏟아졌다.

"선생님, 이번 길이 성공하리라고 보십니까."

"첫술에 배부를 수야 있겠소. 동족상잔을 피하기 위해서는 어떻게든 만나서 얘기를 해봐야 되지 않겠소."

백범 선생은 짤막하지만 의연하게 대답했다.

그날 38선 팻말을 배경으로 찍은 한 장의 사진이 평생 머릿속에서 떠나질 않는다. 이미 역사가 되어버렸지만, 마치 활동사진처럼 백범 선생의 목소리와 손짓 하나하나가 생생하다. 사진 속에는 세 남자가 꼿꼿하게 서 있다. 백범 선생은 예의 그 한복과 중절모 차림이었다. 우측으로는 선생의 아들 김신金信 씨가 다부진 표정으로 뒷짐을 진 채 서 있고, 좌측으로 한 발자국 떨어진 곳에는 말쑥한 정장 차림의 수행비서가 있다. 바로 나, 선우진鮮于鎭이다.

歷 史 的 刹 那

1948년 4월 19일 오후 6시 45분, 38선상의 백범 선생. 왼쪽은 나 선우진, 오른쪽은 백범 선생의 아들 김신 씨다. 사진을 찍은 유중렬 기자는 이 순간을 "역사적 찰나歷史的 刹那"라 명명했다.

1장

1948년,
역사의 한 페이지

북으로 북으로

"어떤 복안을 가지고 가십니까."

"복안이야 내가 주장한 남북통일이지."

백범 선생께서 늘 강조하시던 말이었으나 38선상에서의 이 말은 또 다른 무게와 의미를 지녔다. 회견은 불과 5분뿐이었다.

"어서 가세. 밤중에라도 빨리 대어가야지."

백범 선생의 재촉에 잠시 갈 길을 잊었던 차는 황혼의 38선을 넘어 북녘 땅으로 서서히 굴러 내려갔다. 잡초가 무성하게 자란 철도변 빨간 신호등이 유난히도 빛나고 있었다.

"부디 성공하고 돌아오시기 바랍니다."

기자들이 손을 들어 작별인사를 건네주었다. 이날 백범 선생이 발표한 담화를 보면 통일을 향한 선생의 결연한 의지를 다시 한 번 확인할 수 있다.

내가 30년 동안 조국을 그리다가 겨우 이 반쪽에 들어온 지도 벌써 만 2개년 반에 가까왔다. 그 동안에 또 다시 안타깝게 그리던 조국의 저 반쪽을 찾아서 이제 38선을 넘게 되었다. 가슴속에서 일어나는 희비교직의 만단정서야 형언인들 하여 무엇하랴!

나를 애호해주는 수많은 동지동포 중에는 나의 실패를 위하여 과도히 염려하는 분도 있고, 나의 성공을 위하여 또한 과도한 기대를 하는 분도 있다. 그러나 이번 길에 실패가 있다면 그것은 전 민족의 실패일 것이요, 성공이 있다 하여도 그것은 전 민족의 성공일 것이다. 그러므로 개인은 문제가 되지 아니하는 것이다.

따라서 우리의 길에는 도리어 성공만 있으리라는 것을 믿을 수 있는 것이다. 왜 그러냐하면 진정한 애국자 중에는 자사자리自私自利만을 도모하려다가 전 민족의 실패를 초치招致할 사람이 하나도 없는 까닭이다. 금차 회담에 방책이 무엇이냐고 묻는 친구들이 많다. 그러나 우리는 미리부터 특별한 방안을 작성하지 아니하고 피차에 백지로 임하기로 약속되었다. 왜 그러냐하면 민주·통일·자주의 독립된 조국을 건설하려는, 환언하면 조국을 위하여 민주·자주의 통일·독립을 전취하는 현 단계에 처한 우리에게는 벌써 우리의 원칙과 노선이 명백히 규정되어 있는 까닭이다.

그러므로 모든 방안의 작성과 해결은 이 원칙과 이 노선에 부합됨을 전제조건으로 할 것뿐이다. 따라서 남쪽에서 단선단정을 서사반대誓死反對하던 우리가 그곳에 도착한 후에, 그와 유사類似한 어떤 형태를 표현시키거나 아니할까 하고 걱정하는 것은, 우리의 생명이 있는 한 완전한 기우가 되리라는 것도 단언하여 둔다. 그리고 우리 조국의 독립이 민족자결과 국제협조의 정신에서 완전 성공되리라는 것은 이미 우리의 상식이 되어 있다. 그러므로 우리가 소련의 위성국가를 만들러

백범 선생의 평양행 출발 성명
이미 새로운 조국 건설의 목표가 민주·통일·자주로 정해져 있기 때문에 회담에 대한 특별한 방책 없이 백지에서 임하겠다고 강조하고 있다. 〈우리 지표는 통일뿐〉, 《서울신문》 1948년 4월 20일.

蘇의 衛星國化說은 謀略
우리指標는 統一쁜
金九氏, 出發하면서 重大聲明

가느니, 혹은 친소반미의 정책을 정하러 가느니, 하는 유언은 일종의 억측이 아니면 모략선전밖에 아무 것도 아니 될 것이다.

우리의 국제정책은 평등호조의 입장에서 우리의 민주·자주의 통일·독립을 호의로써 협조하는 우방과는 일절 친선을 도모함에 있는 것이다.

임별臨別에 의한 심회를 금하기 어려워서 인사의 말씀 겸 수언數言을 드린다.

친애하는 동지동포여!

조국의 독립을 전취하기 위하여 내내 건강하소서.

　　　　　　　　　　　　　−대한민국 30년 · 1948년 4월 20일

　　　　　　《서울신문》 1948년 4월 20일; 《김구주석최근언론집》

산등성이 300미터 아래에 소련군의 차단기가 있었다. 북한으로 가는 첫 관문이었다. 길 안쪽 소련군 병사의 운동장에선 10여 명이 농구 경기에 한창이었다. 경적을 울리자 그중 장교인 듯한 2명이 뛰어나왔다.

"김구? 김규식?"

서툰 발음의 그들은 차창 너머로 엄지손가락과 집게손가락을 번갈아 펴가며 신원을 확인하려 했다. 우리가 엄지를 펴보이자 두말 않고 차단기를 올려주었다. 차가 서서히 움직이는 순간, 우리를 마중 나온 듯 길 양쪽으로 벌려 다가온 북한의 군인들이 차를 호위하여 인근 마을까지 말없는 에스코트를 해 주었다. 군인들은 누런 누비옷에 다발총과 일제 구구식 소총을 메고 있었고,

일본도를 찬 사람도 있었다.

　20~30호쯤 됨직한 동네 어귀에 이르자 모자를 쓴 3~4명이 앞을 막아섰다. 주위에는 어느새 어두움이 내려앉아 있었다. 그들이 우리를 하차시켜 안내한 곳은 동네 사무실인 듯한 기와집의 골방이었다. 아마 숙직실로 사용되는 것 같았다. 그들은 김신 씨와 내 소지품을 조사했는데, 담배만 나오자 보기만 하고 다시 넣으라고 했다. 아마도 호신용 무기를 휴대했는지 확인하는 것 같았다. 그리고는 "갓이 하나요, 오이가 둘이요"하며 암호 전화를 걸었다. 무슨 연락이 그렇게도 많은지 어두울 때부터 시작된 전화는 밤 10시가 지났는데도 계속되었다.

　사실 럭키 스트라이크 담배 속에는 금이 있었다. 38선 부근인 문산경찰서 적암赤岩지서에 근무하던 백범 선생의 외가쪽 친척 손장록孫章鹿 경사가 평양에 가서 쓰라고 건네준 금패물 몇 개를 내가 담배 빈 갑에 넣어가지고 갔던 것이다. 김신 씨와 내가 담배를 두 개비 뽑은 후 군인에게 한 대 피겠냐고 권하니까 괜찮다고 하여 담배를 다시 집어넣었다. 소지품까지 조사할 줄은 몰랐다. 때문에 혹시 금을 들키기라도 할까봐 조마조마 했는데 다행이었다.

　백범 선생과 우리에게는 몇 시간 동안 저녁은 고사하고 차 한 잔 내오지 않았다. 아무런 전갈도 없었다. 이제나 저제나 전갈이 오기만을 기다리던 백범 선생은 마침내 화가 폭발, 벌겋게 달아오른 얼굴로 책임자인 듯한 30세 청년을 불러놓고 벽력같이 호통을 쳤다. 평상시에는 좀체 볼 수 없는 모습이었다.

"이놈들, 내가 공산당 지역에 들어왔다고 해서 총칼로 두들겨 잡으면 모르거니와, 국사를 논하러 온 사람을 이렇게 대접할 수 있느냐. 저녁 식사 인사는커녕 물 한 잔 안 주다니……. 내가 밥을 얻어먹자고 해서가 아냐!"

그러나 무릎을 꿇은 젊은 책임자는 상부에서 아직 지시가 없다, 곧 영접하는 사람이 올 것이다라면서 머리를 조아릴 뿐이었다. 보아하니 그 동네는 손님을 대접할 만한 곳이 못 되는 것 같았다. 아무 것도 모르는 젊은이만 야단칠 일도 아니어서 답답하지만 화를 누르고 참는 도리밖에 없었다.

그 사무실 유리창에 자동차 헤드라이트 불빛이 비춘 것은 그로부터 또 한 시간이 지난 밤 11시께였다. 문을 열고 나타난 영접 책임자는 남북협상준비위원장이라고 자신을 소개했다. 중절모를 쓴 스프링코트 차림의 키 큰 60대 노인이었다. 견장에 별을 두 개 단 내무성 부국장도 함께 있었다.

"기다리시게 해서 죄송합니다. 이제 저희가 모시겠습니다. 어서 일어서시죠."

준비위원장이란 노인이 사과를 한 후 정중히 안내했다. 그들은 김일성金日成이 일부러 보내준 차량이라며 김일성의 승용차와 같은 소련제 파커 42년 형을 몰고 와 굳이 타라고 권했다. 우리는 할 수 없이 그 차에 옮겨 타고 평양 길에 올랐다. 우리 일행이 타고 갔던 승용차는 운전사 정태훈鄭泰勳 씨가 남천까지 빈 차로 몰고 가서 평양행 기차에 실었다.

차 안에서 그들은 마중이 늦은 이유를 설명하기 시작했다. 아침부터 여현역에 일반인이 이용할 특별열차와 백범 선생을 모실 승용차를 대기시켜 두었는데, 백범 선생이 "정거장에 저지군중들[백범 선생의 방북을 저지하려는 군중들]이 모여 떠나지 못할 것 같다"는 서울 방송을 듣고 못 오는 줄 알고 열차와 자동차를 금천까지 물렸다가 도착했다는 소식에 다시 차를 몰고 오느라 늦었다는 것이다. 게다가 운전사가 초행길이어서 밤길을 잘못 들어 38선을 넘을 뻔 했다면서, 거기서 차를 다시 돌려서 오느라 더욱 지체되었다고 변명했다.

사실 백범 선생이 이곳에 오기까지는 많은 난관이 있었다. 선생이 머물던 경교장京橋莊에서 사람들이 선생의 출발을 적극 막았기 때문이다. 왜 그런 일이 일어났는지 등 구체적인 일은 차차 이야기하기로 한다.

일단 그들의 이야기를 듣고 보니 방송을 들으며 '경교장'을 '정거장'으로 잘못 알아듣고 그랬을 것 같기도 해서 우리는 조금이나마 화를 풀었다. 군 지프차의 에스코트를 받은 우리 일행은 밤길을 달려 새벽 1시께 남천의 '우리여관'에 일단 여장을 풀었다. 도중에 사람들이 횃불을 밝혀들고 작업 중인 교량 공사장을 지나쳤는데, 앞자리에 앉은 준비위원장이라는 노인이 그 광경을 보고 은근히 자랑을 했다.

"선생님, 저것 보십시오. 인민들이 자진해서 밤을 밝혀가며 열성적으로 공사를 하고 있습니다."

우리여관은 단층으로 방이 10여 개쯤 되어 보였으며, 미리 연락을 해놓았는지 목욕물도 끓여놓고 방도 따뜻하게 해놓았다. 늦은 저녁상을 받아보니 애써 차린 한정식이었다. 하지만 몸이 피곤하여 먹는 시늉만 하고 상을 물린 다음 눈부터 붙였다.

새벽 5시쯤 됐을까, 밖이 갑자기 왁자지껄 시끄러워져 더 이상 잠을 청할 수가 없었다. 일어나 나가보니 저마다 삽과 괭이 등을 둘러메고 노래를 부르며 지나가고 있었다. 이른바 인민들의 작업 행렬이었다. 잠을 설친 우리는 간단히 조반을 마치고, 4월 20일 오전 9시에 다시 출발했다. 사리원에서는 마중 나온 도 인민위원회 직원의 안내로 인민식당에서 점심 대접을 받았다.

그제야 일정대로 일이 진행되는 것 같았다. 점심을 마치고 길을 재촉하여 오후 2시쯤 마침내 평양에 도착했다. 우리는 적십자병원 아래 상수리上需里 특별호텔에 짐을 풀었다. 이 호텔은 붉은 벽돌의 2층집으로, 경교장보다는 작았다. 정원이 잘 꾸며져 있어 아늑한 분위기였다. 미 · 소 공동위원회 미국대표인 아놀드 소장 Archibold V. Arnold이 앞서 평양에 왔을 때도 묵었다고 들었다. 우리가 도착했을 때에는 착검한 군인들이 총총히 늘어서 있는 등 경비가 삼엄해서 섬뜩하기까지 했다.

백범 선생이 안내된 2층 중간 침대방에는 치약 · 칫솔 · 수건 · 비누 등 세면도구와 필기구, 메모지와 두꺼운 표지의 회의용 노트가 준비되어 있었다. 김신 씨와 나는 1층에 방을 하나씩 차지했다. 빈손으로 온 몸들이라 풀 여장도 없었다.

제가 김일성입니다 ───────

위도로서의 38선은 영원히 존재할 것이지만, 조국을 양단하는 외국 군대들의 경계선으로서의 38선은 일각이라도 존속시킬 수 없는 것이다. 38선 때문에 우리에게는 통일과 독립이 없고 자주와 민주도 없다. 어찌 그뿐이랴. 대중의 기아가 있고, 가정의 이산이 있고, 동족의 상잔까지 있게 되는 것이다. 이로 인하여 국제관계에 있어서도 또한 엄중한 것이 있으니 그것은 소·미 관계의 악화다.

우리 조국은 현하 민주자주의 통일독립을 전취하는 단계에 처해 있다. 우리의 통일·독립이 없이는 세계의 평화도 없을 것이다. 그러므로 우리의 우방인 민주국가들도 우리의 독립을 보장하였다. 이것을 실현하기 위하여 미·소가 회담하였고 UN도 노력한 것이다. 그러나 미·소 공위도 성과를 남기지 못하고, 조위朝委도 도리어 38선을 국제적으로 합리화하여서 우리 조국을 영구히 분열하려 하는 것뿐이다. 이에 우리의 갈 길은 민족자결정신에 의하여 우리끼리 단결하여, 우리의 정성과 우리의 노력으로써 우리의 독립문제를 완성하자는 것뿐일 것이다. 이번에 우리가 38선을 넘어온 것은 이것을 사실로써 증명하는 것이다.

그렇다고 해서 국제원조를 거절하는 것은 아니다. 어느 국가든지 우리의 자결정신을 이해하고서 우리를 협조하면 우리는 그 나라와 흔연히 악수할 것이요, 우리를 이해 못하는 국가가 있다면 이해시키도록 노력할 것이다. 나는 이번에 꿈에도 그리던 이북의 땅을 밟았다. 내 고향의 부모형제자매를 만날 수 있게 된 것을 생각하면 광환狂歡

에 넘칠 뿐이다.

그러나 그보다도 우리들이 민주자주의 통일독립 국가를 건설하기 위하여 의견을 교환할 수 있는 기회를 얻은 것을 더욱 기뻐한다. 조국은 분열에 동포는 멸망에 직면한 이 위기에 있어서, 우리의 이 모임은 자못 심장한 의의가 있는 것이며, 우리의 임무도 중대한 것이다.

이 모임은 마땅히 전 민족의 실패를 실패로 할 것이요 전 민족의 승리를 승리로 할 것이다. 이 전제하에서는 해결하지 못할 문제가 없을 것이다. 우리 겨레의 양해와 정성과 단결은 우리의 통일독립을 완성할 것이요, 우리의 통일독립의 완성은 미·소간의 위기를 완화할 수 있으며, 미·소 완화는 세계평화의 초석이 될 수 있는 것이다. 이 방법으로써 우리는 현 단계의 세계평화사의 첫 페이지를 우리의 손으로써 창조할 수 있을 것이니, 어찌 우리 민족의 광영이 아니며 세계 인류의 행복이 아니랴.

친애하는 동지동포여! 만강의 애국 애족적 열성으로써 우리에게 다대한 지도와 격려를 주어서 공동분투의 실實을 거擧하기 바란다.

–《조선일보》 1948년 4월 22일; 《김구주석최근언론집》

백범 선생이 도착한 후 얼마 지나지 않아 북조선임시인민위원회 부위원장 김두봉金枓奉 씨가 호텔 지배인을 앞세워 나타났다. 초로의 김두봉 씨는 듣던 대로 작달막한 키였다. 허나 당시 유행하던 스프링코트에 중절모까지 갖춘 세련된 모습이었다. 나는 초면이었지만 김신 씨는 구면인 듯 그의 맏딸 상엽尙燁과 둘째딸 해엽海燁의 안부를 스스럼없이 물었다.

김두봉
당시 북조선임시인민위원회 부
위원장이었다.

김일성
당시 북조선임시인민위원회
위원장이었던 김일성은 37세
였다.

"둘 다 잘 지내지요. 다만 해엽이는 지금 함
께 있지는 않아요."

김신 씨는 김두봉과는 상해上海에서 잘 알고
지냈으며 그의 딸들과도 중경에서 친하게 지
냈다고 나중에 알려주었다.

"김일성 장군이 직접 와서 백범 선생을 뵈
어야할 텐데 장소가 장소인 만큼 직접 오지
못한 것을 이해하십시오. 피곤하시더라도 선
생님을 모시고 가야할 것 같습니다."

김두봉은 예를 갖춰 말했지만 그야말로 정
중한 변명으로 들렸다.

"손이 찾아 가야지요."

백범 선생은 전혀 개의치 않는 듯 말하며
자리에서 일어났다. 북조선임시인민위원회
는 일제 강점기 평양부청을 그대로 쓰고 있
었다. 김두봉 씨의 안내로 4시경 인민위원회
에 당도했다. 2층으로 올라가자 김일성이 집
무실을 열어놓고 기다리고 있었다. 백범 김
구 선생과 북한의 김일성이 대면하는 역사적
인 순간이었다.

인민위원회를 들어서면서부터 나는 사뭇
긴장했지만 선생은 시종일관 당당한 표정이
었다.

"나 김구요."

백범 선생이 손을 척 내밀자 그는 허리부터 굽혔다.

"제가 김일성입니다. 제가 불민한 탓으로 선생님께서 오시느라 원로에 수고가 많으셨습니다."

사람과 사람의 만남은 우연인 듯싶다가도 또 운명인 듯싶다. 만주 태생인 내가 중국 대륙을 횡단해 중경 임시정부에서 김구 주석을 만난 것은 우연이었을까. 나는 그분을 전혀 알지 못했고, 내가 그곳에 발을 디딜 것이라고는 상상도 못했다. 그러나 어쨌든 나는 백범 선생을 만났고, 운명처럼 선생을 모시고 김일성 앞에 섰다. 그리고 백범 선생과 김일성의 만남을 옆에서 지켜보았다. 두 사람의 만남은 또한 운명이었을까. 이 모든 일이 역사의 수레바퀴를 따라 정해진 길을 밟아온 것이라고 한다면 인간의 의지를 너무 과소평가하는 것일까. 역사를 너무 거창하게 보는 것일까. 나는 혹시 백범 선생이 이 모든 것을 짐짓 예감이라도 한 것은 아닐까 하는 생각마저 들었다. 돌이켜보면 해방이 되던 그날부터 선생의 얼굴에는 그림자가 드리워져 있었다.

2장

1945년 해방

허무한 해방

1945년 8월 8~9일경, 원자탄이 일본에 투하됐다는 호외기사가 났다. 골프공만 한 폭탄이 히로시마에 떨어졌는데, 그 도시가 전멸되었다는 내용이었다. 아마 사건을 극적으로 전달하기 위해 원자탄의 크기를 축소 과장했으리라. 일본의 패망이 머지않았다는 생각이 들어서였을까. 중국인이나 한국인이나 모두 좋아했다. 곧 해방이 될 것이라는 기대가 사람들의 표정에 여실히 드러났다. 그러나 그때까지만 해도 확실하지 않았다.

8월 15일 오후 3시경이었던 것 같다. 당시 나는 중경 임시정부 청사에서 경위대警衛隊 임무를 맡고 있었다. 갑자기 청사 밖이 소란해졌다. 청사 안에 있다가 놀라서 밖으로 뛰어나갔다. 임시정부에서 가까운 대로인 민생로民生路에서 중국인들이 얼싸 안고 껑충껑충 뛰면서 만세를 외치고 있었다. 전쟁이 끝났다는 것이다. 미군 지프도 요란스럽게 거리를 누비기 시작했다. 지프에 몰려 타 있던 미군들이 손을 흔들면서 브이 자를 지어보였다. 아이들과 여자들이 지프 뒤를 따라 뛰어다니고 있었다. 순식간에 열기가 온 시가를 뒤덮었다.

뒤통수라도 한 대 얻어맞은 기분이었다. 환호성이 세상을 뒤덮고 클랙슨 소리가 지축을 흔들고 있는데, 홀로 멍하니 서 있었다. 광복군이 본토에 투입되기도 전에 전쟁이 끝났으니, 칼을 가는 동안 적이 죽어버린 셈이었다.

마침 김구 주석은 미국의 전략사무국(OSS, Office of Strategic

김구 주석과 미 OSS의 도
노반 장군(1945년 8월 7일)
김구 주석은 미 OSS 도노
반 장군William J. Donovan
과 광복군의 국내진입작전
을 실행하기 위해 서안에서
만났다.

Services)과 공동으로 국
내진입작전 훈련을 마친
광복군을 점검하고 국내
에 침투시키기 위해 서안
西安에 가고 안 계셨다.
김구 주석은 우리가 미군
과 연합해 공동군사작전
을 펼쳐야 고국의 해방을
기대할 수 있다고 생각하
여, OSS 작전에 큰 기대
를 걸고 있었다. 나중에
들은 이야기이지만, 주석
께서는 10일 섬서성陝西省 서안의 주석 축소주祝紹
周 집에서 열린 만찬 뒤에 이 소식을 듣고 하늘이
무너지고 땅이 꺼지는 것 같았다고 하셨다. 임시정
부 요인들도 다들 비슷한 기분이었으리라.

15일 저녁, 울적한 심기를 풀고자 경위대 친구들
과 '삼육구三六九'라는 국수집에 갔다. 갈비국수를
잘 해서 자주 다니던 곳이었다. 전쟁이 끝났다는 소
식에 모두 허전한 마음이었다. 아마 이런 심정이 잘
이해가 가지 않을 수도 있을 것이다. 허나 전쟁터에
나가서 직접 일본군과 싸우겠다는 각오를 다지고
있다가 갑자기 해방 소식을 들었다고 생각해보라.

마음이 허해지는 건 어쩔 수 없지 않을까. 앞으로 우리는 어떻게 될까 장래에 대한 걱정도 밀려왔다.

얼굴에 희색이 만연한 삼육구의 주인이 우리를 반겨주었다.

"어서들 오시오. 오늘같이 기쁜 날 그냥 지나칠 수야 있겠소. 내 오늘은 특별히 식대를 받지 않을 테니 자시고 싶은 만큼 자시도록 하시오."

우리는 무거운 표정으로 고마움을 표시하면서 한쪽에 자리를 잡았다.

"아니 패잔병마냥 왜들 이렇게 기운이 없소? 이제 다들 한국으로 돌아가면 최소한 별 하나씩은 달 터인데 얼마나 좋겠소?"

반응이 시큰둥하자 주인은 멋쩍은 듯 시선을 돌렸다. 종전의 기쁨이나 미래에 대한 낙관은 그다지 느껴지지 않았다. 우리는 겨우 국수 한 그릇을 말아 먹고 술 한 잔씩만 마신 후 청사로 돌아왔다. 마음이 무거워서 오히려 조심들 했던 것이다.

김구 주석이 중경에 계시지 않아, 국무회의가 아니라 의정원議政院회의가 개최되었다. 의정원에서는 기세가 오른 민족혁명당 세력이 임시정부의 장래를 결정지으려고 했다. 국무위원의 총 사직과 임시정부의 해산을 주장한 것이다. 논의가 분분하자 결국 주석이 돌아온 뒤에 결정하기로 하고 정회를 했다. 김구 주석은 21일 오전에 여객기 편으로 중경에 귀환하셨다. 주석께서는 의정원에서 임시정부의 해체에 분명히 반대했다.

"임시정부의 해체는 있을 수 없는 일이오. 3 · 1운동의 국민적 열망에 의해서 임시정부가 세워진 것이오. 만약 이것을 해체한다고 해도 우리가 여기서 해야 할 것이 아니라 국내로 들어가서 국민들에게 반납하는 것이 합당하오."

임시정부 당면정책

회의는 김구 주석의 의견대로 결정되었다. 동시에 중경에서는 여러 정당 단체들이 활동을 했지만 국내에 들어가게 되면 임정을 반환하기 전까지 정당 활동을 하지 말자고 결의했다. 이는 임시정부의 법통을 국민들에게 바칠 때까지 현상대로 유지하기로 한 결정이었다. 임시정부는 미국 중국전구사령관인 웨드마이어 장군Albert C. Wedemeyer에게는 귀국을 위한 협조를 구했다. 그리고 중국 국민당 장개석蔣介石 군사위원장에게는 한국인의 안전을 위한 협조를 부탁했다. 연안延安에서 모택동毛澤東 등이 중경에와 국민당과 협상이 계속되는 등, 중국의 정국이 복잡하게 전개되고 있었기 때문이었다.

9월 3일, 임시정부는 '낭면정책 14개조'를 발표했다. 그 내용은 다음과 같다.

국내외 동포에게 고함

친애하는 국내외 동포 자매형제여!
파시스트 강도의 최후의 누벽壘壁을 고수하던 일본 제국주의자는 9

월 2일에 항서降書에 서명을 하였다.

일본 제국주의자의 패망으로 인하여 거세擧世가 기뻐 뛰는 중에 있어서 조국의 해방을 안전에 목도하면서 삼천만 한국 민족이 흔희작약欣喜雀躍하는 중에 있어서 본 정부가 근 30년간에 주야로 그리던 조국을 향하여 전진하려는 전석前夕에 있어서 일찍이 조국의 독립을 완성하기 위하여 본 정부를 애호하고 독려하던 절대다수의 동포와 또 이것을 위하여 본 정부와 유리전전流離轉轉하면서 공동 분투하던 동포의 앞에 본정부의 포부를 고하려할 때에 본 주석은 비상한 감분을 금치 못하는 바이다.

일국의 흥망과 일민족의 성쇠가 결코 우연한 것이 아니다. 우리의 국운이 단절되는데 있어 치욕적 요소가 허다하였다면 금일에 조국이 해방되는데 있어 각고刻苦하고 장절壯絶한 노력이 있었을 것은 삼척의 동자도 알 수 있는 것이다.

만일 허다한 우리 선열의 보귀한 열혈熱血의 대가와 중·미·소·영 등 동맹군의 영용英勇한 전공이 없었으면 어찌 조국의 해방이 있을 수 있었으랴?

그러므로 우리가 조국의 독립을 안전眼前에 전망하고 있는 이때에 있어서는 마땅히 먼저 선열의 업적을 추상하여 만강滿腔의 경의를 올릴 것이며 맹군盟軍의 위업을 선양하여 열렬한 사의를 표할 것이다.

우리가 처한 현 단계는 건국 강령에 명시한 바와 같이 건국의 시기로 들어 가려는 과도적 단계이다. 다시 말하면 복국復國의 임무를 아직 완전히 끝내지 못하고 건국의 초기가 개시되려는 단계이다.

그러므로 현하 우리의 임무는 번다繁多하고 복잡하며 우리 책임은 중

<국내외 동포에게 고함>(1945년 9월 3일)
일제의 항복 조인식(1945년 9월 2일) 다음 날인 1945년 9월 3일, 백범 선생은 임시정부 국
무위원회 주석의 자격으로 <국내외 동포에게 고함>이라는 글을 발표하면서 '당면정책 14
개조'를 제시했다.

대한 것이다.

따라서 우리가 우리 조국의 독립을 완성함에는 우리의 일언일구와

일거수일투족이 모두 다 영향을 주는 것을 명백하게 인식하고 매사

를 임할 때에 먼저 치밀하게 분석하여 명확한 판단을 내리고 명확한

판단 위에서 용기 있게 처리하여야 한다.

본 정부는 이때에 당면정책을 여좌如左히 제정하여 반포하였다.

이것으로써 현 단계에 처한 본 정부의 포부를 중외에 천명하고자 함

이며 이것으로써 전진 노선의 지침을 삼고자 함이다. 또한 이것으로

써 동포 제위의 당면노선의 지침까지 삼으려 하는 것이다.

친애하는 우리 동포 자매형제여! 우리 조국의 독립과 우리 민족의 민주단결을 완성하며 국제간의 안전과 인류의 평화를 증진하기 위하여 본 정부의 당면정책을 수행하기에 공동노력하자.

임시정부 당면정책

1. 본 임시정부는 최속기간 내에 곧 입국할 것.
2. 우리 민족의 해방 및 독립을 위하여 혈전한 중·미·소·영 등 우방 민족으로 더불어 절실히 제휴하고 연합국 헌장에 의하여 세계 일가의 안전과 평화를 실현함에 협조할 것.
3. 연합국 중의 중요국가인 중·미·소·영·불 5국에 향하여 먼저 우호협정을 체결하고 외교도경外交途徑을 전개할 것.
4. 맹군 주재간에 일체 필요한 사의事宜를 적극 협조할 것.
5. 평화회의 및 각종 국제집회에 참가하여 한국의 응유應有한 발언권을 행사할 것.
6. 국외 임무의 결속과 국내 임무의 전개가 서로 접속됨에 필수한 과도 조치를 집행하되 전국적 보선普選에 의한 정식정권이 수립되기까지의 국내 과도정권을 수립하기 위하여 국내의 각 계층, 각 혁명 당파, 각 종교집단, 각 지방대표의 저명한 각 민주 영수회의를 소집하도록 적극 노력할 것.
7. 국내 과도정권이 수립된 즉시 본 정부의 임무는 완료된 것으로 인認하고 본 정부의 일체 직능 및 소유물건은 과도정권에게 교환할 것.
8. 국내에서 건립된 정식정권은 반드시 독립국가·민주정부·균등사

회를 원칙으로 한 신 헌장에 의하여 조직할 것.

9. 국내의 과도정권이 성립되기 전에는 국내 일체질서와 대외 일체
관계를 본 정부원책政府員責 유지할 것.

10. 교포의 안전 및 귀국과 국내외에 거주하는 동포의 구제를 신속
처리할 것.

11. 적의 일체 법령의 무효와 신 법령의 유효를 선포하는 동시에 적
의 통치하에 발생된 일체 벌범罰犯을 사면할 것.

12. 적산敵産을 몰수하고 적교敵僑를 처리하되 맹군과 협상 진행할 것.

13. 적군에게 피박출전被迫出戰한 한적군인韓籍軍人을 국군으로 편입
하되 맹군과 협상 진행할 것.

14. 독립운동을 방해한 자와 매국적에 대하여는 공개적으로 엄중히
처분할 것.

대한민국 27년 9월 3일

임시정부 국무위원회 주석 김구

귀국 준비

9월 초에 상해 교민 대표로 구익균具益均 씨와 박용철朴容喆 씨
가 중경에 도착했다. 두 분은 임시정부가 빨리 상해로 나와 교민
들을 도와주기를 청했다. 일본인보다 중국인들이 한국인을 더 좋
지 않게 생각하여, 교민들의 피해가 속출한다는 것이다. 일본 점

령 시기 상해에서 한국인들이 중국인들에게 피해를 주었기 때문에 일어난 일이었다. 임시정부에서는 즉각 장개석 위원장에게 한국인의 보호를 요청했고, 장개석 위원장은 방송을 통해 한국인들을 보호해주겠다고 약속했다.

동시에 임시정부 국무회의에서는 엄항섭嚴恒燮 선생을 대표로 상해에 파견하기로 했다. 교민들을 위문하고 보호하기 위해 선전부장을 파견한 것이다. 엄항섭 선생은 안우생安偶生과 나를 수행원으로 지목했다. 9월 초 엄 선생을 모시고 중국 군용기 편으로 곤명昆明에 갔다. 곤명 공항에는 체놀트 장군Claire Lee Chennault의 미군 제14항공대가 있었는데, 이곳에서 C-54 수송기로 바꿔 타고 상해로 갈 예정이었다.

오후에 우리를 태운 4발 비행기가 곤명에서 이륙했다. 나는 비행기 왼쪽 날개가 보이는 좌석에 앉았다. 비행한 지 1시간쯤 되었을까. 우연히 창밖을 내다보니, 프로펠러에 기름이 새서 불이 붙어있는 것이 아닌가. 즉각 미군 대령에게 알리니 그는 화들짝 놀라 곤명으로 돌아가야 한다고 다급히 전했다. 불이 난 엔진을 하나 끄더라도 상해까지는 거리가 너무 멀어 갈 수가 없다고 판단한 것이다. 조종사는 침착하게 한쪽 엔진을 끄고 협곡 위를 아슬아슬하게 급회전해서 곤명으로 방향을 틀었다. 엔진에 붙어 있던 불은 꺼졌지만 흰 연기가 계속 품어져 나오고 있었다. 이러다가 고국에 돌아가지도 못하고 이대로 추락하는 것은 아닌지 식은땀을 흘렸던 일이 지금도 눈에 선하다. 다행히 문제의 비행기는 곤명 공항에 무사히 착륙했다.

그러나 새 비행기가 준비되지 않아서 그날 비행기를 타지 못했다. 밤에 비행장 초대소에 있다가 밖을 내다보니 멀리서 불길이 솟고 총소리가 들리기 시작했다. 전쟁이 다시 시작되었나 싶어 깜짝 놀랐는데, 알고 보니 운남雲南 군벌 용운龍雲이 장개석의 국민 정부에 반대하여 반란을 일으킨 것이었다. 남태평양의 일본 군대를 막기 위해 만들어진 부대라 그런지 용운 군대는 미국의 최신무기로 무장하고 있었다. 전쟁이 끝나자 중앙에서 용운 군대의 세력을 약화시키기 위해 용운을 중앙으로 소환한 모양이었다. 이에 용운 군대가 폭동을 일으킨 것인데, 며칠 가지 못하고 진압되었다.

우리는 곤명 시내로 가는 길에 있는 프랑스풍의 호텔에 묵기로 했다. 한 열흘 정도 투숙했다. 이때 미국에 거주하다가 미군 OSS로 입대하여 활동하던 정운수鄭雲樹 중위 · 함용준咸龍俊 대위 · 이순용李淳鎔 씨를 만나기도 했다. 이순용 씨는 OSS의 문관인지 사병인지로 근무하고 있었다. 또 우연히 김준엽金俊燁과 장준하張俊河를 만났다. 둘은 서안에서 곤명을 거쳐 상해로 가는 길이었다. OSS 훈련을 받은 광복군의 국내 진입을 위해 상해로 가려다가, 용운 세력의 반란사건 때문에 곤명에 머무르고 있던 것이다.

엄 선생은 곤명에서 중국 기관을 방문하며 강연도 하고 기자회견도 하셨다. 그분은 능숙한 말솜씨로 한국의 독립을 역설하며 한중 우호의 필요성을 강조하고 임시정부의 당면 과업을 설명하여 중국인들의 공감을 불러일으켰다. 우리는 우리의 독립운동을 도와준 운남 군벌 당계요唐繼堯의 묘를 구경하기도 했다.

상해에 도착한 것은 9월 20일경이었다. 위요셉이라는 교민이 자동차를 내주어 조금 편하게 일을 볼 수 있었다. 엄 선생을 모시고 선배 독립운동가 여러 분이 묻힌 만국공묘萬國公墓를 찾기도 하고, 중국 기관을 방문하여 교민 보호를 부탁하고 그 동안의 한중우호 관계를 강조하며 중국과

운남성 곤명시 당계요 장군 묘 앞에서(1945년 8월) 첫째 줄은 선우진, △, 조동린 趙東麟, △, 김준엽, 둘째 줄은 △, △, 노능서魯能瑞, △, 안우생, 안춘생安椿生, 셋째 줄은 장준하, 엄항섭, △, △, 저보성褚輔成이다.

한국이 형제국임을 크게 선전하기도 했다. 임시정부에서는 10월 하순에 한교선무단韓僑宣撫團을 화북華北·화중華中·화남華南의 세 지역에 급파하여 교민 구호와 한적 일본사병의 포섭 등 선무공작宣撫工作을 중국정부의 협조 아래 전개했다. 상해에서 이러한 임무를 수행하던 중, 중경의 정부로부터 귀환하라는 전보를 받았다. 국내 환국 문제 때문이었다. 10월 29일 중국 군용기 편으로 다시 중경으로 돌아왔다.

미 군정청과의 교섭이 잘 안 되었는지, 귀국 문제의 진전이 더뎠다. 미 군정청은 임시정부에 정부 자격이 아니라 개인 자격으로 귀국해야 한다고 전해왔다. 9월 1일 한국이 중국 전구에서 태평양 전구로 이관되면서 귀국 문제는 맥아더사령부의 결

정을 따르게 되었다. 그런데 맥아더사령부가 남한에 군정이 실시되고 있으므로 임시정부가 개인 자격으로만 귀국할 수 있다고 밝힌 것이다. 임시정부는 중국 전구 사령관인 웨드마이어 장군과는 우호적인 관계를 맺고 있었으나, 맥아더사령부와는 그러한 연결이 없었다. 중국 국민당이 미국 대사 및 맥아더사령부와 교섭했지만 진전이 없었다.

임시정부는 이 문제로 개인 자격이라도 귀국해야 한다는 쪽과 개인 자격으로는 귀국하지 않겠다는 쪽으로 나뉘어 대립했으나, 결국 개인 자격으로라도 환국하기로 결정했다. 임시정부로서는 굴욕적인 환국의 길을 오르게 된 것이다. 이는 김구 주석 등을 비롯한 임시정부 요인들이 가장 우려했던 문제였다. 연합군이 승리해 한국이 해방을 맞이했기에 그 연합군을 주도하고 있는 미군의 영향력이 임시정부와 충돌할 것이라는 사실을 미리 예측한 것이다. 해방 소식을 접하고도 김구 주석의 표정이 밝지 않았던 것은 이런 문제를 염려해서였다.

한편 임시정부는 박찬익朴贊翊 선생을 단장으로 한 주화대표단駐華代表團을 구성하여 중국에서의 업무를 관장하고 임시정부 직원 가족과 일반 동포의 귀국을 알선하게 했다. 또 광복군의 귀국은 총사령관 이청천李靑天 장군이 처리하도록 위임했다. 임시정부의 귀국 날이 다가오자 중국 국민당의 장개석 군사위원장이 11월 4일에 환송연을 열어주었다. 임시정부에 전별금으로 20만 달러를 제공해주기도 했다. 아마도 국내에 들어가 정치자금으로 쓰라는 뜻이었을 것이다. 또 임시정부가 국내에 들어간 뒤에도 국민당과

긴밀한 관계를 유지하고
자 한 포석이었을 것이다.
백범 선생은 이 돈을 중국
은행에 예치했다가 뒤에
중국에 남아 임시정부 업
무를 관장하던 주화대표
단의 경비로 10만 달러를
사용하게 했다.

이보다 앞서 9월 2일에
중국 공산당은 중경의 계
원桂園이라는 곳에서 환송
회를 해주었다. 계원은 해
방 후 장개석과 회담하러
중경에 왔던 모택동이 머
물렀던 곳으로 유명한 건

물이다. 백범 선생과 요인들만을 모신 모임이었는
데, 주은래周恩來와 동필무董必武 등이 참석한 것으
로 안다.

임시정부 요인들은 11월 5일 중국 국민당에서
내준 비행기 2대를 통해 상해로 떠날 수 있었다.
물품 13상자, 한국독립당 문서 2상자도 실었다. 중
경에는 비행장이 두 곳 있었는데, 양자강변에 있는
비행장은 군용비행장으로 여름에 비가 와서 물이

임시정부 환송연(1945년 11월
4일)
장개석 총통은 내전의 조짐이
완연했음에도 일본의 패망으
로 환국을 앞둔 임정 요인들을
위해 환송연을 베풀어주었다.

대한민국임시정부 환국 기념 사진(1945년 11월 3일) 환국을 앞두고 임시정부의 청사 앞에서 기념 촬영하는 임시정부 요인들.

차면 공항으로 이용하지 못하는 곳이었다. 김구 주석과 대부분의 국무위원과 윤경빈尹慶彬이 수행원으로 탑승한 비행기는 양자강변 비행장에서 출발했고, 다른 비행기는 중경비행장에서 따로 출발했다. 나는 중경비행장에서 출발한 비행기에 탑승했는데, 엄항섭 선생이 이 비행기에 탑승하고 계셨다. 또 국민당에서 파견한 무전기사 3명이 무전기계 1대를 가지고 타고 있었다. 내가 탄 비행기는 주석이 타신 비행기보다 1시간 늦게 상해에 도착했다.

내무부장 신익희申翼熙 선생은 중국 당국과 교섭하여 교포들을 보호해야 한다는 정부 방침에 따라 먼저 움직였다. 승영호承永祜 · 신현창申鉉昌 · 이문화李文華 · 박수덕朴壽德 등 4명의 경위대원들을 데리고 양자강을 따라 배로 한구를 거쳐 상해에 갔다가 다시 중경으로 돌아왔다. 함께 갔던 경위대원들은 상해에 남았다가, 1946년 5월 광복군과 같이 귀환했다.

비행장에는 중국 정계의 원로들과 각계 명사들, 그리고 교포 등 수많은 환송 인파가 나와 있었다. 김구

주석도 그 동안의 시름을 잊은 듯 답례의 손을 흔들었다. 김구 주석이 탄 비행기는 예정보다 1시간 늦게 상해 강만江灣비행장에 도착했다. 이곳에도 태극기를 손에 든 많은 교포들이 환영을 나와 있었다. 김구 주석은 윤봉길尹奉吉 의사 의거로 상해를 떠나신 지 14년 만에 되돌아오신 셈이었다. 만감이 교차하셨을 것이다.

임시정부 환영식은 홍구虹口비행장에서 진행되었다. 내가 탄 비행기가 도착했을 때에는 환영 행사가 이미 끝나 있었다. 우리 경위대는 양자반점揚子飯店이라는 호텔에 김구 주석을 모시고 투숙했다. 요인들에게는 상해반점上海飯店이 배정되었다. 상해에서 김구 주석을 비롯한 임시정부 요인들은 여러 단체의 초청으로 바쁘게 지냈다.

환국하기 위해 상해에 도착한 백범 선생 일행(1945년 11월 5일)
중앙에 꽃다발을 목에 걸고 태극기를 손에 든 사람이 백범 선생이다. 선생의 오른쪽은 이청천 장군, 그 옆은 백범의 맏며느리이자 안중근 의사의 조카딸인 안미생 씨다.

11월 17일은 임시정부가 제정한 순국선열 추모일이었다. 이 날을 기념하여 임시정부에서는 황포강 북사천로 경제거리에 위치한 대광명극장에서 기념식을 거행했다. 사실 이 날은 1905년에 일제가 을사조약을 강제 체결한 날인데, 임시정부에서 일제에 저항한 순국선열들을 기념하는 날로 제정했다. 많은 교민들이 기념식에 참석했다. 나는 2층에 있었는데, 아래층이 교민으로 가득 찼었다. 귀국을 위해 상해로 모여들고 있던 많은 교포들이 자리를 메운 것이다. 임시정부에서는 이미 언급한 바 있는 '임시정부 당면정책 14개조항'을 이 기념식 자리에서 발표했다. 그런데 그날 교민들의 분위기는 아주 좋지 않았다. 웅성거리는 소리가 여기저기서 터져 나왔다. 일제 치하에서 생활한 교민들로서는 임시정부가 발표한 정책 중 친일파 언급에 대해 다소 불만이 있었던 것으로 보였다.

김구 주석은 양자반점에서 정안사로에 있는 고급 주택가의 개인 저택으로 거처를 옮기셨다. 고관의 관사였던 그곳이 조용하고 보안도 편리해서, 상해시 당국이 조처한 것으로 들었다. 경위대원들이 교대로 그곳에 출근했다. 저택에는 엄항섭 선생도 같이 계셨다. 상해 체재비는 국민당의 지원과 교포들의 성금으로 처리한 것으로 안다. 김구 주석은 여기서 1주일 정도 머무셨다.

미 군정청에서 비행기 1대만을 보내오기로 한 바람에 11월 22일 귀국하기 전날 국무회의를 열어 2진으로 나누어 귀국하기로 결정했다. 먼저 떠날 1진의 명단을 정하는 일은 쉽지 않았다. 가급적 서로 먼저 귀국하려 했기 때문이다.

결국 김구 주석과 김규식金奎植 부주석, 이시영李
始榮 국무위원, 엄항섭 선전부장, 김상덕金尚德 문화
부장, 유동열柳東說 참모총장이 1진으로 귀국하기
로 했다. 여기에 수행원으로 몇 사람이 포함되었
다. 주석 주치의인 류진동劉振東 선생과 경위대에서
윤경빈·이영길李永吉·백정갑白正甲, 그리고 내가
선발되었다. 또 안중근安重根 의사의 조카이자 김구
주석의 며느리인 안미생安美生과 민영완閔泳琓, 장준
하, 김진동金鎭東 등이 함께 가는 것으로 결정되었
다. 김진동은 김규식 박사의 아들로 상해에 머무르
며 통신사에 있었다고 하는데, 영어를 잘 했다. 1진
은 모두 15명이었다.

11월 23일 오전 11시경. 나는 짐을 싸들고 일행
과 함께 강만비행장으로 나섰다. 긴장과 설렘이
교차했다. 날씨는 유난히 맑았다. 우리가 타고 갈
C-47 프로펠러 비행기의 은색 날개가 햇빛 속에서
반짝였다. 눈이 부셔서 똑바로 쳐다볼 수 없었다.
갑자기 세상이 평온해진 듯한 느낌이었다. 불과
몇 개월 전만 해도 우린 늘 전쟁을 생각했다. 이
지루한 전쟁이 언제 끝날지 언제 독립을 쟁취할
수 있을지 막막하기도 했고, 또 그만큼 투지가 불
타오르기도 했다. 이렇게 맑은 날 은빛 비행기를
타고 고국으로 날아가게 될 줄은 상상조차 못했

환국 직전 백범이 쓴 휘호,
"不變應萬變불변응만변"(1945
년 가을)
"변치 않는 한 마음으로 온갖
변화에 대응한다"라는 뜻이다.
평생을 조국의 독립과 통일을
위해 애쓰셨던 백범 선생의 마
음이 고스란히 녹아 있다.

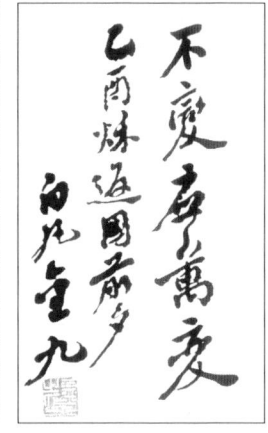

다. 이 은빛 비행기가 착륙할 그곳이 우리가 꿈꾼 독립 한국의 모습을 하고 있을는지, 또 그들은 우리를 어떻게 받아들일 것인지 갖가지 생각이 머릿속에서 프로펠러처럼 돌아가고 있었다. 일개 경위대 소속의 내가 그럴진대 김구 주석의 생각은 얼마나 더 복잡했을까.

오후 1시경 탑승 수속이 시작되었다. 일행은 차례로 트랩을 올라 멀리서 전송하는 정부 요인들과 교민들에게 손을 들어 인사했다. 그들을 보자 독립운동의 대선배들을 남겨두고 주석을 수행하여 1차로 귀국하게 된 것이 못내 죄송했다. 각자 좌석에 앉은 후 얼마 지나지 않아 C-47 수송기의 육중한 동체가 활주로를 미끄러지기 시작했다. 마침내 파란 하늘 위로 가볍게 차올랐다. 그토록 원했던 고국행 비행기가 떠오른 것이다.

C-47은 중국 동북해 연안을 거쳐 청도靑島에서 서울로 직선 비행을 했다. 창밖을 내다보니 검붉은 바다가 보였다. 기내에는 착잡하고 울적한, 무거운 침묵만이 흐르고 있었다. 굳게 다문 입, 팔짱을 끼고 고개 숙인 모습만 보아도 주석의 소회를 쉽게 헤아릴 수 있었다.

인솔자는 미군 대령이었다. 그는 경위대원에게 호신용 권총을 신고하라고 했다. 국내에서 무기를 휴대할 수 있도록 조치하겠다고 해서 우리는 무기를 신고했다. 모젤 3호 권총 4정과, 경위대에서 가지고 있던 콜트 3정이었다.

침통한 분위기가 두어 시간 흘렀을까. 누군가 "보인다!" 하고 침묵을 깨뜨렸다. 일제히 창밖으로 시선을 돌렸다. 비행기의 작은 창속에 아기자기한 섬들이 그려지기 시작했다. 점점이 떨어진 섬을 따라 이윽고 조국의 땅이 보이자 비행기에 탔던 인원 모두가 너나할 것 없이 일어나 묵념을 드렸다. 누가 선창했는지 애국가가 나직이 울렸다. 잠시 후 애국가는 합창이 되었다가 울음으로 흐려졌다. 가슴 깊은 곳으로부터 코끝까지 찡해왔다. 눈물이 앞을 가렸다. 눈물 맺힌 눈 속으로 인천이 들어왔다. 이시영 선생은 나라를 일본에 빼앗긴 그 해에 중국으로 망명하셨으니 36년 만에, 김구 선생은 3·1운동 직후에 망명하셨으니 27년 만에 돌아온 고국이었다. 만주에서 태어난 나는 처음으로 고국 땅을 밟게 되었다. 김포 비행장 위를 선회하던 비행기가 마침내 그리던 고국 땅 위로 내려앉았다.

3장

귀국

27년 만의 귀국

1945년 11월 23일 오후 4시가 지난 시각. C-47의 프로펠러가 이륙한 지 3시간 만에 멈췄다. 승강기 문이 끼이익 하고 젖혀졌다. 초겨울의 쌀쌀한 공기가 기내로 침투했다. 분명 달랐다. 중경이나 상해에 그것과는 또 다른 느낌의 공기. 미군 장교 몇 사람이 비행기에 올라와 우리 일행을 안내했다. 백범 선생은 미군 장교를 따라 비행기에서 내렸다. 발끝으로 전해오는 고국의 느낌이 아쉬워서였을까. 선생은 땅바닥의 흙 한 줌을 움켜쥐더니, 그 흙 냄새를 맡으며 하늘을 우러렀다. 꽤 깊고 푸른 하늘이었다.

비행장에는 동족, 형제자매들은 하나도 보이지 않았다. 낯선 미군 병사들 몇 명만이 눈에 들어왔다. 펄럭이는 태극기도, 환영하는 만세 소리도 없었다. 비행기에서 내리기 전, 일행 모두 마음속으로 대대적인 환영을 기대하고 있었다. 그런데 환영 인파는 고사하고 아무도 임시정부를 맞으러 나와 있지 않았다. 환영 인파와 함께 흔들 태극기를 준비해 왔으나 꺼내들 필요가 없게 되었다. 풀만 무성한 비행장을 둘러보는 백범 선생의 심정은 어떠했을까. 27년 전, 고국을 떠나 중국으로 망명할 때에도 이처럼 쓸쓸했던가. 백범 선생을 비롯한 요인들과 수행원인 우리까지 모두 실망과 서글픔을 넘어 분노까지 느껴지는 순간이었다. 뒤에 안 사실이지만 미군정 당국이 국내 정국의 혼란이 가중될 것을 우려하여, 임시정부의 환국이 아닌 개인 자격의 귀국이었음에도 이마저 극비에 붙였다고 한다.

비행장에는 국방색 세단 2대와 앰뷸런스 1대, 그리고 지프차 10여 대가 준비되어 있었다. 앰뷸런스에 짐을 싣고, 세단에는 백범 선생과 우사尤史 김규식 선생이 각각 탔다. 나는 엄항섭 선생이 탄 지프차 뒤에 탔다. 차는 꼬리를 물고 시내로 출발했다. 오후 4시 40분경이었다. 한강 인도교를 건너는데 갑자기 함박눈이 내리기 시작하며 금세 어둑해졌다.

"학생들의 표정이 밝고 활기찬 점은 기쁘지만, 예나 지금이나 농촌 집들이 그대로인 것으로 보아 고국이 발전하지는 못했구나."

숙소까지 오는 길에 백범 선생은 차창 밖 고국 풍경을 보고는 이렇게 말씀하셨다. 숙소인 서대문 죽첨장竹添莊에 도착했을 때는 5시가 넘어 주위가 꽤 어두웠다. 이 곳은 곧 백범 선생이 경교장京橋莊으로 고쳐 불렀는데, 오늘날 강북삼성병원의 본관이다. 광산왕으로 이름났던 최창학崔昌學 씨의 소유였는데, 임시정부의 숙소로 이야기되어 있었다. 경교장에 우리가 도착하자 무전기를 들고 2층 베란다 쪽에 대기하고 있던 미군 몇 명이 철수했다. 눈이 꽤 많이 내렸는데, 경교장은 우리를 맞을 아무런 준비도 되어 있지 않았다. 나중에 들으니 매일 같이 임시정부가 환국한다는 소문은 있었으나 대부분 헛소문에 그쳐 아무런 준비를 못 했다는 것이다.

당시 임시정부환국환영위원회는 두 곳이 조직되어 있었다. 하나는 송진우宋鎭禹 선생이 주도하는 한국민주당 계열의 전국적인 조직이었고, 다른 하나는 김석황金錫璜 선생이 주도한 것으로 임시정부 요인의 생활을 돌보기 위한 조직이었다. 김석황 선생은 미국에서 박사학위를 받은 김여식金麗植 박사를 위원장으로 하고 자신

이 부위원장을 맡았다. 황해도 출신으로
상해에서 백범 선생과 함께 독립운동을
하다가 만주에서 체포되어 국내에서 수
형 생활을 한 분이었다. 평안도 출신의
거부인 박흥식朴興植 씨나 최창학 씨와
친했는데, 그분의 주선으로 최창학 씨가
경교장을 임시정부에 헌납하여 백범 선
생이 거주하게 된 것이다. 그러나 뒤에
백범 선생이 돌아가시자, 집주인 최창학
씨의 요구로 경교장을 돌려주었다.

　오후 6시경, 조선 주둔 미군 최고사령관 하지 중
장John R. Hodge이 방송을 통해 김구 주석을 비롯
한 임시정부 요인 등 15명이 귀국했다는 짤막한 성
명을 공식적으로 발표했다. 앞서 말했듯 15명은 백
범 선생과 김규식 박사, 이시영 · 엄항섭 · 김상
덕 · 유동열 선생을 비롯해 수행원인 류진동 선생,
윤경빈 · 이영길 · 백정갑 · 안미생 · 민영완 · 장준
하 · 김진동 그리고 나 선우진이었다. 임시정부의
환국 소식이 알려지자 어둠만이 조용하게 내려앉
았던 거리가 만세 소리로 점점 채워져 갔다.

　많은 시민과 기자들이 경교장으로 모여들었고
서대문 길이 꽉 찼다. 김구 주석과 임시정부를 연
호하는 소리도 들렸다. 경교장에는 미국에서 먼저

귀국해 돈암장敦岩莊에 머물던 이승만李承晩 박사가 기다리고 있었다. 방송에 앞서 하지 장군이 이 박사에게 임시정부 요인의 귀국을 알려주었던 모양이다. 백범 선생과 이 박사는 반갑게 포옹하면서 재회의 기쁨을 나누었다. 이 박사가 임시 대통령으로 상해에 와 있다가 미국으로 돌아간 1921년 이후 거의 25년 만의 재회였다.

8시경에는 기자회견이 있었다.

"38도선 문제에 대하여 어떻게 생각하십니까?"

"나는 조선이 분열되어 있는 것을 좋아하지 않는다. 장차 이 구분은 철폐되리라 믿는다."

"장차 어떻게 통일하겠습니까?"

"일간에 각 정당 대표와 회견하고 전반적 정세에 관하여 상의하고 각 정당 간의 통일을 성취시킬 것을 기대한다. 조선을 위하여 민주주의 정체가 좋다고 믿는다."

엄항섭 선생은 주석을 대신하여 비행장에서 발표할 예정이었던 도착 성명을 읽어 내려갔다. 《자유신문》 1945년 11월 24일자에 실린 내용은 다음과 같았다.

27년간 꿈에도 잊지 못하던 조국강산을 다시 밟을 때 나의 흥분되는 정서는 형용해서 말할 수 없습니다.

나는 먼저 경건한 마음으로 우리 조국의 독립을 전취戰取하기 위하여 희생하신 유명무명의 무수한 선열과 아울러 우리 조국의 해방을 위하여 피를 흘린 허다한 연합국 용사에게 조의를 표합니다. 다음으로

는 충성을 다하여 삼천만 부모형제자매 및 우리나라에 주둔하고 있
는 미·소 등 우방군에게 위로의 뜻을 보냅니다.

나와 나의 동사同事들은 과거 2, 30년간을 중국의 원조 하에서 생명
을 부지하고 우리의 공작을 전개해 왔습니다. 더욱이 이번 귀국에는
장개석 장군 이하 각계각층의 덕택을 입었습니다. 그리고 또 한국에
있는 미군 당국의 융숭한 성의를 입은 것입니다. 그러므로 나와 및 나
의 동료는 중·미 양국에 대하여 최대의 경의를 표하는 바입니다.

또 우리는 우리 조국의 북부를 해방해준 소련에 대하여도 마찬가지
의 경의를 표합니다.

이번 전쟁은 민주를 옹호하기 위하여 파시스트를 타도하는 전쟁이었
습니다. 그런데 이 전쟁의 승리의 유일한 원인은 동맹이라는 약속을
통하여 상호단결 협조함에 있었던 것입니다.

그러므로 금번 전쟁을 영도하였으며 따라서 큰 전공을 세운 미국으
로도 승리의 공로를 독점하려 하지 않고 전체에 돌리고 있는 것입니
다. 우리는 동맹국 미국의 겸허한 미덕을 찬양하거니와 동심육력同心
戮力한 동맹국에 대하여도 일치하게 사의를 가지고 있습니다. 그들의
작풍은 다 우리에게 주는 큰 교훈이라고 확신합니다.

나와 나의 동료는 각각 일개의 시민의 자격으로 귀국하였습니다. 동포
여러분의 부탁을 받아 가지고 노력한 결과에 이와 같이 여러분과 대면
하게 되니 대단히 죄송합니다. 그러나 여러분은 나에게 벌을 주지 아니
하시고 도리어 열렬하게 환영해 주시니 감격한 눈물이 흐를 뿐입니다.

나와 나의 동료는 오직 통일된 독립자주의 민주국가를 완성하기 위
하여 여생을 바칠 결심을 가지고 귀국하였습니다.

여러분은 조금도 가림 없이 심부름을 시켜주시기 간절히 바랍니다. 조국의 통일과 독립을 위하여 유익한 일이라면 불 속이나 물 속이라도 들어가겠습니다.

우리는 미국과 중국의 도움으로 말미암아 여러분과 기쁘게 대면하게 되었습니다. 그러나 우리는 미구未久에는 또 소비에트의 도움으로 말미암아 북쪽의 동포도 기쁘게 대면할 것을 확신합니다.

여러분 우리 함께 이 날을 기다립시다. 그리고 완전히 독립 자주하는 통일된 신 민주국가를 건설하기 위하여 공동 분투합시다.

- 《자유신문》 1945년 11월 24일

백범 선생은 선열과 연합군의 노력으로 해방된 조국에 일개 시민으로 돌아온 자신과 임시정부를 환영해 준 것에 감사하며, 완전 자주독립하는 통일된 신 민주국가 건설을 위해 분투하자고 말씀하셨던 것이다. 그러니까 이제 백범 선생의 목표는 완전한 조국 통일이었다.

이날 저녁식사는 밤 12시가 다 되어서야 할 수 있었다. 서울역내 철도 식당이던 그릴Grill의 주방장이 경교장에 파견되어 양식으로 저녁을 준비해 주었다. 이름은 잊었지만 프랑스에 가서 요리를 배웠다는 그는 1946년 여름까지 경교장에서 식사를 담당했다. 웨이터도 2~3명 있었는데 역시 서울역 그릴에서 파견되었다. 보일러공 구자형도 서울역에서 근무하던 사람이었다. 이들은 교통부 철도국 소속이어서 교통부에서 월급을 지급했다.

긴 하루였다. 하루 만에 세상 모든 것이 바뀐 느낌이었다. 급작스러운 변화에 경황이 없었고, 몸은 계속 긴장 상태였다. 새벽 2시가 넘어서야 겨우 잠자리에 들 수 있었다.

숙소로는 경교장과 그 옆집을 사용했다. 옆집은 적산가옥으로, 나중에 이기붕李起鵬이 살아서 '서대문 경무대景武臺'로 불렸다. 유동열 · 김상덕 등 국무위원들은 그 집에서 주무셨다. 대부분은 경교장 2층 다다미방에서 함께 자고, 백범 선생만 따로 주무셨다. 나도 2층 다다미방에 몸을 눕혔다. 몸이 피곤해 금세 잠이 올 법도 했는데 껌벅껌벅 천장만 올려다보았다. 고국이라고 하지만 내게는 외국과도 같은 곳이었다. 만주의 옛집이 천장에 자꾸 그려졌다. 할아버지와 삼촌의 얼굴이 스쳐갔다.

내 고향 만주 이야기

나는 1922년 5월 1일 중국 요령성遼寧省 환인현桓仁縣 이호래二戶來의 용두龍頭라는 곳에서 태어났다. 깊은 벽지인 이 마을은 평안북도 초산楚山과 압록강을 마주보는 곳에 위치해 있었다. 본래 우리 집안은 평안북도 정주定州에서 여러 대 거주하다가 할아버지 대에 중국으로 건너왔다. 태원太原 선우鮮于씨는 기자箕子의 후손으로, 태원 선우씨, 청주淸州 한씨韓氏, 행주幸州 기씨奇氏로 나뉘었는데, 정주에서 큰 성씨였다. 중국으로 넘어온 것이 언제인지는 나도 정확하게 알지 못한다. 1904년 아버지가 정주에서 태어난 뒤 얼마 지나지 않아서라고만 알고 있다.

내가 태어난 1920년대 초는 국내에서 3·1운동이 일어나 일제가 무단통치의 외형을 바꿔 문화정치를 실시하던 때였다. 그리고 만주에서 1920년 청산리·봉오동 대첩이 있었고, 그에 따른 일제의 보복인 이른바 경신참변庚申慘變이 있은 직후였다. 3·1운동 이후 한국독립군은 한·만 국경지대에서 활발한 독립전쟁을 전개하고 있었다. 일본군은 독립군을 소탕한다는 명목으로 한국인들을 무차별 학살하여, 1920년 10월과 11월 한 달 동안 간도에서만 3,500명이나 되는 한국인이 학살당했다고 한다. 3~4개월에 걸친 일본군의 학살로 숨진 한국인이 얼마나 되었을지 짐작하기조차 어려웠다.

내가 태어난 때는 만주 지역에 살던 한국인이 그러한 위험에 노출되어 있던 시기였다. 환인현은 남만주로 이주한 우리 민족이 많이 살고 있던 지역이었다. 용두는 이호래에서 20리가량 떨어진 곳에 위치한 50호 정도의 작은 마을이었다. 이 주변에 사는 우리 민족 사람들도 100여 호 정도였다. 이호래는 중국인 중학교도 있던 꽤 큰 도시였다. 이호래에서 환인까지 흐르는 강을 끼고 한국 사람들이 농경지를 조성하여 농사를 짓고 있었다. 용두 마을은 근대 문물이 전혀 들어오지 않은 곳이었다. 나는 그곳에서 자전거도 본 적이 없었다.

한의였던 할아버지(선우정鮮于禎)는 용두에서 중국인의 큰집을 얻어 한의원과 서당을 열었다. 1881년생인 그분은 계실桂實이라는 이름도 썼다. 선우씨는 외자로 이름을 많이 짓지만, 두자로 된 이름도 종종 있었다. 작은할아버지 계환桂煥도 같은 마을에 살았다. 할아버지는 할머니(남양南陽 홍씨洪氏)와 혼인하여 슬하에 아들

둘과 딸 둘을 두셨는데, 아들은 규奎와 기基였다. 1904년생인 아버지는 큰 아들 규로, 덕삼德三이라는 이름도 쓰셨다. 어머니(박분이朴紛伊)와 혼인하여 아들 셋과 딸 셋을 두었다.

어머니는 경상남도 동래 출신으로 만주에 이주하여 자라나 아버지와 결혼했다. 내가 맏이고, 아래로는 전銓과 현鉉, 그리고 여동생 셋이 있었다. 춘자春子가 내 바로 아래였는데, 둘째와 셋째 여동생은 아들들 뒤에 낳았다. 삼촌 선우기는 1921년생인데 덕칠德七이라는 이름을 썼다. 삼촌과 나는 숙질간이었지만, 나이는 한 살 터울이어서 함께 자라났다.

할아버지는 서당을 열어 동네 아이들에게 《천자문》과 '무제시無題詩'를 가르쳤다. 그분은 재주가 많아 한의를 하면서 지관도 하고, 목수나 대장일도 했다. 할아버지의 한의원에는 중국인의 출입은 많지 않았고, 인근에 사는 우리 사람들이 와서 치료를 받곤 했다. 또 할아버지는 독립군 총관의 일도 맡았는데, 교민회 조직의 책임자였다. 독립군을 모집하고 군자금을 모금하며, 독립군과의 연락도 담당했다. 그래서 흔히 '선우 총관'이라고 불렸다. 나는 한 살 위인 삼촌과 함께 할아버지가 연 서당에서 공부했고, 뒤에 훈장을 초빙하여 《명심보감明心寶鑑》을 배우기도 했다.

집은 가운데에 복도가 있고 양쪽에 높은 온돌이 있는 중국식이었다. 바깥방은 칸을 막아 침실과 약방으로 썼다. 할아버지와 할머니가 쓰셨는데 낮에는 서당으로 사용했으며 약방 일도 보았다. 방 하나는 부모님이 사용했고, 하나는 삼촌과 내가 함께 썼다.

서당에서 공부를 하던 중 이호래에 신식학교가 세워졌다. 학교

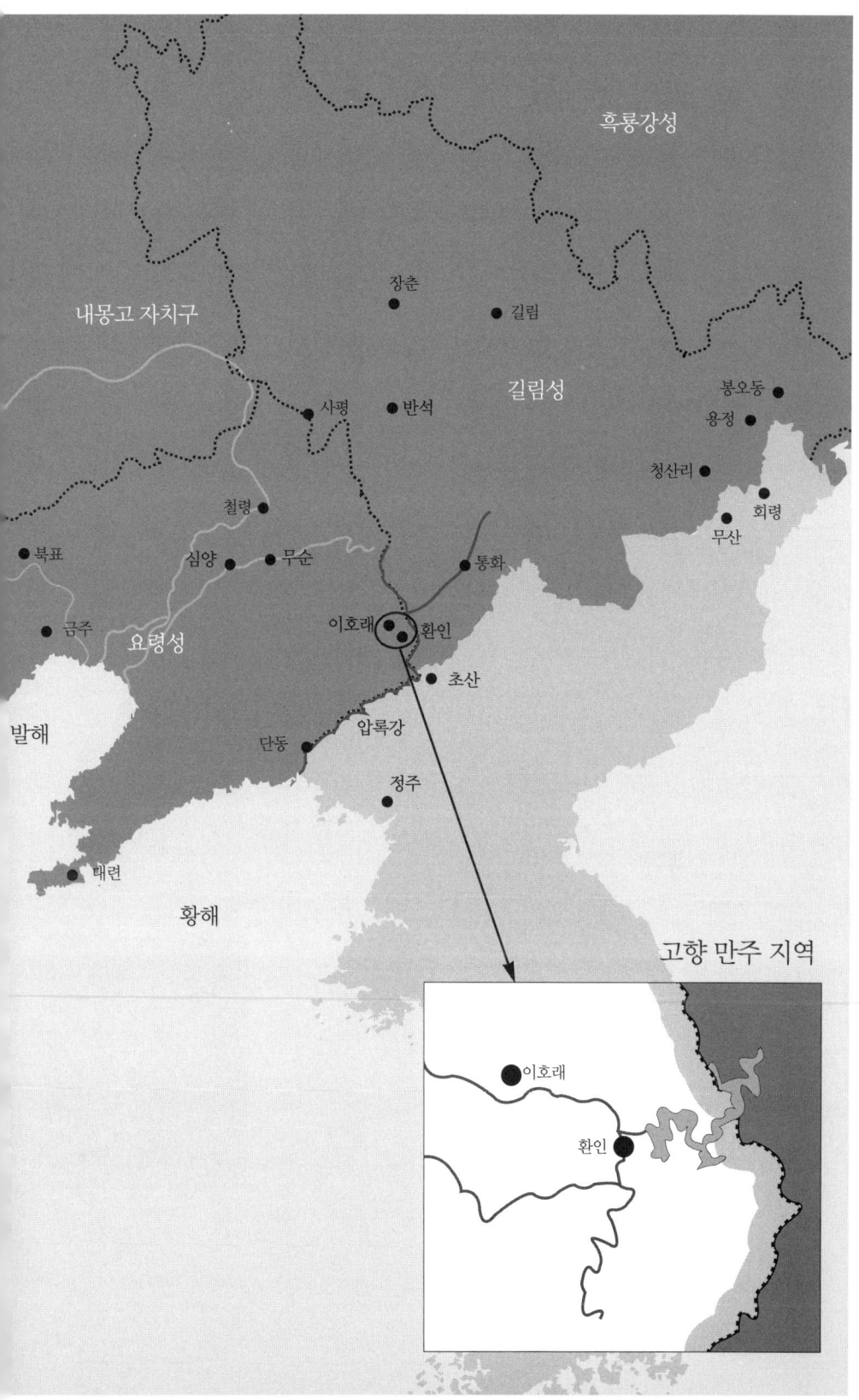

흑룡강성

내몽고 자치구

장춘   ●길림

길림성

사평 ●반석

봉오동 ●
용정 ●
청산리 ●
철령   회령
북표   심양 ●무순   무산
                                    봉화
금주   요령성   ●이호래 ●환인
발해   ●초산
        단동   압록강
                    정주
    대련

황해   고향 만주 지역

이호래

환인

이름은 생각이 나지 않지만, '독립군학교'라고 불린 이 학교에서는 산수와 역사 등을 가르쳤다. 나는 삼촌과 20리 길을 오가며 공부했다. 어느 겨울날 키가 후리후리한 멋쟁이 선생이 오셔서 우리를 가르쳤다. 그 선생이 우리에게 가르친 노래의 일부가 지금도 기억에 남아 있다.

"붕붕붕붕 자동차를 타고 가는 자본가들아, 앞가슴을 툭 내밀고 가장 잘난 듯이……."

뒤에 생각하니 그분은 좌익이었던 모양으로, 1주일 만에 학교에서 쫓겨났다.

어릴 때 용두에서 양세봉梁世奉 장군을 종종 뵈었다. 정의부正義府와 국민부國民府에서 활동하다가 1930년대 조선혁명당의 조선혁명군 총사령으로 남만주에서 반일무장투쟁을 지휘하여 이름 높던 그분이 할아버지를 뵈러 자주 우리 집에 들르곤 했다. 또 그분의 숙부가 되는 양하산梁荷山 선생과 방한모를 쓴 박대호朴大浩라는 체격이 건장한 분도 집에 들렀다. 현익철玄益哲 선생도 그 가운데 한 분이었다. 이 분들은 사람들을 피해 밤 10시가 넘어 와서, 다음날 아침에 떠나곤 했다. 덕분에 어머니는 밤늦게 이분들에게 저녁을 대접하고, 또 아침 일찍 식사를 차려드리는 등 뒷바라지에 고생이 많았다.

양세봉·양하산·박대호·현익철 선생은 모두

양세봉(1896~1934)
1932년 중국의용군 총사령관 이춘윤李春潤과 한중연합군을 조직, 일본군과 싸우다가 순국했다.

국민부와 조선혁명당을 조직하여 남만주에서 활동한 지도적인 독립운동가로, 우리 독립운동사에 이름이 빠지지 않는 어른들이다. 이 분들과 할아버지의 교류는 할아버지 역시 국민부와 조선혁명당에 관여하고 계셨음을 짐작케 한다.

7~8세 나이의 내가 나무 케이스에 넣은 체코제 모젤 권총을 차고 다니는 이 분들을 신기하게 바라보며 총을 자꾸 만지니까, 그 분들이 껄껄 웃곤 하셨다.

"이놈 봐라, 총이 그렇게 좋으냐?"

1931년 9월 18일 만주사변滿洲事變이 일어났다. 내가 열 살이 되던 때였다. 일본이 만주를 차지하기 위해 봉천奉天 북쪽의 유조구柳條溝에서 만철 철도를 폭파하고, 이를 중국 측의 소행으로 몰아 만주 일대에서 군사 행동을 개시했던 것이다. 일본군은 이호래를 지나 환인 쪽으로 진격해왔다. 대포 소리며 기관총 소리가 끊이지 않았다. 집안에서는 난리가 났다며 일찍 잠든 아이들을 밤 8시경에 깨워서 피난을 시켰다.

마침 그날은 막내 동생 현이 태어난 날이었다. 음력으로 9월 16일. 큰고모가 시집가서 살던 사도하자四道河子로 아이들만 피난시켰다. 삼촌과 작은고모, 그리고 나는 용두의 우리 집에 와 학교에 다니던 고모부 김진석金鎭錫의 사촌동생 김진덕金鎭德 형을 따라 피신했다. 나보다 네 살 위였던 형은 우리를 이끌고 자기 동네로 돌아가는 셈이었다. 작은고모는 나이가 나보다 아래였다. 해산을 한 어머니 때문에 어른들은 집을 떠나지 못하고, 스스로 움직일 수 있는 나이의 아이들만 피난했던 것이다.

그 지역은 수수밭이 많았다. 초저녁에 피난을 떠난 우리는 수숫대를 묶어놓은 밭에 숨어 있기도 했다. 일본군이 엄포사격을 하면서 마차로 대포를 끌고 지나갔지만, 얼굴을 내밀고 그들을 보지는 못했다. 우리끼리 30~40리를 피난하는 일은 무척이나 무서웠다. 새벽이 되어서야 겨우 고모부 댁에 도착할 수 있었다. 일본군이 통과 지역은 단순히 위협만 하며 지나쳤는지 별 일이 없었다. 우리는 2~3일 만에 다시 집으로 돌아왔다.

해가 바뀐 1932년 정월 초하루, 삼촌의 결혼식이 있었다. 시국이 어수선해 이전부터 이야기되던 삼촌의 결혼을 서둘렀던 것이다. 그런데 어른들이 새벽에 자고 있던 삼촌과 우리를 깨웠다. 추운 겨울날 새벽, 곤하게 잠들었던 우리는 겨우 일어날 수 있었다. 어른들이 큰일이 났다고 했다. 밖에 나가 보니 눈이 하얗게 왔는데, 누런 복장을 한 사람들이 총을 들고 들어오고 있었다. 일본군이었다.

나는 이때 처음으로 일본군을 보았다. 일본군은 한국인의 집을 전부 수색했다. 선우 총관 집안 결혼식이니까 독립운동에 관여하는 사람들이 많이 왔을 것으로 짐작하고 습격을 한 것이다. 아무튼 일본군은 성인 남자들을 모두 잡아갔다. 열세 살 신랑인 삼촌의 결혼식은 치를 수가 없었다. 대신 여자들이 행장을 꾸려 신부 집으로 보내, 하루 밤을 자고 신부를 데리고 오게 했다.

잡혀간 아버지는 바로 석방되었으나, 할아버지는 환인현으로 끌려갔다가 2주일 뒤에 풀려났다. 할아버지가 2주 만에 풀려날 수 있었던 것은 배관성裵官成이라는 일본군 통역의 도움 덕분이라고 했다. 일본군 점령 지역에서는 통역이 상당한 힘을 발휘했다. 배관성이 돈도 없이 돌아다니며 남의 집 일을 해주던 시절, 그의 부인이 병이 나자 할아버지가 치료하고 도와준 적이 있었는데, 그 일을 잊지 않고 도움을 준 것이다.

그는 일본군에게 할아버지가 총관으로 총을 들고 싸우지 않았을 뿐 독립군들과 연락하는 등 첫 번째 사형감에 해당하는 일을 하긴 했지만, 죽이지 말고 역이용해야 독립군을 모두 소탕할 수 있다고 설득했다. 더욱이 아들 결혼식 날 잡혀 와서 결혼식이 어떻게 되었는지도 모르니까, 한 1주일 풀어줘서 정리하게 한 다음 일본에 협력하게 하자고 이야기를 한 모양이었다. 일본군도 그럴 듯하게 들렸는지 할아버지를 석방했다. 배관성이 할아버지에게 신세를 갚느라고 그렇게 한 것이었다. 이때 할아버지와 함께 잡혀갔던 사람들 가운데 여러 명은 파저강婆猪江에서 참수 당했으며, 시체는 얼음을 깨고 강 속에 던져졌다고 한다.

어린 나이였던 내게 일본군은 그야말로 공포 그 자체였다. 일본군은 귀신보다도 무서운 존재였다. 집에 돌아온 할아버지는 농지며 모든 재산을 작은 할아버지에게 맡긴 후, 가족을 이끌고 마차 3대를 얻어 일본군이 점령하고 있던 무순撫順으로 피신했다. 눈이 많이 내려, 마차에 짐을 먼저 싣고 그 위에 사람이 이불을 뒤집어 쓴 채 길을 떠났다. 4~5일 걸려 무순에 도착했다.

할아버지가 일본군 점령 지역인 무순으로 피신한 것은 호랑이굴로 들어가는 것이 오히려 안전하다는 생각에서였다. 가족들은 무순 근처 신둔新屯에 정착했다. 신둔은 무순에서 20리 떨어진 곳으로, 주위가 모두 탄광 지대였다. 나는 무순에 가서 처음으로 전깃불을 보았다. 신둔에 도착한 우리 가족은 여관[객잔客棧]에서 하루를 잤다. 그런데 그 뒤에도 떠나지 않고 여관에서 그대로 머물렀다. 나는 왜 안 떠나는지 궁금했지만, 어른들께 여쭐 수는 없었다.

하루 지난 다음 날 오후, 할머니의 먼 남동생뻘인 홍진표洪鎭杓 씨가 여관을 찾아왔다. 신둔으로 옮겨온 것은 그분이 계셨기 때문이었고, 신둔에 도착하자마자 연락이 닿았던 것이다. 하루 더 여관에서 자고, 그분을 따라 짐을 꾸려 그 댁으로 갔다. 제법 큰 농사를 짓던 그 댁 근처에는 우리나라 사람 집 10여 호가 있었다. 일종의 집단농장을 이루고 있었던 것이다. 우리 가족은 중국인 탄광촌 근처에 위치한 중국식 집을 얻어 정착했다.

일본인들이 신시가지를 조성해서인지 무순은 깨끗했다. 신둔에서 무순으로 가는 왼쪽 편은 산이었는데, 탄광이 있었다. 오른쪽 편으로는 혼하강渾河江이 흘렀다. 할아버지는 한약방을 차렸고, 아버지는 농사를 지었다. 근처 만달옥萬達屋에는 한국인들이 많이 살았는데 그들도 농사를 짓고 있었다. 제법 큰 규모의 한국인 교회도 있었다. 남만주철도주식회사와 만철병원, 그리고 발전소도 있었다. 또 골프장도 있었다. 일본인들이 사는 지역은 영안대永安臺라고 불렀다. 이곳에서 나는 전차와 기차를 처음 보았다. 무순에서 봉천까지 기차가 다녔고, 무순에서 만달옥을 거쳐 신둔, 탑연塔連까지 전차가 운행되었다. 신둔에 정착한 뒤에도 일본군의 추적이 있을까 걱정했지만, 다행히 일본군은 할아버지를 더 이상 추적하지 않았다.

대한민국임시정부 환영대회

잠을 잔 듯, 고향으로 날아간 듯 몽롱한 가운데 무거운 눈꺼풀 위로 다시 빛이 쏟아지기 시작했다. 11월 24일, 경교장에는 국내 지도자들이 아침 일찍부터 인사를 왔다. 백범 선생은 오전에는 돈암장으로 가 이 박사를 답방했고, 이어 이 박사와 함께 군정청으로 가서 하지 중장과 군정장관 아놀드 소장을 예방했다. 그리고 오후 1시 반 군정청 출입기자단과 귀국 기자회견을 가졌다. 백범 선생 곁에 선전부장 엄항섭 선생이 배석했다. 이윽고 기자들의 질문이 쏟아졌다.

"환국 첫날의 소감을 한마디해주셨으면 합니다."

"혼이 왔는지 육체가 왔는지 분간할 수 없는 심정이오."

"개인 자격으로 귀국하신 것에 대해서는 어떻게 생각하시나요."

"군정이 실시되고 있으니 대외적으로는 개인 자격이지만, 우리 한국사람 입장으로 보면 임시정부가 환국한 것이지요."

약간은 민감한 질문이었지만 선생은 주저 없이 답변했다. 백범 선생은 이어 배석한 엄항섭 선생에게 회견을 인계하고 무거운 발걸음으로 2층으로 올라가셨다. 엄 선생은 개인 자격으로의 환국이 임시정부의 해체를 의미하는지를 묻는 기자들에게 "우리를 정부로 인정하고 안 하고는 3천만 국민이 결정지을 문제"라고 잘라 말했다.

그날 오후 8시 선생께서는 중앙방송을 통해 "오늘 나와 나의 동지들이 무사히 이곳에 도착하였다"는 내용의 짤막한 인사를

했다. 미 군정청이 국민의 열
망을 의식하여 육성방송을 허
락했지만, 2분간이라는 단서
를 달았기 때문에 도착 인사만
전할 수밖에 없었다. 11월 26
일에도 중앙청 회의실에서 기
자회견이 있었다. 백범 선생께

國家獨立의 時間을
最少限度로 短縮
金九主席還國第一聲放送

서는 이 날도 역시 "나는 앞으로 여러 선배와 각계
각층 대표들을 방문 또는 초청하여 논의할 것이며
미군 당국과도 깊이 논의한 뒤에 우리의 할 일을
알려드리겠습니다"라고 소박하고도 신중하게 말
했다. 아무래도 백범 선생은 미군정하에서의 임시
정부의 역할에 대해 생각이 많을 수밖에 없었다.

경교장의 경비는 광복군 국내지대가 맡았다. 그
들은 현관 대문 옆에 있는 작은 집에 기거하며 초
소를 지켰다. 광복군 국내지대는 오광선吳光鮮 장
군의 지휘 아래 태고사太古寺[지금의 조계사曹溪寺]에
본부를 두고 있었다. 이들은 경찰 복장을 하고 있
었는데, 나중에 초소 경비는 경찰로 교체되었다.
중국에서부터 우리를 수행하다 12월 1일 2진과 함
께 입국했던 중국 국민당 간부와 무전사 등 3명은
중국 국민당과의 무전 연락을 맡았다. 그러나 얼마
후 미군정이 대중국 전파 발신을 금지하여 간혹 단

귀국 인사하는 백범 선생(1945
년 11월 24일)
미군정의 시간 제한으로 인해
백범 선생은 "한갓 평민의 자격
으로 귀국하였다"고 짧게 인사
할 수밖에 없었다. 《자유신문》
1945년 11월 26일.

파 외국방송이나 청취하는 정도의 일밖에 할 수 없었다.

환영준비위원회에서 뷰익 38년형 검정 세단 차 1대를 마련하고 운전사까지 대주어 백범 선생은 그 차를 사용했다. 운전기사로는, 3·1운동 때 황해도 신천信川 읍내에서 만세운동에 앞장섰던 김선량金善亮 선생의 농장 차부에서 운전을 했던 정태훈 씨가 배정되었다. 1947년부터는 상공회의소 부회두 강익하康益夏 씨가 홍콩에서 뷰익 48년형 신형 승용차를 사와 그 차를 이용했다.

임시정부 요인들 가운데 친척이 있는 분들은 일찌감치 경교장과 옆집에서 나갔고, 그렇지 못한 분들은 충무로의 한미호텔에 숙소를 마련했다. 우리 경위대도 한미호텔에 방을 배당받았다. 한미호텔은 5층 정도 되는 건물로, 1층은 차고였으며 2층은 식당과 건물관리실, 그리고 일부가 침대 방이었다. 3층은 전부 침대 방이었고, 4~5층은 다다미방이었다. 조경한趙擎韓·신익희 선생이 2층에 계셨고, 경위대는 3층에 있었다. 환영위원회에서 책임을 지고 임시 관리하고 있었다.

환국하자마자 백범 선생은 송진우·안재홍安在鴻·여운형呂運亨·허헌許憲 선생 등 국내 정치 지도자들과 차례로 만났다. 임시정부 전 각료가 환국하는 대로 앞으로의 정국을 논의하자면서 민족의 단결을 강조했다. 뒤이어 선생은 오세창吳世昌 선생을 방문했고, 손병희孫秉熙 선생과 안창호安昌浩 선생의 묘소를 참배했다.

또 이봉창李奉昌·윤봉길 의사와 강화의 김주경金周卿 선생의 가족들을 신문을 통해 찾았다. 백범 선생은 이봉창 의사를 뒷바라지한 조카딸 이은임李銀任 씨와 윤봉길 의사의 아들 윤종尹淙

군을 만났다. 반가움과 미안함
이 함께 했을 이때의 백범 선생
의 심회는 그저 짐작만 할 뿐이
다. 백범 선생은 이은임 씨에게
경교장 뒤 평동에 기와집을 한
채 사주었는데, 남편이 그곳에

서 이발소를 했다. 뒤에 혼자 된 이은임 씨를 공군
장성으로 있던 김신 씨가 공군 문관으로 취직시켜
주었다. 생활이 어느 정도 안정되서인지 이은임
씨는 자식들을 잘 길러냈다. 윤봉길 의사 가족들
에게도 도움을 주었다. 피치 박사George A. Fitch
에게 부탁하여 미군정에서 적산인 건설 회사를 불
하받을 수 있게 한 것이다.

경교장에 찾아왔던 인물 가운데 김윤정金潤晶이
라는 노인이 있었다. 구한말 백범 선생이 국모시
해 복수사건으로 인천감옥에 투옥되었을 당시 경
무관으로 도움을 주었다고 했지만, 뒤에 친일파로
널리 알려진 인물이었다.

하루는 경교장 2층에서 백범 선생의 호통이 들
렸다. 아무도 백범 선생 방으로 사람이 올라간 것
을 보지 못했기 때문에, 모두들 그 호통 소리에 깜
짝 놀랐다. 조금 있다가 김석황 선생이 어떤 사람
을 데리고 경교장 옆문으로 나갔다. 나중에 들으

니 김석황 선생이 사람들 몰래 친일파 갑부인 박흥식을 옆문으로 데리고 올라가 백범 선생에게 정치자금으로 쓰시라고 돈 보따리를 드리려 했는데, 백범 선생이 박흥식에게 호통을 치자 김석황 선생이 서둘러 그를 데리고 총총히 사라졌다고 했다.

12월 1일, 임시정부 환국 봉영회奉迎會가 서울운동장에서 있었다. 여기에 모인 인파는 봉영회를 마친 뒤 태극기를 들고 시가를 행진했다. 대학생들을 앞세운 인파는 500여 단체에서 참여한 이들과 시민들이 함께 하면서 수만 명으로 늘어났으며, 임시정부 절대 지지를 외쳤다.

다음 날인 12월 2일, 임시정부 요인 제2진이 입경했다. 날씨가 좋지 않아 김포비행장에 착륙하지 못하고 군산비행장에 내릴 수밖에 없었다. 고국에서의 첫날밤을 뜬눈으로 새워가며 논산까지 와서야 숙소에 들었던 제2진 일행은 19명으로, 홍진洪震 · 조소앙趙素昻 · 조완구趙琬九 · 조성환曹成煥 · 황학수黃學秀 · 장건상張建相 · 김붕준金朋濬 · 성주식成周寔 · 유림柳林 · 김성숙金星淑 · 조경한 · 김원봉金元鳳 · 최동오崔東旿 · 신익희 선생과, 수행원인 안우생 · 이계현李啓玄 · 노능서 · 서상열徐相烈 · 윤재현尹在賢이었다.

이어서 19일 대대적인 환영대회가 역시 서울운동장에서 있었다. 나는 그때 지방에 가 있었다. 각 도에서도 임시정부 환영대회를 하고자 하여 임정에서 해당 도 출신 국무위원들을 대표로 파견했는데, 거기에 가게 된 것이다. 정확한 날짜는 기억이 나지 않지만 나는 김상덕 선생을 모시고 대구에 갔다가 상경했고, 다시 장건상 선생을 모시고 부산을 다녀왔다. 또 청주에도 갔었는데,

임시정부 환영대회(1945년 12월 19일)
15만 명이나 되는 인파가 몰려들어 임시정부 요인들의 환국을 환영했다.

성주식 선생을 모시고 갔었다. 대구와 부산은 열차로, 청주는 자동차로 갔었다. 19일부터 25일 전후가 아니었나 싶다.

대구에서는 역전의 큰 부잣집에 유숙했다. 서대구역 옆에 큰 공회당의 베란다에 임시정부 문화부장을 역임한 김상덕 선생과 내가 서 있었는데, 환영 테이프를 목에 걸어주고 김 선생과 내가 만세를 부르자 밑에서 테이프를 던지는 등 환영 열기가 대단했다. 김상덕 선생은, 국내에서 3·1운동으로 인해 임시정부가 수립되었는데, 이번에 올 때 단지 임시정부의 역사만을 가지고 와서 여러분들에게 돌려드린다는 내용의 연설을 했다. 김 선생의 강연에 대구 시민들이 박수갈채를 보냈다. 이때 행사를 진행하던 청년 가운데 연미복을 입고 있던 최석채崔錫采 씨를 알게 되었는데, 뒤에 언론인으로 널리 알려졌다.

부산을 갈 때에는 군정청에서 특별열차 한 량을 내주어서, 장건상 선생과 나, 그리고 부산에서 장 선생을 모시러 온 분들 서너 명이 타고 갔다. 사람들이 기차가 비어 있으니 올라타려고 하자 철도경호대 사람들이 발로 걷어차고 해서, 우리가 민망했던 기억이 난다. 장건상 선생은 부산에서 범일동 김지태金智泰 씨 집에 머물렀다. 김지태 씨는 훗날 부산상공회의소 회장을 역임하는 기업가로, 그의 부친과 장 선생이 절친했다고 들었다. 두 분의 대화에서 장 선생이 국내에 들어왔다가 체포된 이야기를 들을 수 있었다. 중국에서 고생하는 부친을 집에서 모시려던 아들들이 일본인들의 사주를 받아 장 선생의 귀국 사실을 경찰에게 알렸고, 이로 인해 결국 집에 들렀던 장 선생은 경찰에 체포될 수밖에 없었다는 것이었다. 장 선생은 아들이 자수해 온 경우가 되어 큰 처벌을 받지 않고 부산에서 감시를 받다가 다시 탈출하여 만주를 거쳐 중국에 들어갔다고 했다.

부산에서의 환영대회는 공설운동장에서 있었다. 시간에 맞춰 일반 차량은 통행을 금지시키고 행사 관계 차량만 통과시켰다. 자동차를 타고 운동장에 가다 보니, 학생이나 시민들 구별 없이 양쪽으로 쭉 서서 머리를 숙이고 있었다. 장건상 선생이 그 모습을 보고서 이유를 묻자, 앞좌석에 앉아있던 사람이 "높은 사람들이 지나가면 머리를 숙여 존경을 표시하는 습관이 있어서 그렇다"고 대답했다. 이에 장 선생은 차를 세우고는 모두 머리를 들라고 했다.

"민주사회에서 어떻게 이런 일이 있을 수가 있는가. 편하게들 있으시오."

공설운동장의 임시정부 환영회는 시민들이 운동장을 가득 메운 가운데 성대하고 열렬하게 열렸다. 환영회가 끝나고 부산의 젊은 패들이 동래 온천장을 구경시켜 준다고 해서 따라나섰는데, 다름 아닌 기생집이었다. 생전 처음으로 기생집에서 술을 마셔보았다.

청주에서는 청주천 바닥에서 환영회가 열렸는데, 성주식 선생이 참석했다. 전날 밤 11시에 자동차로 청주에 가서 다음 날 아침에 수많은 군중들이 운집한 가운데 성대하게 열렸다.

지방의 임시정부 환영대회 몇 곳을 내가 수행한 것은 엄항섭 선생의 배정 때문이었다. 사실 김상덕, 장건상, 성주식 선생은 한국독립당 출신이 아니라 민족혁명당 계열이었다. 그러나 장건상 선생은 해방 전 임시정부를 대표해서 연안에 파견되었다가, 해방이 되자 바로 국내로 가지 않고 중경으로 돌아왔다. 본인이 임시정부의 임명으로 연안에 갔으니, 임시정부에 보고해야 한다고 돌아온 것이다. 아무튼 어른들을 모시고 대구, 부산, 청주를 다녀온 것은 중국에서만 살아온 내가 처음으로 경험한 국내 여행이었다.

이쯤해서 내가 백범 선생의 비서 역할을 전담하게 된 계기를 말해야 할 것 같다. 당시 백범 선생의 비서 업무를 맡은 곳은 주석판공실이었다. 따로 실장을 둔 것은 아니고 엄항섭 선생의 동생인 엄도해嚴道海 씨가 주관했다.

우리 경위대는 경교장에서 백범 선생을 수행하는 비서 일을 했다. 윤경빈·백정갑·이영길과 내가 그 일을 맡았다. 그리고 경위대 출신인 서상열은 조완구 선생을 도와 한미호텔에서 재무부 일을 도왔다. 1946년 봄쯤이었던 것으로 기억한다. 윤경빈과 백정갑이 경교장 일을 그만 두어, 이영길과 내가 비서 임무를 했다. 그러다가 이영길도 일을 그만 두게 되었다.

결국 혼자 남은 내가 백범 선생의 수행비서 일을 전담하게 되었다. 뒤에 신현상申鉉商이라는 분이 김창숙金昌淑 선생의 추천을 받아 비서 일을 맡았었는데, 그이는 남북협상에 찬성하지 않아서 얼마 있지 않고 민족청년단으로 갔다. 경교장의 서무는 이풍식李豊植 씨가 맡고 있었는데, 집사 역할이었다. 이풍식 씨는 김선량 선생이 소개한 사람으로 기억한다. 글씨를 잘 쓰고 사무도 잘 보아 경교장의 생활이나 운영을 잘 꾸려갔다. 주방 일은 백범 선생의 외가 쪽 먼 친척이 되는 분이 장숙자張淑子라는 딸과 함께 맡아주었다.

남들은 내게 돈을 주는데, 백범은 가져가는구먼 ―

경교장 생활은 전혀 풍족하지 않았다. 정기적으로 얼마씩 들어오는 형편이 아니어서 애를 많이 먹었다. 돈과 관련된 일에는 적극적이지 않았던 백범 선생의 인품 덕분에 자연 선생을 모시는 우리 생활도 여유롭지 못했다. 한번은 1946년에 상공회의소 부회두 강익하 씨가 정치자금이라고 300만 원 수표를 백범 선생에게 갖다드린 적이 있었다. 그러나 백범 선생은 그 돈을 받지 않고, 이승만 박사에게 갖다드리라고 했다. 이승만 박사에게는 이미 500만 원을 보냈고, 상공회의소의 공의公議라고 말씀드렸지만 그래도 백범 선생은 이 박사에게 드리라고 했다.

한미호텔에 계시던 임시정부 요인들의 형편이 어려워 점심을 굶는 일이 많게 되자, 주위에서 백범 선생에게 재정적으로 여유가 있던 이승만 박사에게 돈을 부탁해보라고 말씀드렸다. 백범 선생이 마지못해 돈을 부탁하러 돈암장을 찾았는데, 이 박사가 난색을 표해서 그냥 돌아왔다. 몇 주 후에 조완구 선생과 엄항섭 선생이 다시 백범 선생에게 어려운 형편을 말씀드리자, 백범 선생은 이 박사를 다시 찾아가 30만 원을 얻어 한미호텔에 있던 요인들의 경비로 사용했다.

그때 내가 백범 선생을 모시고 돈암장에 갔었는데, 이 박사는 "남들은 모두 내게 돈을 주는데, 백범은 내게서 돈을 가져가는구먼" 하며 입을 실룩거렸다. 백범 선생은 아무 표정 없이 돈암장을 나섰다. 내가 도리어 속이 뒤집혔다. 전에 상공회의소에서 백범 선생에게 준 돈 300만 원도 받고 임시정부 요인들이 고생하는 것도 뻔히 아는 이 박사가 그런 식으로 말한다는 것은 너무 지나친 일이지 않은가.

장개석 총통이 환국 때 전별금으로 미화 20만 달러를 백범 선생에게 드렸는데, 10만 달러는 주화대표단의 경비로 사용하고 나머지 10만 달러는 미국은행에 예치했다. 이 10만 달러를 1947년 유어만劉馭萬 주한 중국 총영사를 통해 찾아 여러 용도로 사용했다. 《백범일지》 인쇄용지 값, 새로 구입한 승용차 대금 모두 그 자금에서 나왔다. 백범 선생의 대 중국 연락을 맡았던 안공근安恭根 선생의 부인과 김좌진金佐鎭 장군의 부인 등도 도와드렸다. 팔판동에 살던 김좌진 장군의 부인 오숙근吳淑根 여사에게는 내가 한동안 직접 돈을 전해드렸다.

그런데 백범 선생은 처음에는 이 돈을 받지 않으려고 하셨다. 유어만 주한 중국 총영사가 10만 달러를 찾아와 백범 선생에게 연락을 하자, 선생은 이승만 박사에게 전화를 해서 받아 쓰시라고까지 했다. 이 박사는 그날 오후 부랴부랴 유어만 씨에게 갔다. 그런데 그는 이 박사에게 돈을 내드릴 수 없다고 잘라 말했다.

"죄송하지만 저는 돈을 드릴 수 없습니다. 우리 총통께서 백범 선생에게 드리라고 한 것입니다. 백범 선생이 받아서 드리는 것은 모르겠지만, 저는 백범 선생에게 전달할 의무밖에 없습니다."

그러고는 안미생 씨에게 연락해서 전말을 알려주었다. 안미생 씨는 조완구, 엄항섭 선생에게 연락을 드렸다. 이러한 과정을 통해 이 일을 알게 된 임시정부 요인들은 이 박사에게 돈을 주는 일에 반대했다. 결국 백범 선생은 그 돈을 받기로 했다. 받은 돈은 한미호텔에 계시던 임시정부 요인들의 생활비를 보조하고, 홍콩 무역을 하던 강익하 씨에게 부탁하여 홍콩에 《백범일지》 찍을 종이를 주문하는 데 썼다.

이런 과정을 거쳐 1947년 11월 《백범일지》가 국사원출판사에서 간행되었다. 국사원은 월남해 온 백범 선생의 당질 김흥두金興斗 씨와 김여식 박사의 동생인 김지림金志林 씨가 만든 출판사였다. 중국에서 미국으로 돌아가던 중 서울에 들린 피치 박사의 부인이 《백범일지》를 영문으로 번역하겠다고 했다. 피치 부인 Geraldine Fitch은 미모가 뛰어난 작가였다. 그러나 아쉽게도 부인이 미국으로 돌아간 지 얼마 되지 않아 사망하여, 번역은 이루어지지 않았다. 피치 박사는 상해 YMCA의 총무로 있었는데, 윤봉길 의사의 의거로 백범 선생이 상해에서 가흥으로 피신할 때 자신의 집에 묵게 했다가 탈출시킨 장본인이었다.

1946년 겨울, 백범 선생은 혜화동 이길호李吉鎬 씨 댁에서 주무셨다. 이길호 씨는 안방을 백범 선생에게 내드리고 다른 방으로 옮겼고, 나도 건넌방에서 숙식을 했다. 경교장이 불을 많이 땔 수 없는 상황이어서 연로한 백범 선생을 이길호 씨 댁의 뜨뜻한 온돌방으로 모셨던 것이다. 아침에 경교장으로 와 계시다가 저녁에 다시 그 댁에 가 주무신 것이 여러 달이었다. 그 댁은 혜화동 로터리에서 북쪽으로 올라가는 우측 편 한옥이 많은 곳에 있었다.

이길호 씨는 의사였는데, 미군정 쪽과 관계를 맺어 경기도 금촌의 농업 창고를 불하받았다. 이를 통해 돈을 많이 벌어 자가용

을 타고 다녔다. 엄항섭 선생의 선전부에서 장준
하 등과 함께 일하던 이규석李圭錫이라는 이가 엄
선생에게 소개하여 백범 선생을 알게 되었다고
했다. 이규석 씨는 이길호 씨에게 학비도 지원 받
았는데, 이길호 씨가 백범 선생을 모시고 싶다고
자주 경교장을 오가다가 겨울 한철을 그 댁 신세
를 지게 되었던 것이다. 식사도 부인이 잘 챙기고
해서 편안하게 지내셨다. 그러나 우리는 백범 선
생이 그곳에 가 계시는 것이 선생 체면에도 좋지
않고, 개인 집에 가 계시는 것으로 생각되어 좋아
하지 않았다.

나는 한미호텔에서 생활하며 경교장으로 출근

했는데, 경교장에도 내가 묵는 방이 따로 있었다. 사실 경교장에서는 따로 월급을 받지 못했다. 처음에는 환영위원회에서 얼마간 오천원씩 월급을 만들어 주었지만, 그 뒤에는 월급이 없었다. 경교장에서는 월급이라기보다 돈이 있으면 생활비로 얼마씩 주고, 없으면 주지 못했다. 그나마 그것도 안미생 씨가 챙겨주었다. 그래서 생활비가 필요하면 안미생 씨에게 부탁하곤 했다. 안미생 씨는 자신에게 돈이 있으면 주고, 아니면 돈을 변통하여 얻어주었다. 한마디로 경교장 생활은 넉넉지가 않았다. 권력의 핵심이었던 돈암장 이승만에게는 돈줄이 있었는지 몰라도 경교장은 그렇지 않았다.

큰며느리 안미생과 백범 선생
(1947년)
생활비를 챙겨주던 안미생 씨는 안중근 의사의 조카로, 백범 선생의 큰아들 인과 혼인했다. 남편 김인은 1945년 3월 중국 중경에서 사망했고 딸 효자가 있었다.

경교장의 생활이 어려울 때도 백범 선생은 그러한 사정을 잘 몰랐다. 1946년 6월까지 환영준비위원회에서 재정지원을 하다가 끊어지자, 가을부터 경교장 생활이 어려워졌다. 그러나 경교장에는 큰돈은 아니더라도 백범 선생께 용돈을 갖다드리는 분들이 여럿 있었다. 부녀단체에서는 한복을 많이 지어왔다. 그런데 백범 선생은 행색이 초라한 이가 있으면 앞뒤 없이 내어주곤 했다. 백범 선생은 어려움을 호소하는 사람들에게 돈을 주고 경교장을 찾은 유생들에게 여비를 주면서도, 경교장에서 일하는 사람들이나 경교장 살림에는 무심했던 것이다.

상황이 이렇다 보니 경교장에 있던 우리는 보리쌀을 섞은 밥을 먹곤 했다. 백범 선생께는 상을 따로 봐서 2층으로 올려드리고 우리는 식당에서 보리밥을 먹었다. 어느 날 백범 선생이 식당에 내려와 우리가 보리밥을 먹는 모습을 보고는, 왜 보리밥을 먹느냐고 물었다. 우리가 보리밥을 먹는 것을 눈치 채신 모양이었다. 우리가 보리밥을 좋아해서 그렇다고 말씀드리자 "그래, 그러면 나도 내일부터 밑에서 먹겠다"고 하시는 것이 아닌가.

"그러면 저희들이 불편해서 안 됩니다."

"아니야, 나도 같이 먹자."

그렇게 해서 얼마간 선생도 우리와 함께 식사를 했다. 그러다가 우리가 "제발 선생님은 올라가서 식사를 하십시오. 젊은 사람들은 오히려 보리쌀을 넣어 먹어야 건강에 좋습니다. 그러니까 선생님은 위에서 식사를 하십시오"라고 극구 청하자, 마지못해 2층에서 식사를 하셨다.

4장

단독정부 수립에 반대하며

긴박하게 돌아가는 국내 정세 ─────

1945년 12월 28일 오후, 호외가 돌면서 모스크바 3상회의의 결정사항이 알려졌다. 미·영·소·중이 5년 이내의 기간 동안 한국에 대한 신탁통치를 실시한다는 내용이었다. 이 소식이 전해지자 경교장에서 저녁식사 후에 긴급 국무회의가 소집되었다. 회의는 밤새 계속되었다. 국무위원은 환국한 뒤 이승만 박사와 김창숙 선생을 보선補選했다. 이날 회의에 이 박사는 불참했고, 김창숙 선생은 업혀서 오셨다. 밤샘 회의 결과 신탁통치 결사반대와 국민대회 개최를 결정했다. 김구 주석과 외무부장 조소앙 선생의 명의로 된 그 날의 〈의결사항〉과 〈4국 원수에게 보내는 결의문〉은 다음과 같다.

〈의결사항〉

1. 본 정부는 각층 각파 및 교회, 전 국민으로 하여금 신탁제에 대하여 철저히 반대하고 불합작운동을 단행할 것.
2. 즉시로 재경 각 정치단체를 소집하여 본정부의 태도를 표명하고 전도前途 정책에 대하여 절실히 동의합작을 요하며 각 신문기자도 열석케 할 것.
3. 신탁제도에 대하여 중, 미, 소, 영 4국에 대하여 반대하는 전문을 급전으로 발송할 것.
4. 즉시로 미소 군정당국에 향하여 질문하고 우리의 태도를 표명할 것.

〈4국 원수에게 보내는 결의문〉

우리는 모스크바회의에서 신탁통치제를 적용한다는 의결에 대하여 반대한다.

1. 민족자결의 원칙을 고수하는 한국민족의 총의에 절대로 위반된다.

2. 제2차 대전 중 누차 선언한 귀국의 숙약宿約에 위반된다.

3. 연합국헌장에 규정한 3국 탁치 적용 조례의 어느 항에도 한국에는 부합되지 않는다.

4. 한국에 탁치를 실시함은 원동遠東의 안전과 평화를 파괴할 것이다.

이상 이유는 한국의 즉시독립과 세계평화를 위하여 탁치제에 반대하는 철저한 불합작을 미리 성명하고 귀국의 신중한 고려를 촉促한다.

대한민국 27년 12월 28일
대한민국임시정부 국무위원회 주석 김 구
외무부장 조소앙

이후 전국적으로 신탁동치 반내의 목소리가 높아졌고, 여러 기관·단체 등도 반탁을 천명했다. 시위가 일어나 군정청에 체포되는 이들까지 나타났다. 12월 30일, 반탁을 천명한 단체와 기관의 대표들을 비롯해 서울시내 8개 경찰서장까지 경교장에 모여 신탁통치반대투쟁위원회를 결성했다. 이 모임에 총 200~300명이 참석하여 경교장은 금세 혼잡해졌다.

이런 와중에 30일 새벽 한국민주당 수석총무인 송진우 선생이 괴한에게 암살당하는 사건이 일어났다. 모두에게 충격적인 일이었다. 백범 선생도 많이 놀라셨다. 그리고 국자國字 제1호, 제2호가 내무부장 신익희 명의로 12월 31일 종로거리에 나붙었다.

국자 제1호

1. 현재 전국 행정청 소속의 경찰기관 및 한인 직원은 전부 본 임시정부 지휘 하에 예속케 함.
2. 탁치반대의 시위운동은 계통적 질서적으로 행할 것.
3. 폭력행위와 파괴행위는 절대 금지함.
4. 국민의 최저생활에 필요한 식량 연료 수도 전기 교통 금융 의료기관 등의 확보운영에 대한 방해를 금지함.
5. 불량상인의 폭리매점 등은 엄중 취체함.

이는 군정청 각 기관의 한국인들을 임시정부에 소속시키고, 반탁운동을 전개하겠다는 의지를 드러낸 것이었다. 바꿔 말하면 군정청의 행정권을 임시정부가 접수하겠다는 뜻이었다. 그리고 1월 1일부터 철시撤市에 들어가면서, 군정청 내의 한국인 직원들이 파업에 돌입했다. 그런데 이러한 임시정부의 포고는 국무회의를 거치지 않은 채 신익희 내무부장이 단독으로 시행한 일이었다. 결국 신익희 선생은 이 일로 백범 선생에게 싫은 소리를 들어야 했다.

아무튼 이때 무슨 일이 나는 줄 알았다. 임시정부 포고령까지붙이고 해서, 이제 임시정부가 정말 정부 행세를 하는구나 하는

생각이 들었다. 당연히 미군정이 가만히 있을 리
없었다. 화가 난 하지 장군이 1946년 1월 1일 백범
선생에게 반탁운동의 중지를 요구했다. 이와 함께
군정 치하에서 치안유지 총책임을 맡고 있던 조병
옥趙炳玉이 반탁운동에 참가한 경찰서장들을 모두
파면시켰다. 그러자 백범 선생은 밤에 엄항섭 선생
을 통해 방송에서 미군정에 내한 반내가 아니라 신
탁통치에 대한 반대임을 밝히는 한편, 평화적인 반
탁운동의 전개를 당부하고 복업과 파업 중지를 부
탁했다.

그런데 예상치 못한 일이 발생했다. 반탁을 내
세우던 좌익이 갑자기 2일 소련의 지시로 찬탁으
로 돌아선 것이다. 좌익의 이탈로 1월 3일 예정되

어 있던 서울운동장 신탁통치 반대집회는 반쪽짜
리 집회가 되고 말았다. 서울운동장에서 반탁 집회
가 열리는 동안 좌익이 남산에서 찬탁 집회를 가진
것이다. 급기야 두 세력이 행진을 하다가 남대문에
서 충돌하는 사태가 일어나기도 했다.

반탁운동은 임시정부의 주도로 과도정부 수립을
위한 움직임과 연결되어, 1946년 1월 비상정치회
의라는 조직으로 발전했다. 이 회의는 2월 비상국
민회의로 개칭되었다. 그러나 비상국민회의는 임
시정부 내 좌익계열이 불참하고, 미군정이 2월 14
일 비상국민회의의 최고정무위원 전원을 군정의
자문기관으로 발족시킨 남조선대한국민대표민주
의원 의원에 임명하면서 사실상 그 기능을 잃고 말
았다. 그에 앞서 미군정과 소련은 1월 16일 미·소
공동위원회 예비회담을 덕수궁 석조전에서 개최
했으나, 1개월 이내
미·소 공동위원회를
설치할 것이라는 공
동성명만 발표하고 2
월 5일 폐회했다.

민주의원에는 공산
당이 제외되고 조선
인민당의 여운형·

남조선대한국민대표민주
의원 개원식의 3영수(1946
년 2월 14일)
미군정은 1946년 2월 14일
주한미군 사령관 하지의 자
문기구로 '남조선대한민국
대표민주의원'을 출범시켰
다. 사진은 개원식에 참여한
김규식 박사, 이승만 박사,
백범 선생이다.

백상규白象圭 · 황진남黃鎭南이 포함되어 있었는데, 이승만 박사는 여운형과 황진남을 싫어해서 이들의 참여를 반대했다. 이때 백범 선생이 좌익 진영도 참여해야 한다고 설득하여 우여곡절 끝에 포함되었다. 그러나 그 두 사람은 실제 참여하지 않았다.

아무튼 민주의원이 들어설 자리를 보러 간다고 해서 백범 선생과 김규식 박사, 그리고 정인보鄭寅普 선생, 김법린金法麟 선생이 창덕궁 인정전에 갔다. 하지 장군의 정치고문으로 있던 굿펠로Preston Goodfellow가 이만 하면 되지 않겠느냐고 하면서 처마 끝의 동물상이 무엇인지 물어 정인보 선생이 어떤 동물이고 무엇을 의미하는지 설명해 주기도 했다.

인정전 낭하 쪽의 부속건물에 서무국과 비서국이 있었다. 민주의원의 서무국장은 화가로 이름 높던 고희동高羲東 씨였고, 비서국장은 윤치영尹致暎이었다. 경위대에 있던 윤경빈과 이영길이 서무국에서 근무했다. 김규식 박사의 수행원은 조카인 김영휘金永輝 씨였고, 안재홍 선생은 김중국金重國 씨, 오세창 선생은 아들 오일육吳一六이 수행했다. 우리 수행원들은 대기실에 있었다.

민주의원 의장은 이승만 박사, 부의장은 김규식 박사였고, 백범 선생은 총리를 맡았다. 이 박사에게는 링컨 컨티넨탈이, 백범 선생에게는 리무진 캐딜락이 배치되었다. 백범 선생이 타던 캐딜락은 운전석과 뒷좌석이 유리로 막혀 있어 뒤에서 하는 이야기를 운전수가 들을 수 없고 마이크를 누르면 운전수에게 지시를 할 수 있는 최고급 차였다.

그런 와중에 한국독립당은 3월과 4월에 걸쳐 안재홍 선생이 주도한 조선국민당 및 김여식 박사가 주도한 신한혁명당과 합당했다. 백범 선생은 중앙집행위원장직을 맡았다. 한국민주당이 불참하긴 했지만 우익 정당들이 한국독립당을 중심으로 결집한 것이었다. 정국이 좌우대립으로 움직이자 미군정은 여운형과 김규식 박사 등을 내세워 좌우합작운동을 추진하기도 했다. 이런 상황에서 이승만 박사는 미·소 공동위원회가 휴회에 들어가 있던 6월 3일 이른바 남한 단독정부 수립을 내비친 정읍 발언을 했다. 정국은 더욱 어지럽게 돌아갔다.

절대로 단정은 불가하다

1946년 3월부터 시작된 제1차 미·소 공동위원회에서 소련 측은 신탁을 지지하는 좌익만을 참여시키고자 했고, 미국은 그것이 한국인의 견해와 다르다고 하여 대립하다가 결국 5월에 결렬되고 말았다. 이어 6월 3일 이승만 박사는 정읍에서 남한만의 단독정부 수립이 가능하다는 발언을 하여 세상을 놀라게 했다. 그 후 민족통일총본부가 결성되어 이 박사가 총재를, 백범 선생이 부총재를 맡았다. 하지만 단독정부 수립 문제로 백범 선생과 이 박사의 관계는 예전 같지 않았다. 백범 선생은 군정청이 김규식 박사와 여운형 선생 등을 내세워 전개한 좌우합작의 움직임을 지지하여, 10월에 좌우합작 7원칙이 발표되자 개인 자격으로 지지성명을 내기도 했다.

백범 선생의 좌우합작 지지 담화
백범 선생은 미군정이 김규식, 여운형 선생을 앞세워 좌우합작 7원칙을 발표하자 개인 자격으로 지지 성명을 낸다. 〈합작 목적은 민족통일〉, 《조선일보》 1946년 10월 16일.

1. 좌우합작의 목적은 민족통일에 있고 민족통일의 목적은 독립자주의 정권을 수립함에 있는 것이다. 그러므로 나는 좌우합작 공작의 성공을 위하여 시종 지지하고 협조한 것이다. 앞으로도 이것은 계속할 것이다.

2. 좌우합작의 초석이 확립된 것을 중외동경中外同慶함에도 불구하고 이것을 파괴하기 위하여 반대하는 자도 있다. 비록 그 수는 적다하나 그 지운바 민족분열의 책임은 엄중하다.

3. 나는 신탁통치를 철두철미 반대하는 바이거니와, 좌우합작 7원칙 작성에 몸소 노력한 김규식 박사도 장래 임시정부 수립 후에 신탁을 반대할 수 있다는 것을 세상에 해석하여 주었다. 그러므로 7원칙 중에 신탁반대의 표시가 없다고 해서 신탁에 대한 점이 모호하다고 볼 것은 없다.

4. 상술한 7원칙은 문자 그대로 좌우합작위원회에서 제의한 일종의 원칙에 그치는 것이오, 미비한 점에 이르러서는 장래 임시정부가 수립된 후에 상세히 규정하여 시행할 여유가 있으니 과대한 기우는 필요가 없는 바이다.

5. 진정한 민주주의적 애국자는 한 사람도 좌우합작공작을 반대하지 않을 것이다. 그러나 합작위원회로서는 중의衆意를 박채博採하기 위하여 앞으로도 관계 각방면에 긴밀한 연락을 취하여 차후에 이론이 적게 하기에 힘쓸 것이다.

이상은 좌우합작공작 추진에 대한 나의 견해이다. 이밖에는 여하한 요언謠言을 유포 혹은 보도하는 자가 부負할 것이오, 나와는 사호些毫도 관계가 없을 것이다.

　　　　－《동아일보》 1946년 10월 15일; 《서울신문》 1946년 10월 16일;

　　　　　　　　　　　　　　　　　　　　《백범김구전집》 8

　12월에 김규식 박사를 의장으로 하는 남조선과도입법위원이 개원되었다. 1947년 1월 반탁독립투쟁위원회가 발족되자 백범 선생이 위원장을 맡아 제2차 반탁운동을 전개했다. 특히 5월부터 제2차 미·소 공동위원회가 개최되자, 반탁운동은 더욱 격렬해졌다. 7월 미·소 공동위원회가 다시 결렬되면서 한국 문제는 UN으로 이관되었다. 11월 14일 레이크 석세스Lake Success에서 개최된 UN총회에서는 한국임시위원단의 설치를 결정했다. UN 감시하의 한국의 총선거가 이루어지게 되었다. 이 박사와 한국민주당, 대한독립촉성국민회 등은 남한만의 단독정부 수립을 위한 총선거를 강력하게 주장했다. 반면 백범 선생은 남한만의 단독선거는 국토를 양분하는 비극이라며 강력히 반대했다. 1947년 성탄절을 맞아 백범 선생은 다음과 같이 단독정부 절대 반대를 강조하셨다.

나는 성탄절을 맞이할 때 하나님의 무한한 사랑과 거룩한 사랑이 동지 동포와 아울러 전 세계 인류에게 충만하기를 빌어마지 아니한다.

우리는 UN 위원단을 충심으로 환영하는 동시에 그들로 하여금 우리에게 대한 정당한 인식을 가지고 우리가 원하는 바 자주 독립의 통일 정부를 수립하는 임무를 완수하도록 우리의 최선을 다하여야 한다.

우리가 원하는 바도 자주 통일 정부요 여하한 경우에서든지 단독정부는 절대로 반대할 것이다. UN 위원단의 임무는 남북총선거를 감시하는데 있다…….

– 《백범어록》 1947년 12월 22일

자주독립의 통일정부만이 우리 민족의 살 길임을 재확인한 것이다. 이처럼 백범 선생이 단정 절대 반대를 주장했지만, UN 총회의 결의에 따라 설치된 UN한국임시위원단은 1948년 1월 7일 입국하여 업무를 수행하기 시작했다. 그러나 소련이 북한 입경入境을 기부함으로써 북한에서는 활동할 수 없었다. 그러자 단정 수립을 추진하는 세력들이 대거 늘어났다. 백범 선생에 대한 모략과 험담도 적지 않았다. 2월 초 《동아일보》에는 김희경金姬卿이라는 여성의 이름으로 〈선생님에게 올리는 글월〉이 몇 차례 실렸다. 단독정부 수립을 반대하는 백범 선생을 비난하면서, 이승만 박사와 협력하여 단독정부를 세워야 한다는 내용이었다. 여성의 이름으로 된 비난 글을 읽은 백범 선생의 마음이 오죽하셨을까. 백범 선생의 불편한 심기를 짐작할 수 있는 것이 2월 10일자로 발표된 〈삼천만 동포에게 읍고泣告함〉이라는 성명이었다. 분량이 적지 않고 잘 알려진 글이지만, 인용해 본다.

친애하는 삼천만 자매형제여!

우리를 싸고 움직이는 국내외 정세는 위기에 임하였다. 제2차 세계대전에 있어서 동맹국은 민주와 자유와 평화를 위하여 천만의 생령生靈을 희생하여서 최후의 승리를 전취戰取하였다.

그러나 그 전쟁이 끝나자마자 이 세계는 다시 두 개로 갈리어졌다. 이로 인하여 제3차 전쟁은 온양醞釀되고 있다. 보라! 죽은 줄로만 알았던 남편을 다시 만난 아내는, 죽은 줄로만 알고 있던 아들을 다시 만난 어머니는, 그 남편과 그 아들을 또 다시 전장戰場으로 보내지 아니하면 아니될 위험이 닥쳐오고 있지 아니한가. 인류의 양심을 가진 자라면 누가 이 지긋지긋한 전쟁을 바랄 것이랴! 과거에 있어서 전쟁을 애호한 자는 '파시스트' 강도군强盜群 밖에 없었다. 지금에 있어서도 전쟁이 폭발되기만 기다리고 있는 자는 '파시스트' 강도 일본뿐일 것이다. 그것은 그놈들이 전쟁만 나면 다시 살아날 수 있다고 믿는 까닭이다. ……

UN은 한국에 대하여도 그 사명을 수행하기 위하여 임시위원단을 파견하였다. 그 위원단은 신탁 없는, 내정간섭 없는 조건하에 그들의 공평한 감시로써, 우리들의 자유로운 선거에 의하여 우리에게 남북

祖國의 危機에 臨하야

三千萬同胞에게 泣告함

金 九

〈삼천만 동포에게 읍고함〉
(《한보》 1948년 2월호)
이승만을 중심으로 단정을 수립해야 한다는 논의가 늘어나자 백범 선생은 이 성명을 발표하면서 단정 수립 거부를 분명히 했다.

통일의 완전자주독립을 줄 것과 미·소 양군을 철퇴시킬 것을 약속하였다. 이제 불행히 소련의 보이코트로써 그 위원단의 사무진행에 방해가 불무不無하나, 그 위원단은 UN의 위신을 가강加强하여서 세계평화 수립을 순리하게 진전시키기 위하여, 또는 그 위원제공들의 혁혁한 업적을 한국독립운동사상에 남김으로써, 한인은 물론 일체 약소민족간에 있어서 영원한 은의恩誼를 맺기 위하여 최선한 노력을 다할 것이다. 만일 자기네의 노력이 그 목적을 관철하기에 부족할 때에는 UN 전체의 역량을 발동하여서라도 기어이 성공할 것은 삼척동자라도 상상할 수 있는 것이다. 우리에게는 이와 같이 서광이 비치고 있는 것이다. ……

통일하면 살고 분열하면 죽는 것은 고금의 철칙이니 자기의 생명을 연장하기 위하여 조국의 분열을 연장시키는 것은 전 민족을 사갱死 坑에 넣는 극악극흉의 위험한 일이다. 이와 같은 위기에 있어서 우리 는 우리의 최고유일의 이념을 재검토하여 국내외에 인식시킬 필요가 있는 것이다. 내가 UN위원단에 제출한 의견서는 이 필요에서 작성 된 것이다. 우리는 첫째로, 자주독립의 통일정부를 수립할 것이며 이 것을 완성하기 위하여 먼저 남북정치범을 동시 석방하며, 미·소 양 군을 철퇴시키며, 남북지도자회의를 소집할 것이니, 이 철과 같은 원 칙은 우리의 목적을 관철할 때까지 변하지 못할 것이다. ……

내가 불초하나 일생을 독립운동에 희생하였다. 나의 연령이 이제 칠 십유삼인바 나에게 남은 것은 금일금일하는 여생이 있을 뿐이다. 이 제 새삼스럽게 재화를 탐내며 명예를 탐낼 것이랴! 더구나 외국 군정 하에 있는 정권을 탐낼 것이랴! 내가 대한민국 임시정부를 주지하는 것도 한독당을 주지하는 것도 일체가 다 조국의 독립과 민족의 해방 을 위하는 것뿐이다. 그러므로 내가 국가민족의 이익을 위하여는 일 신이나 일당의 이익에 구애되지 아니할 것이요. 오직 전민족의 단결 을 달성하기 위하여는 삼천만동포와 공동분투할 것이다. 이것을 위 하여는 누가 나를 모욕하였다 하여 염두에 두지 아니할 것이다. 나는 이번에 '마하트마 간디'에게서도 배운 바가 있다. 그는 자기를 저격 한 흉한을 용서할 것을 운명하는 그 순간에 있어서도 잊지 아니하고 손을 자기 이마에 대었다 한다. 내가 사형언도를 당해 본 일도 있고 저격을 당해 본 일도 있었지만 그 당시에 있어서는 나의 원수를 용서 할 용기가 없었던 것이다. 나는 지금도 이것을 부끄러워한다.

현시에 있어서 나의 유일한 염원은 삼천만동포와 손목 잡고 통일된
조국, 독립된 조국의 건설을 위하여 공동 분투하는 것뿐이다. 이 육
신을 조국이 수요한다면 당장에라도 제단에 바치겠다. 나는 통일된
조국을 건설하려다가 삼팔선을 베고 쓰러질지언정 일신에 구차한 안
일을 취하여 단독정부를 세우는 데는 협력하지 아니하겠다. 나는 내
생전에 38 이북에 가고 싶다. 그쪽 동포들도 제 집을 찾아가는 것을
보고서 죽고 싶다. 굿은 날을 당할 때마다 삼팔선을 싸고도는 원귀怨
鬼의 곡성이 내 귀에 들리는 것도 같았다. 고요한 밤에 홀로 앉으면
남북에서 헐벗고 굶주리는 동포들의 원망스러운 용모가 내 앞에 나
타나는 것도 같았다.

삼천만 동포 자매형제여!

붓이 이에 이르매 가슴이 억색抑塞하고 눈물이 앞을 가리어 말을 더
이루지 못하겠다. 바라건대 나의 애달픈 고충을 명찰하고 명일의 건
전한 조국을 위하여 한 번 더 심사深思하라.

대한민국 30년 2월 10일

− 《조선일보》 1948년 2월 12일; 《한보》 1948년 2월호;

《김구주석최근언론집》

지금도 자주 인용되는 "나는 통일된 조국을 건설하려다가 삼팔
선을 베고 쓰러질지언정 일신에 구차한 안일을 취하여 단독정부
를 세우는 데는 협력하지 아니하겠다"고 한 말씀이 바로 이 성명
의 한 구절이다. 단정 수립을 거부하는 백범 선생의 결연한 의지
가 절절히 느껴지는 대목이다.

그러나 선생의 이런 의지와 달리 국내 상황은 점점 단정 수립 쪽으로 기울어가고 있었다. 분위기가 심상치 않게 돌아가자 백범 선생과 김규식 박사는 이제 방법은 북한과 직접 대화를 해보는 것밖에 없다고 판단했다. 2월 16일 당시 북한 정권의 실력자로 알려진 김두봉 씨 앞으로 남북협상을 제의하는 편지를 극비리에 보낸 것도 그런 이유에서였다.

백범 선생과 김두봉 씨는 중국 망명시절부터 잘 알던 사이로, 상해와 중경에서 함께 독립운동을 전개한 동지였다. 주시경周時經 선생의 제자로, 이름난 한글학자였던 그는 중경에서 중국공산당 지역이던 연안으로 옮겨가 그곳에서 해방을 맞고 북한으로 귀국했다. 백범 선생은 통일정부 수립을 위해 공동 노력에 나서자는 내용의 편지를 옛 동지에게 보내며 간곡하게 호소했다. 현재 남아 있는 사본은 다음과 같다.

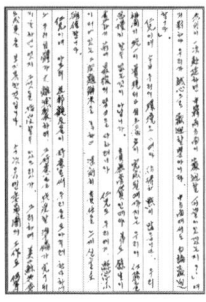

백연白淵 인형仁兄 선생 혜서惠書

1944년 연안延安에서 주신 혜찰惠札을 배독拜讀한 이후 미구에 고국을 찾아오게 되었나이다. 그때에 있어서야 누가 한 나라 하늘 밑에서 3, 4년의 긴 세월을 경과하면서도 서로 대면하지 못할 것을 뜻하였으리까. 아아, 이것이 우리에게는 해방이라 합니다. 이 가운데

백범 선생이 김두봉에게 보낸 서신(1948년 2월 16일) 남한 상황이 점점 단정 쪽으로 기울어지자 백범 선생은 중국 망명 시절부터 알고 지냈던 당시 북한 정권의 실력자 김두봉에게 편지를 보낸다.

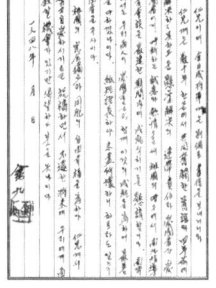

통일정부 수립을 위해 공동 노력에 나서자는 절절한 호소를 담고 있다.

묻히어 있는 쓰라리고 서러운 사정을 말하면 피차에 열루만 방타할 뿐이니 차라리 일컫지 아니하는 편이 훨씬 좋을 것입니다.

여하간 우리는 자유롭게 고국의 땅을 밟았습니다. 우리의 원수 왜구를 구축해 주고 우리로 하여금 환국할 수 있는 자유를 준 두 동맹국의 은혜를 무한히 감사하지 아니하면 아니 되겠습니다. 사갈蛇蝎의 독구를 벗어난 우리 삼천만 동포도 두 동맹국의 은혜를 깊이깊이 감사하고 있습니다. 그러나 우리에게 환희에 넘치는 광명한 정면이 있는 동시에, 우리에게 은혜를 준 두 동맹국 자체 간의 모순으로 인하여 암담한 반면도 없지 아니합니다.

인형이여, 이것을 어찌하면 좋겠습니까. 제弟는 가슴이 답답하고 인형이 보고 싶을 때마다 때 묻은 보따리를 헤치고 일찍이 중경重慶에서 받았던 혜찰惠札을 재삼 읽고 있습니다. 그 중에는 나에게 보냈다는 이러한 전문도 기록되어 있습니다.

今年三月先生給學武君的貴函, 今十月初方收到, 我們今日一切以民族利益爲基準, 不應有些毫成見, 我們對先生來延一次的意向無任歡迎

금년 3월 선생이 학무 군 편에 보낸 편지는 10월초에 받았습니다. 우리들은 오늘날 모든 것을 겨레의 이익을 기준으로 조그만 자기의 주견도 있을 수가 없습니다. 우리는 선생이 연안에 오신다는 의향을 환영해 마지않습니다.

또 나와 각 단체로 보냈다는 이러한 전문도 기록되어 있습니다.

我們不問地域南北, 派別異國, 誠心團結別實事連絡, 如能促進會師鴨
綠之實現, 諸位若能同意, 淵可以從中斡旋
우리들은 지역의 남북과 파벌의 다름을 묻지 말고, 성심으로 단결하
고 참되게 연락하여 능히 압록강에서 군대를 만날 수 있도록 실현하
는 것을 촉진시키는 일에 여러분들이 동의한다면 나는 중간에 알선
해 드리겠습니다.

또 이러한 것이 기록되어 있습니다.

선생은 금차 신중信中 연락과 통일을 위하여 노신老身이 일차 부연赴
延하면 한·중 양방면이 환영할 가망이 있겠는지? 여기에 대하여 우
리가 성심으로 환영할 뿐 아니라 중中 방면에서도 물론 환영합니다.

인형이여, 금일 우리의 환경은 그때와 방불彷彿한 점이 많습니다. 우리
조국의 통일이 실현되고 자주 독립이 완성될 때까지는 우리의 임무를
태만히 할 수 없는 것이 아닙니까. 무방대無旁貸인 데야 저도 여생이
진하기 전에 최후의 노력을 다하려니와 인형도 우리에게 현안이 되어
있는 문제 해결을 위하여 심각히 책임을 느끼실 줄로 확신합니다.
인형이여, 아무리 우방 친우들이 호의로써 우리를 도와주려 한다하

여도 우리 자체가 지리멸렬하여 그 호의를 접수할 준비가 완료되지 못하면 어찌 그것을 접수할 것입니까. 그리하여 미·소 공위도 성과를 보지 못한 것입니다. 금차 UN위원단의 공작도 하등의 효과를 거둘 희망이 보이지 아니합니다. 그러면 어찌하겠습니까. 자연에 맡기고 약속된 독립을 포기하겠습니까.

인형이여, 지금 이곳에는 38선 이남 이북을 별개국으로 생각하는 사람이 많습니다. 그쪽에도 그러한 사람이 없지 아니하리라고 생각됩니다. 그 사람들은 남북의 지도자들이 합석하는 것을 희망하지도 아니하지마는 기실은 절망하고 이것을 선전하는 사람도 많이 있습니다. 남이 일시적으로 분할해 놓은 조국을 우리가 우리의 관념이나 행동으로 영원히 분할해 놓을 필요야 있겠습니까.

인형이여, 우리가 우리의 몸을 반쪽에 낼지언정 허리가 끊어진 조국이야 어찌 차마 더 보겠나이까. 가련한 동포들의 유리개걸流離丐乞하는 꼴이야 어찌 차마 더 보겠나이까. 인형이여, 우리가 불사不似하지만 애국자임은 틀림없는 사실이 아닙니까. 동포의 사활과 조국의 위기와 세계의 안위가 이 순간에 달렸거늘 우리의 양심과 우리의 책임으로 편안히 앉아서 희망 없는 외력에 의한 해결만 꿈꾸고 있겠습니까. 그러므로 우사尤史 인형과 저는 우리 문제는 우리 자신만이 해결할 수 있다는 것을 확신하고 남북지도자회담을 주창하였습니다. 주창만 아니라 이것을 실천하기로 결심하였습니다. 그리하여 이 글월을 양인의 연서連書로 올리는 것입니다. 우리의 힘이 부족하나 남북에 있는 진정한 애국자의 힘이 큰 것이니 인동차심人同此心이며 심동차리心同此理인지라 반드시 성공되리라고 확신합니다. 더구나 북쪽에서 인형과 김일성 장군이 선두에 서고 남쪽에서 우리 양인이 선두에 서서 이것을 주장하면 절대다수의 민중이 이것을 옹호할 것이니 어찌 불성공할 리가 있겠나이까.

인형이여, 김일성 장군께는 별개로 서신을 보내거니와 인형께서 수십년 한 곳에 공동 분투한 구의舊義와 4년 전에 해결 못하고 둔 현안 해결의 연대책임과 애국자가 애국자에게 호소하는 성의와 열정으로써 조국의 땅 위에서 남북 지도자 회담을 최속한 기간 내에 성취시키기를 간청합니다. 남쪽에서는 우리 양인이 애국자들과 함께 이것의 성취를 위하여 최선을 다하겠습니다. 지단어장紙短語長하여 미진소회未盡所懷하니 하루라도 일찍 회음回音을 주사이다. 조국의 완전 독립과 동포의 자유 행복을 위하여 인형께서 노력 자애하시기를 축도하면서 불원한 장래에 우리에게 면서面敍할 기회가 있기만 갈망하고 붓을 놓나이다.

1948년 2월 16일
김구

이 편지는 비밀리에 김두봉 씨에게 보내졌다. 백범 선생을 지척에서 모시던 나도 전혀 몰랐다. 1월 23일 북한에서 UN한국임시위원단의 입북을 거부한 이후부터 백범 선생과 김규식 박사 두 분이 경교장 거실에서 이례적으로 자주 만났지만, 이런 밀서가 협의되고 있는 줄은 몰랐다. 당시 백범 선생과 이승만 박사의 관계는 뒤틀릴 대로 뒤틀려 있었다. UN의 움직임마저 이 박사의 주장에 유리하게 돌아가서 더 암담한 상황이었다. 그래서 생각이 비슷한 김규식 박사와 자주 어울리는 것으로만 생각하고 있었다. 두 분은 이 편지를 북한에 보내면서, 중경의 임시정부가 좌파 민족혁명당과 연합정부를 구성했던 경험을 염두에 두었을 것이다. 백범 선생이 민족진영을 대표하여 주석에, 김 박사가 민족혁명당을 대표하여 부주석에 선임된 전례가 있었던 것이다.

북한으로 밀서를 보낸 뒤인 2월 26일, UN소총회가 미국 레이크 석세스에서 열렸다. 여기에서 "UN한국임시위원단이 가능한 지역만이라도 그 임무를 수행하도록 한다"는 결의안이 31대 2로 가결되었다. 백범 선생의 우려가 현실로 나타나는 순간이었다. 이 결과를 본 백범 선생은 UN소총회를 맹비난하면서 다음날인 2월 27일에 성명을 발표했다.

금차 UN에서의 한국문제에 대한 소련의 태도는 민주주의를 무시한 것이라 아니할 수 없거니와, UN소총회가 일개 소련의 태도도 시정하지 못하고서 한국문제에 대한 UN의 결정에 위반되는, 남한에서만의 단독선거를 실시한다는 것은 민주주의의 파산을 세계적으로 선고함이나 다름이 없다고 본다.

내외국內外國을 막론하고 정의와 평화를 애호함에서 UN에 대하여 큰 기대를 가지고 있던 절대다수의 인사는 너무나 큰 실망을 가질 것이다. 나는 이로부터 세계가 다시 혼란으로 들어갈 것을 우려한다.

그러나 역사의 바퀴는 앞으로 구르고 인류는 진보하는 것이다. 그러므로 최후의 승리는 오직 정의에만 있는 것이다. 나는 조국을 분할하는 남한의 단선도 북한의 인민공화국도 반대한다. 오직 정의의 깃발

을 잡고 절대다수
의 애국동포들과
함께 조국의 통일
과 완전 자주·독
립을 실현하기 위
하여만 계속 분투
하겠다. 이것을 위
하여는 분골쇄신도

부당도화赴湯蹈火도 사피辭避하지 아니하겠다.

대한민국 30년 2월 27일

-《대동신문》 1948년 2월 29일; 《김구주석최근언론집》

UN한국위원단과 백범 선생
일행(1948년 3월 13일)
'통일독립 달성을 위한 7거두
성명' 발표 다음날 UN한국위
원단의 의장 메논V. K. K.
Menon이 경교장을 방문했다.
UN한국위원단의 남한 총선
거에 반대하면서 남북협상을
주장하던 백범 선생과의 의견
조율을 위해서였다.

UN소총회의 의결을 반박하면서 백범 선생과 김
규식 박사는 초조하게 북의 협상 수락 편지를 기다
렸다. 그러나 북으로부터는 아무런 소식이 없었다.
백범 선생의 애타는 속을 몰랐던 우리는, 얼굴을
펴지 않고 계시는 선생의 모습을 UN소총회 때문이
라고만 생각하고 있었다. 3월 1일에는 UN소총회
의 결정을 지지하는 이승만 박사와의 결별을 발표
하기에 이르렀다. 어제의 동지가 오늘의 정적으로
돌아서는 순간이었다. 이러한 정치 상황과 현실에
대한 백범 선생의 심정은 3월 10일 안창호 선생 서
거 10주기에 발표된 〈안도산선생애도문安島山先生哀

평양 대보산 송태산장을 찾은 백범 선생(1948년 4월 26일) 백범 선생이 남북협상 때 도산 선생이 살았던 송태산장을 찾아 찍은 사진이다. 왼쪽부터 안신호(도산의 누이동생), 김신, 안성결(안치호의 딸), 백범 선생, 안치호(도산의 형)다.

悼文〉에 잘 드러나 있다. 백범 선생은 해방이 되었으나 국민의 생활은 더욱 피폐해지고, 모리배와 탐관오리들이 극성을 부리며, 친일파들이 오히려 활개를 치는 현실을 개탄했다. 이어서 이 모순이 미·소 공위와 UN에서 해결되기를 바랐으나 UN은 어떤 성의도 보이지 않았고, 오히려 중국이 남한 단선을 주장해 심한 배신감을 느낀다고 착잡한 심정을 토로했다.

선생이여!

우리는 미·소 공위에서 이 모순이 해결되기를 희망하였습니다. 그러나 미·소 공위는 도리어 우리에게 신탁을 강요하다가 영용한 우리 애국동포의 분노와 반대로써 실패되었습니다. 이에서 실망한 우리는 UN의 정의의 발동으로써 정당한 해결이 있기를 간망하였습니다. 과연 UN에서는 한국문제에 대하여 관면당황冠冕堂皇한 결의안을 통과하고 그 결과로써 임시위원단을 한국에 파견한 것입니다. 과연 그 위원단 의장 메논 씨는 그 위원단을 대표하여 한영회 석상에서 혹은 방송국에서 우리에게 굳은 언약을 하였습니다. 말하기를 '하나님이 합한 것은 사람이 나눌 수 없다', '통일이 없으면 독립이 없다', '이번에 38선은 기어이 철폐하고 통일정부를 수립하도록 하겠다' 하였습니다.

그러나 1개월 후에는 그것을 잊어버린 듯한 행동을 취하였습니다. 북한에 입경入境하겠다는 서한 1통을 보낼 뿐, 입경거부가 있은 후에는 하등의 성의 있는 노력도 없었습니다. 노력이 있었다면 뉴욕을 내왕한 것뿐이었고, 성공이 있었다면 자기가 파키스탄의 분열에서 맛본 고통을 우리에게 맛뵈려 하는 것뿐이었습니다. 이 분열공작을 성공하는데는 미국인이 제조한 '북한에서 인민공화국이 수립되었다' 는 요언謠言이 상당한 효과를 내었다는 것까지 솔직하게 고백하였습니다. 그중에도 우리와 가장 길게 환난을 같이 함으로써 친교가 깊은 중국의 대표가 남한의 단선을 주장하여서, 한국을 재할宰割하는 것을 국제적으로 합리 합법화하려 하는데 노력할 줄은 몽상도 하지 못하였던 것입니다. 중국의 내란은 중국의 통일을 방해하고 중국의 위신을 국제적으로 추락시키고 있거늘 우리 한국에 동양同樣의 화근을 심을 필요야 어디 있겠습니까?

– 《조선일보》 1948년 3월 12~13일; 《한보》 1948년 4월호;

《김구주석최근언론집》

3월 12일에는 백범 선생을 비롯하여, 조소앙 · 조완구 · 조성환 · 김규식 · 김창숙 · 홍명희洪命熹 제 선생의 '통일독립 달성을 위한 7거두 성명' 이 발표되었다. 가능한 지역에서라도 총선거를 실시하여 중앙정부를 수립하자는 UN소총회에서의 미국 측 제안에 대해, 그러한 총선에는 결코 참가하지 않겠다는 내용이었다. 백범 선생은 이처럼 기회가 있을 때마다 단정 반대를 강조했다.

그런데 이날, 백범 선생이 법정에 증인으로 출두하는 치욕적인 사건이 일어났다. 1947년 12월 2일 한국민주당 총무인 장덕수張德秀 씨가 자택에서 저격을 받아 암살되는 사건이 발생했다. 그런데 수도청에서는 1948년 1월 임시정부환국환영위원회를 조직했던 김석황 선생을 혐의자로 체포하는 등 장덕수 암살 배후에 한국독립당이 있는 것처럼 수사를 해나가고 있었다. 그러다가 백범 선생까지 법정에 세운 것이었다. 가랑비가 내리던 그날 아침, 백범 선생은 검은 두루마기 차림으로 법정인 군정청 제1회의실에 나갔다. 백범 선생이 증인으로 출정한다는 소문이 나서인지 법원은 방청객들로 가득 차 혼잡했다. 선생은 의연하게 좌정했다. 백범 선생은 법정에 출정하기 전에 이 사건과의 관련설은 모략이라는 점을 밝힌 바 있었다.

서울시청 앞에서 열린 장덕수의 장례식 모습(1947년 12월 8일) 좌측 하단에 백범 선생이 팔장을 낀 채 침통한 표정으로 앉아 있다.

"내가 금번 군율 재판소에 출정함은 나를 미국 대통령 트루먼 씨의 명의로 불렀으므로 국제 예의를 존중하고자 함이지 내가 증인이 될 만한 사실이나 자료를 가진 까닭은 아니다. 내가 장 씨 사건에 관련이 있는 것처럼 발표된 데 대해서는 나에게는 아무 책임도 없다. 그것은 담화를 발표한 그 부문의 모략이며 따라서 그 부문에 책임이 있는 것이다."

미군 장교인 검사가 백범 선생에게 직업을 물었다. 이에 백범 선생은 짧지만 인상적인 대답을 했다.

"독립운동이오."

검사는 백범 선생이 혹 장덕수 씨 암살을 교사하는 말을 했는지 심문했으나, 백범 선생은 흐트러짐 없이 그런 일이 없었음을 밝혔다.

사실 백범 선생은 구한말 재령載寧 보강학교保强學校 교장으로 있을 때 장덕수 씨를 알게 되었다. 장덕수 씨의 형으로 뒤에 동아일보 기자로 경신참변을 취재하다가 실종된 장덕준張德俊 씨가 그 학교 교사로 있으면서 어린 아이였던 장덕수 씨를 데리고 교내에서 숙식을 했던 것이다. 백범 선생이 환국한 이후 장덕수 씨가 종종 경교장에 인사를 왔던 것도 정치 문제와 관련된 것만은 아니었다.

검사의 심문은 계속되었다.

"미·소 공동위원회에 참여한 한국민주당 인물들을 선생이 '죽일 놈'이라고 말씀하신 적이 있다는데 사실이오?"

"그런 일은 있지도 않았고 모략일 뿐이오."

백범 선생은 하루 종일 증인으로 법정에 출정했는데, 3월 15일에는 법정에 나가 답변을 거부했다. 국제 예의 때문에 증인으로 출석한 자신을 검사가 죄인으로 몰아가려 했기 때문이다. 선생은 그 일을 크게 불쾌하게 생각했다. 재판장에 대해서도 질타했다.

"장덕수가 죽은 데 대해 더 분하게 생각하는 나에게 검사는 죄를 뒤집어씌우려 하니, 나 이것 참 기막힌 일이 아니오?"

3월 20일 오후, 남산에서 이북인대회以北人大會가 개최되었다. 백범 선생은 이 대회에서 치사를 하기로 예정되어 있었다. 그런데 이 대회는 월남민들이 단독정부 수립을 지지하며 특별선거구 설정을 요구하려는 목적에서 열리는 모임이었다. 즉 월남한 이북인들에게 선거권을 달라고 하기 위해 개최된 대회였다. 백범 선생은 조금 늦게 도착했는데, 이승만 박사는 이미 와 있었다. 백범 선생이 결별을 선언한 터라 두 사람 사이에는 냉랭한 분위기가 돌았다. 먼저 이 박사가 연설에 나섰다. 당연히 단독정부를 주장하며 주최 측을 크게 고무시켰다. 이어 연단에 오른 백범 선생은 이북인대회의 취지에 반하는 말씀을 했다.

"오늘 모인 사람은 모두 이북에서 내려온 사람들인데, 이북인들이 이북과 전쟁을 하자고 그러는가. 남쪽에서 정부를 세우면, 북쪽에서도 정부를 세울 것이 자명하다. 이북에 부모, 형제가 있을 텐데, 어떻게 너희들이 아버지와 아들이, 형과 동생이 싸우사고 그러느냐. 남쪽에서 단독정부를 주장해도 너희가 반대해야 하는데, 어떻게 너희들이 이런 수가 있는가?"

백범 선생이 말씀을 마치고 돌아가려고 단상을 내려가자, 김선량 선생을 비롯한 이북 출신 분들이 몰려 내려와서 눈물을 흘리며 백범 선생의 주장을 만류했다.

5장

마지막 독립운동

밀사 파견 ——————————————————

UN소총회 이후 침울한 나날을 보낸 지 한 달째 되던 3월 25일 밤, 뜻밖에도 북한의 답신이 평양방송을 통해 전해졌다. 밤 10시 평양방송에서 "오는 4월 14일 전조선정당사회단체대표자연석회의를 평양에서 연다"는 뉴스가 나왔던 것이다.

그토록 기다리던 남북협상 제의에 대한 북한의 공식 반응이었다. 방송을 들은 김규식 박사 쪽에서 경교장에 급하게 연락을 해주었다. 김 박사가 머물던 삼청장三淸莊과 경교장은 이 소식에 한가닥 기대를 하며 흥분을 감추지 못했다. 그야말로 극적인 순간이었다.

다음 날 낮, 김일성·김두봉 두 사람 명의의 정식 서한이 삼청장을 통해 경교장에 전달되었다. 밀서를 보낸 지 한 달 열흘 만이었다. 답신을 가지고 온 밀사는 두루마기 차림의 40대였다. 김박사가 중국에서부터 알고 지낸 평양의 거물급 인물이라고만 들었다.

'김구·김규식 양위兩位 선생 공감共感'으로 된 답신은 인조견에 타이프를 친 1장짜리였다. '남한에서 삼상회의 결정을 반대하지 않았으면 통일·독립이 가능했을 텐데 당신네들이 남쪽서 반대했기 때문에 파탄이 되었다. 그러나 지금이라도 늦지 않았다. 우리들이 한자리에 모여 단선·단정을 반대하고 통일 조국을 건설하기 위해 4월 14일 모란봉 극장에서 연석회의를 개최하고자 하니 참석해 달라'는 내용이었다.

북의 밀사가 다녀간 다음날인지 그 다음 날인지 또 다른 서한이 왜성대倭城臺의 소련 대표단을 통해 삼청장에도 도착했다. 같은 내용이었으나 타이핑한 용지가 달랐다. 인조견 서한은 삼청장에서, 타이프 용지의 것은 경교장에서 각각 보관했는데, 지금은 남아 있지 않다.

그토록 기다렸던 북한의 답신이 왔으나, 백범·우사 두 분의 기대와 달리 내용이 심상치 않았다. 이쪽에서 보낸 서한에 대해서는 한마디 언급도 하지 않은 채 일방적으로 전달 사항만 담고 있었다. 정중하게 보낸 이쪽의 편지와 달리 어조도 공박·힐난조였다. 연석회의라는 것 또한 구체적으로 어떤 회의인지 불투명했다.

자연히 연석회의 참석 여부가 새로운 문제로 제기되지 않을 수 없었다. 성공과 실패를 떠나 민족주의자로서 마지막 겨레의 분열을 막는 노력을 기울인다지만 불손하기까지 한 이 편지 하나로 북행길에 오르기엔 도저히 명분이 서지 않았다. 두 분은 편지 내용을 놓고 거듭 고심했다. 그리고 마침내 해법을 내놓았다.

"일단 북의 진의를 타진해보기 위해 밀사를 보내십시다."

밀사는 경교장과 삼청장에서 각각 한 명씩 지명했다. 경교장에서는 안중근 의사의 사촌동생으로 백범 선생의 사돈이 되는 안경근安敬根 씨를, 삼청장에서는 권태양權泰陽 씨를 정했다. 중국 운남성 곤명의 운남군관학교 출신인 안경근 씨는 독립군으로 활약했고, 중국에서도 백범 선생을 측근에서 도왔을 뿐 아니라 환국후에는 경교장에서 기거하다시피 한 분이었다. 더욱이 그는 중국에서 독립운동을 할 때 김두봉 씨와 당시 조선민주당 부위원장으로 북한 정권의 실세 가운데 한 사람인 최용건崔庸健과 절친한 사이였다고 한다. 최용건은 운남군관학교의 한 해 후배로 2년을 같은 기숙사에서 생활했으며, 1920년대 중반 광주廣州의 황포黃埔 군관학교에서 함께 교관으로 활동한 바 있었다.

또 김두봉 씨는 안경근 씨보다 여섯 살 손위였으나, 상해 프랑스 조계租界의 하비로霞飛路에서 함께 빙수 장사를 했다고 한다. 듣기로는 안중근 의사의 막내 동생이자 안경근 씨의 사촌형이 되는 안공근 선생이 운영하다가 그만 둔 사진관 자리를 빌렸는데, 3층인 그 곳은 50~60명의 손님을 받을 수 있는 널찍한 곳이었다. 김두봉 씨가 기술자가 되고, 안경근 씨는 회계를 맡고, 뒤에 열사로 이름난 백정기白貞基 씨가 얼음 돌리고 손님을 맞는 형태의 동업이었다고 한다. 김두봉 씨는 달걀 노른자위를 빼내고 흰자위에 향료를 친 프랑스식 아이스크림을 만드는 솜씨가 뛰어나 손님들의 인기를 끌었다고 들었다. 몇 달 못하고 걷어치우긴 했지만, 안경근 씨와 김두봉 씨는 이 장사를 하면서 한집에서 동고동락한 사이였다. 백범 선생이 안경근 씨를 밀사로 택한 것은 그가 믿을 만한 사돈이기도 했지만, 무엇보다도 그와 김두봉 씨와의 이러한 인연 때문이었을 것이다.

삼청장의 밀사 권태양 씨는 김규식 박사의 비서로 일본 중앙대학 법과를 나온 안동 출신이었다. 또한 김 박사의 비서인 송남헌宋南憲 씨와 대구사범 1회 동기였던 것으로 안다. 밀사 지명 시 잠시 한미호텔에 나가 있던 안경근 씨는 경교장에 불려 들어와 지시를 받았다. 백범 선생은 북행에 앞서 북한 사정을 알아야 할 것이므로, 안경근 씨에게 미리 평양에 가서 그쪽 형편과 분위기를 살펴보고 오라는 분부를 했다. 느닷없는 북행 지시에 안경근 씨는 크게 놀라 정치를 모른다는 말로 짐을 벗으려 했지만, 말씀이 엄해 사양을 못하고 사명을 받았던 것으로 들었다.

서로 모르던 안경근 씨와 권태양 씨는 4월 7일 경교장에서 수인사를 나눈 다음, 백범 선생의 자가용 38년형 뷰익 서울 자 2253호를 타고 아침 일찍 평양 길에 올랐다. 북한이 연석회의를 개최한다는 4월 14일을 불과 1주일 남짓 남겨둔 때에 이루어진 잠행이었다. 운전은 자가용 기사인 정태훈 씨가 했다. 안경근 씨에게 들은 바에 의하면, 개성에서 점심을 먹은 일행은 곧장 38선 접경인 여현에 당도했으나, 경찰이 검문 중 두 사람의 따귀를 때리기까지 했다고 한다. 할 수 없이 두 사람은 서울로 돌아왔다.

이 일에 분격한 김규식 박사가 다음 날 아놀드 군정장관을 만나 극력 항의했다.

"내일은 두 사람을 안내하여 가도록 해주시오!"

아놀드 장군은 빙그레 웃은 후 책상 위에 놓인 지구의를 가리키며, "길이 여기에 있으니, 지도를 보고 가십시오"라고 했다고 한다. 전해들은 말이었지만 그 거만함에 분을 삭일 수 없을 정도였다. 그러한 과정을 거쳐 두 밀사는 38선을 넘어 평양에 갈 수 있었다. 뒤에 안경근 씨에게서 들은 것을 정리하면 다음과 같다.

여현역에서 이들을 맞은 북한 측 안내원이 "밤 안으로 평양까지 가야 한다"고 하여, 두 사람은 저녁도 먹지 못하고 지프차 편으로 북행했다. 자정쯤 황해도의 한 여관에 도착하여 요기를 하고, 다시 북행을 계속해 새벽녘에 평양에 닿았다. 대동강 건너편까지 마중 나온 주영하朱寧河의 안내로 두 밀사는 어떤 여관에 여장을 푼 다음 해거름이 다해 김일성의 집무실로 안내되었다. 2층에 자리 잡은 김일성의 집무실은 20~30평의 붉은 카펫이 깔린 널찍한 방으로 꽤 호화로웠다. 두 사람이 비서실과 대기실인 듯한 큼직한 방을 거쳐 안내되자, 김두봉 씨가 기다리고 있었다.

상해에서 헤어진 뒤 10여 년 만에 만난 김두봉 씨와 안경근 씨가 반갑게 재회한 뒤, 두 밀사는 김두봉 씨의 안내로 김일성을 만났다. 당시 안경근 씨는 52세였고, 권태양 씨는 김일성과 비슷한 나이였다. 김일성은 비교적 깍듯이 대하며 맥주와 담배를 권했다. 당시 북한에선 차 대신 맥주를 곧잘 내놓았다. 일상적인 대화가 오간 뒤 두 밀사가 남북연석회의에 대해 이야기를 시작하자 김일성은 너털웃음을 지으며 연막전술만을 되풀이했다.

"회의를 어떻게 한다는 것인지 얘기를 듣고 오라고 해서 왔습니다."

안경근 씨가 백범 선생의 뜻을 먼저 전했다.

"말하자면 38선은 우리 자체가 만든 것이 아니라 외세에 의해 생겨 이 비극을 겪고 있는 것입니다. 뭐, 우리끼리야 한 민족으로 무슨 못할 이야기가 있겠습니까. 마주 앉아보면 이야기가 될 게 아닙니까."

김일성은 이런 식으로 구체적인 대답을 피했다. 답답한 권태양 씨가 다시 안건·일정·운영형식 등 회의 내용을 구체적으로 묻자, "내일 모레가 회의인데 오셔서 무엇이든 고치자면 고칠 테니 빨리 오셔야 된다"는 투의 말만 되풀이했다. 도대체 성의 있는 답변을 해줄 기미가 보이지 않았다. 안경근 씨가 김두봉 씨에게 알아볼 요량으로 둘이 다시 만날 것을 제의하자, 김일성이 내일 아무 때나 만나라고 쾌히 대답했다. 김일성과의 만남은 그것으로 끝나고 말았다. 기대와 달리 허망한 대좌였다.

이튿날인 4월 9일 안경근 씨가 김두봉 씨와 담판을 해볼 요량으로 권태양 씨를 숙소에 남겨 놓고 역시 주영하의 안내를 받아 노동당으로 그를 찾아 나섰다. 그러나 안경근 씨는 김두봉 씨를 만난 자리에서 아무런 말도 하지 못했다. 주영하가 끝까지 자리를 비켜주지 않아 말조차 꺼내볼 수 없었던 것이다. 김두봉 씨가 주영하에게 나가 있도록 지시도 하지 못하는 상황을 알아채고, 안경근 씨는 교섭 자체를 포기하고 말았다. 더 이상의 구체적인 정보는 흘릴 필요가 없다는 내부의 의견 조율이 있었음에 틀림없었다. 결국 두 밀사는 아무런 수확도 얻지 못하고, 평양 거리만 한 바퀴 드라이브한 뒤 다음날 저녁 남행길에 올라 귀환했다. 이때는 안내원 2명과 함께 여현까지 기차 편으로 왔다.

한편 두 밀사가 평양에 가 있는 동안, 북한은 한국독립당·민족자주연맹을 비롯한 15개 단체 대표에 별도의 초청장을 보내는 등 연석회의 준비를 서둘렀다. 조소앙·최동오·김붕준 선생 등도 포함되었지만, 특히 좌익계가 많았다. 이 초청장에 연석회의 안건으로 조선의 내외정세에 대한 정확한 안건, 단선 반대, 전국적 통일방략, 양군철퇴 촉진방략 등이 명기되어 있었다. 4월 14일에 개최 예정이던 전조선정당사회단체대표자연석회의는 양김 선생

의 제의로 일단 19일로 연기되었지만, 여전히 시간
은 없었다. 백범 선생은 결단을 내렸다.

"나 김구는 북을 다녀오기로 했소. 분단은 동족
상잔의 비극밖에 부를 것이 없소. 남들이 갈라놓
은 38선에 동족끼리 말도 한 번 못 해 보고 마는
미욱한 민족이란 말을 들을 수는 결코 없으며 적
어도 노력은 했다는 역사의 한 페이지는 남겨야
될 줄 아오."

연석회의를 나흘 앞둔 15일 아침, 백범 선생의
북행선언이 발표되자 경교장은 긴장과 흥분에 휩
싸였다. 평생을 조국의 독립 투쟁에 바친 노혁명
가의 성패를 초월한 '마지막 독립운동'이 시작된
것이다.

돌아오지 않을 각오로 방북한
다는 백범 선생의 결의에 대한
보도
외세 의존이 아닌 자력으로 독
립을 모색하겠다는 백범 선생의
의지를 엿볼 수 있다. 〈불귀不
歸의 각오覺悟로 북행北行〉, 《조
선일보》 1948년 4월 17일.

지금 우리의 건국사업은 최대한 난관에 봉착하고 있
다. 우리는 이제까지 한국의 독립을 연합국이나 UN
에 대하여 희망을 두었으나 우리의 독립은 점점 혼란
에 빠지게 되었다. 이러한 중대한 위기에 처하여서
외군에 의거할 수 없으니 지금에 와서는 죽거나 살거
나 우리 민족의 자력으로 우리의 문제를 해결할 수밖
에 없다. 총선거나 헌법제정으로써 조국을 통일한다
고 하나 이것은 민족을 분열하는 것이니 불가하다.
UN이 아무리 사주하여 단정을 수립한다 하더라도 이

것은 우리가 자손만대에 전할 수 있는 정부가 될 수 없는 것이다.

공산주의자나 여하한 주의를 가진 자를 불문하고 외각을 베이면 동일한 피와 언어와 조상과 도덕을 가진 조선 민족이지 이색민족이 아니므로 이러한 누란累卵의 위기에 처하여 동족과 친히 좌석을 같이하여 여하한 외부의 음모와 모략이라도 이것을 분쇄하고 우리의 활로를 찾지 않으면 아니 되겠다. 그러므로 나는 외국인의 유혹과 국내 일부인사의 반대를 물리치고 흔연 남북회담에 참가키로 결정하였다. 공수래공수거空手來空手去할까 기우하는 이도 있으나 우리의 전도에는 위대한 희망이 보이고 있다. 이번 북행 후에 남조선의 사태의 변화에 따라 모종의 음모도 있을는지 모른다. 내가 가만히 있으면 평안한 생활을 할 수 있을 것이다.

70평생을 동족을 사랑하고 국가를 사랑하고 독립을 위하여 사는 나로서 일신의 안일을 위하여 우리 삼천만 형제가 한없는 지옥의 구덩이로 떨어지려는 것을 보고만 있을 수 있겠는가. 북조선에서 김구가 항복하러 온다느니 회개하였느니 여러 가지 말이 있는 듯하나 지금은 그러한 것을 탓할 때가 아니다. 이것도 외국인의 말이 아니고 피를 같이한 동족의 말이니 무슨 허물이 있는가. 나는 여하한 모욕과 모략을 무릅쓰고 오직 우리 통일과 독립과 활로를 찾기 위하여 피와 피를 같이 한 동족끼리 마주 앉아 최후의 결정을 보려고 결연 가련다. 민족의 정기와 단결을 위하여 성패를 불문하고 피와 피를 같이한 곳으로 독립과 활로를 찾으러 나는 결연 떠나려 한다.

– 《경향신문》·《조선일보》 1948년 4월 17일

백범 선생은 북쪽의 의도야 어찌되었든 동족끼리 마주 앉아 조국의 운명을 결정해야 한다는 의지 하에 공산주의자들과의 대화를 결정한 것이다. 이미 중경의 임시정부에서 좌파 세력과 정부를 구성하여 서로 협조했던 경험도 참작되었을 것이다. 출사표는 이미 던져졌다. 누구도 백범 선생의 결심을 막을 수 없었다.

그래도 나는 북으로 간다

백범 선생이 북행을 선언하자 경교장 측근들까지 반대하고 나섰다. 선생의 신변안전 때문이었다. 북한 곳곳에 '김구·이승만 타도하자'는 벽보가 나붙어 있다는 이야기가 나돌 정도로 좋지 않은 상황이라 행여 선생이 돌아오지 못하지나 않을까 걱정한 것이다. 그러나 아무리 말려도 한번 작정한 백범 선생의 의지는 꺾이지 않았다. 측근들은 김신 씨에게 선생의 북행을 막아야 한다고 극성을 피우기까지 했다.

경교장 앞에서 매일 북행 반대 시위가 벌어졌지만 선생은 북행 채비에 여념이 없었다. 반대 시위의 명목은 각양각색이었다. 황해도 고향 친지들은 선생의 신변 안전을 이유로 들었지만, 정치적으로 남북협상을 반대하는 세력도 있었다. 대동청년단·전국학생연합 등 각종 청년단체도 경교장으로 몰려와 반대 시위를 벌였다.

"가시면 못 돌아오십니다!"

"공산당과의 대화 절대 반대!"

백범 선생의 북행을 만류하기 위해 경교장에 모인 청년들
(1948년 4월 19일)
백범 선생의 북행이 발표되자 여러 청년단체가 경교장으로 몰려와 다양한 이유를 들며 반대 시위를 벌였다.

각각의 이유가 경교장 앞에서 소용돌이쳤다. 그 가운데에서도 가장 반대한 분은 임시정부환국환영위원회의 간부이자 한국독립당 옹진지구 책임자였던 도인권都寅權 목사였다.

도 목사는 '105인사건'으로 서대문형무소에서 백범 선생과 옥살이를 하고, 초기 임시정부에서도 함께 활동한 분이었다. 고향도 같은 황해도이고, 나이 또한 백범 선생보다 한두 살 아래여서 선생을 '형님, 형님' 하며 따르던 분이었다. 도 목사는 백범 선생이 무사 귀환할 리 없다고 굳게 믿고 아예 경교장에서 침식을 하며 북행 중단을 호소했다. 그럼에도 백범 선생의 뜻이 꺾이지 않자 김신 씨에게 북행을 연기라도 시키라며 성화를 부리기도 했다. 상황이 이러하자 김신 씨가 백범 선생에게 북행 연기를 거듭 권고했다.

"내가 '김구 타도'가 무서워 못 갈 것 같으냐. 쓸데없는 소리……. 김일성과 얘기할 사람은 나밖에 없어. 미루다니, 하루가 급한데 무슨 말이냐!"

선생이 일갈하자 김신 씨는 "아버님, 소신껏 하

십시오"라고 말씀드리고 물러날 수밖에 없었다.

일이 이렇게 되자 도 목사는 구한말 백범 선생과 함께 활동하다가 요절한 최광옥崔光玉 선생의 따님인 최이권崔以權·최이순崔以順 씨 자매를 포함, 알 만한 고향 사람들까지 동원하여 선생에게 북행 중지 설득을 시도했다. 그래도 백범 선생의 결심은 요지부동이었다. 도저히 선생의 결심을 꺾을 수 없다고 판단한 김신 씨는 비장한 각오로 말했다.

"그렇다면 제가 아버님을 모시고 가겠습니다."

백범 선생은 순간 당황하신 듯했으나 이내 단호하게 거절하셨다.

"안 된다. 너는 남이 하지 못하는 최신 비행술을 배운 젊은이로 이 나라가 독립되면 가장 먼저 공군을 창설해야 할 책임이 있다. 그러니 여기 남아 있어야 한다."

김신 씨는 물러서지 않고 눈물로 간청했다.

"지금까지 평생 아버지를 모시고 효도 한 번 하지 못했는데, 이번에 아버님이 효도의 길을 열어주십시오."

결국 백범 선생은 김신 씨의 청을 받아들였다. 아들의 대견스러운 모습을 흡족하게 느껴 수행을 허락했던 것으로 짐작된다. 효도도 효도지만 아버지의 신변을 보호하고 싶어 하는 아들의 간절한 심정은 충분히 짐작하고도 남음이 있다.

나는 백범 선생의 유일한 수행 비서였기에 당연히 선생의 북행길에도 따라 나서야 했다. 한국독립당 관계자들은 따로 가기로 했기 때문에 우리 일행은 결국 백범 선생과 아들 김신 씨, 그리고 수행 비서인 나 선우진으로 결정되었다. 예상하지 못한 것은 아니었지만 막상 북행길에 오른다고 생각하니 약간은 긴장되기도 하고 비장하기도 하고 복잡한 감정이 한동안 가시지 않았다. 그러나 선생의 의지가 워낙 완고하고 결연했기에 큰 걱정은 하지 않았다. 오히려 수행 비서로서 선생의 신변을 최대한 안전하게 보호해야 한다는 사명감만 점점 더해갔다.

우리는 북행 전날인 4월 18일 밤 마침내 짐을 꾸렸다. 사실 짐이랄 것도 없었다. 백범 선생이 갈아입을 한복 한두 벌, 김신 씨와 내 와이셔츠 두 벌, 세면도구가 전부였다. 보름간 머무를 짐 치고는 너무 간소했다. 회담을 위해 트럭 몇 대 분의 짐을 싣고 가는 요즘의 풍경에 비하면 초라하기까지 한 행장이었다.

담배도 챙겼다. '시試' 자가 찍힌 50개비들이 비매품 다섯 갑과 '럭키 스트라이크' 두 줄이었다. '시' 자가 찍힌 비매품 담배는 당시 전매청에서 임정 요인들에게 선물용으로 제작했던 것인데, 경교장에 늘 담배를 대주던 의주로 전매청 공장장 최 모 씨가 북행 소식을 듣고 김신 씨와 내게 피우라고 그날 낮에 가져다 준 것이었다. '럭키 스트라이크'는 아무래도 담배가 모자랄 것 같아 내가 추가로 산 것이었다. 없는 채비에도 담배만은 빠뜨리지 않았으니 지금 생각해도 멋쩍은 웃음이 난다.

백범 선생은 담배를 피우지 않으셨다. 아니, 원래는 하루에 두 갑을 태울 정도로 담배를 좋아하셨다. 그런데 예전에 굳게 믿었던 동지가 변절한 일을 계기로 그것에 대한 반성 차원에서 금연을 하셨다.

세면도구는 당시 흔하던 '콜게이트' 치약 한 개와 각자의 칫솔 세 개, 쓰던 럭스 비누 한 개, 수건 두 장이었다. 수건은 백범 선생이 쓰실 것 한 장, 우리가 쓸 것 한 장이었다. 그리고 버튼을 누르면 렌즈가 나오는 내 구식 사진기 한 대를 준비했다.

모두 합쳐봐야 구식가방 하나에 다 차지도 않는 짐이었다. 백범 선생의 짐은 한복과 수건 한 장이 전부였다. 어디 가까운 곳에 나들이 나가는 듯한 여장이었다.

백범 선생은 북행 채비를 마친 뒤 삼청장 김규식 박사에게 다음 날 아침 떠난다고 연락했다. 그러고는 밤늦도록 조용히 생각에 잠겼다. 선생은 여전히 만류하는 도 목사와 마주 앉은 채 밤이 깊어 가는데도 잠을 이루지 못했다. 북행을 앞두고 만감이 교차하는 모양이었다. 그동안 결연한 의지를 내비치셨지만 아무래도 걱정이 앞서셨으리라. 그것은 신변에 대한 불안감이라기보다는 이번이 마지막 희망이기 때문에 회담이 실패로 돌아가면 단독정부를 주장하는 세력이 벌떼처럼 달려들어 비난할 것이고, 결국 분단이 가속화될 수밖에 없다는 우려였을 것이다. 보다 못해 김신 씨가 미닫이를 열고 들어가 말벗이 되어드리기도 했다.

백범 선생은 북행이 어려운 길이지만 가지 않을 수 없는 길이라고 독백마냥 말씀하셨다. 그렇다. "어려운 길이지만 가지 않을 수 없는 길"이었다. 분단을 막을 수 있는 다른 뾰족한 길이 없었다. 어쩌면 선생은 그 길이 어디에 닿아 있는지 이미 예상하고 있었는지도 모른다. 그래도 가지 않을 수 없는 길이었다. 자정이 넘어서야 도 목사는 백범 선생 옆방인 다다미방으로 건너갔다.

선생님은 못 가십니다

1948년 4월 19일. 경교장은 아침 일찍부터 출발 채비를 서둘렀다. 백범 선생이 마지막까지 선생의 신변을 걱정하며 북행을 만류한 도 목사와 2층 다다미방에서 겸상으로 조반을 드신 것이 7시 30분이었다. 판공실장인 엄홍섭 씨와 나는 잔무 협의를 마친 뒤 오전 9시경 현관에 차를 대기시켰다. 운전사 정태훈 씨에게 시동을 걸게 한 다음 2층 백범 선생의 거실로 올라갔다.

"선생님, 출발 준비가 다 되었습니다."

선생은 고개를 끄덕였다.

거실 옆 다다미방에는 박순천朴順天, 최이권 씨 등 부인네들이 아침 일찍부터 북행을 막겠다고 진을 치고 있었다. 그러나 백범 선생이 막상 단장을 짚고 일어서자, 모두 실망스러운 표정이었지만 막지는 못했다. 경교장 넓은 뜰에는 한국독립당 사람들과 황해도 고향사람들, 지인과 서북청년단 청년들과 전국학생연맹 학생 등 400~500명이 가득 차 있었다. 모두들 다소 웅성거렸으나 선생의 앞길을 막을 것 같지는 않았다.

준비된 승용차는 백범 선생이 늘 타시던 뷰익이 아니라, 중국 총영사 유어만이 백범 선생께 드리고 간 구식 차였다. 뷰익은 마침 수리를 위해 맞은편 동양극장 위에 있던 서비스 공장에 가 있었다. 조촐한 짐 가방을 차 트렁크에 넣고, 뒷좌석 안쪽으로부터 김신 씨, 백범 선생, 나의 순서로 올랐다. 김신 씨와 내가 백범 선생을 옹위하는 모양새였다. 준비는 다 되었다. 이제 정태훈 씨가 액셀만 밟으면 된다.

차가 막 출발하려는 순간, 돌발사태가 일어났다. 그때까지 술렁거리긴 했으나 배웅 차 나온 줄 알았던 한 떼의 젊은이들이 차가 막 움직이려는 순간 갑자기 우르르 밀려들면서 차 앞에 죽 드러눕는 것이었다.

"선생님, 정 가시려면 우리 위로 차를 몰아가십시오!"

클랙슨을 아무리 눌러도 마이동풍이라는 듯 어느 한 사람 꿈쩍도 않고 "가시면 못 돌아오십니다!"며 울부짖기만 했다.

백범 선생은 차에서 내렸다. 화가 머리끝까지 치민 듯 노기등등한 얼굴로 곧장 2층 베란다로 올라가 좌중을 향해 격한 꾸지람을 내렸다.

"칠십 평생 잘하나 못하나 독립운동을 해왔다. 이제 마지막으로 독립운동을 하려는데 너희들은 왜 길을 막느냐. 내가 가려는 것은 바로 나라와 여러분들을 위해 가려는 것이다. 내가 가면 공산당에 붙들려서 오지 못할까 염려해서인 줄 안다. 그러나 내가 살면 얼마를 사느냐. 제발 나의 길을 막지 말라."

그럼에도 군중은 고함을 지르며 막무가내였다.

"주석 선생님, 가시면 안 됩니다!"

이날 오후 6시에 남북연석회의가 열린다고 했는데, 출발이 가뜩이나 늦은 상황에서 이러한 일이 일어났으니 백범 선생으로서

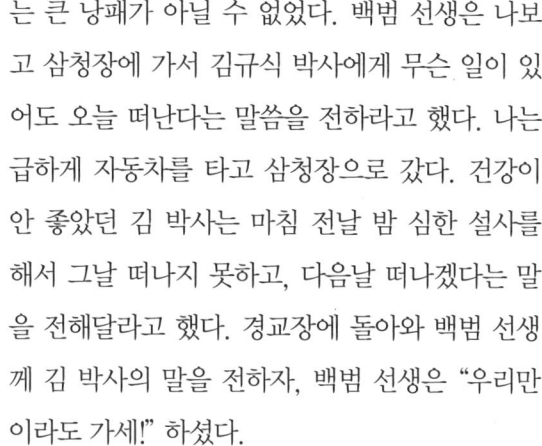

경교장 앞에서 북행을 반대하
는 청년들에게 일갈하는 백범
선생(1948년 4월 19일)
북행을 반대하는 여러 단체 청
년들에게 백범 선생은 '옳은 일
을 하려는데 밤잠을 자지 않고
반대하느냐'며 '이 길이 마지막
이 되더라도 이북동포를 만나
야겠다'고 일갈한다.

는 큰 낭패가 아닐 수 없었다. 백범 선생은 나보
고 삼청장에 가서 김규식 박사에게 무슨 일이 있
어도 오늘 떠난다는 말씀을 전하라고 했다. 나는
급하게 자동차를 타고 삼청장으로 갔다. 건강이
안 좋았던 김 박사는 마침 전날 밤 심한 설사를
해서 그날 떠나지 못하고, 다음날 떠나겠다는 말
을 전해달라고 했다. 경교장에 돌아와 백범 선생
께 김 박사의 말을 전하자, 백범 선생은 "우리만
이라도 가세!" 하셨다.

그러나 경교장에 모여 있던 군중들
이 자동차 바퀴의 공기를 아예 뽑아버
려 차가 움직이지 못하는 상황이 되었
다. 정말 필사적이었다. 군중들은 흩어
질 생각을 하지 않고 경교장에 그대로
있었다. 선생과 군중의 대치는 점심때
까지 계속되었다. 점심으로 백범 선생
이 좋아하는 민둣국을 준비했다. 그러
나 선생은 드시지도 않고 "무슨 방법이
없겠느냐"는 말씀만 했다.

김신 씨와 나는 사람들 모르게 경교장
을 나갈 방안을 궁리했다. 이런저런 논
의 끝에 괜찮은 생각이 떠올랐다. 경교
장 뒷집은 석물石物공장이었는데 돌담

중 일부가 썩은 송판으로 되어 있었다. 이곳은 뜰이 높고 나무가 무성하여 앞쪽에서는 잘 보이지 않았다. 송판을 미리 떼어 놓고 백범 선생을 뒤뜰로 모시면 손쉽게 석물공장으로 빠져나올 수 있는 구조였다.

자동차가 문제였으나 일이 되려고 그랬는지, 서비스 공장에 보낸 2253호의 고장이 별 것 아니어서 잠시 손을 보면 된다고 정태훈 씨가 보고했다. 방법은 이러했다. 일단 앞뒤 뜰에 흩어져 서성거리는 군중들을 모두 앞뜰로 모이게 하고, 집안에 들어와 있는 부녀자들을 한 방으로 유인한 다음 군중들이 눈치를 채지 못하게 백범 선생을 뒤뜰 밖으로 모시는 것이다. 물론 뒤뜰 밖에는 정태훈 씨가 뷰익 차를 대기하고 있었다.

우리는 먼저 경교장에 나와 있는 서대문경찰서 담당 경위 등에게 "선생님이 시끄러워 언짢아하신다"고 하여 뒤뜰의 사람들을 앞뜰로 모이게 했다. 그런 후 뒷담의 판자를 뜯어내고 이어 정태훈 씨를 내보내 2253호를 손질, 석물공장 안 담 밑에 대기하게 했다. 2층 백범 선생 거실 부근에 진을 치고 있는 부녀자들은 중국에서 찍은 사진이나 보라며 앨범을 내놓고 모두 동편 끝 김신 씨 방에 모이도록 만들었다. 우리는 백범 선생을 동편 끝 계단으로 해서 지하 보일러실로 모신 다음, 석탄을 퍼 넣는 구멍으로 나오시게 하여 경교장을 벗어났다.

지금 생각해보니 북행 자체보다도 어려웠던 경교장 탈출 작전이었다. 오후 2시의 일이었다. 경비 경관마저 눈치 채지 못했다. 평동 경교장 뒷골목으로 나온 우리는 적십자병원 뒷길로 빠진 후 북행길에 나섰다. 백범 선생은 차에 오르자마자 "어서 가세"라고 재촉했다. 정태훈 씨는 기다렸다는 듯 힘껏 액셀을 밟았다.

차는 한참을 가다 금촌金村에서 잠시 섰다. 허겁지겁 몰래 나오느라 짐 가방을 원래 출발하기로 된 차의 트렁크에 넣어둔 사실을 그제야 알았기 때문이었다. 금촌에는 안악安岳 출신 김문량金文亮 씨가 정미소를 하고 있어 남의 눈을 피할 수 있었다. 그곳에서 경교장에 전화를 걸어 다음날 한국독립당 관계자들과 평양으로 떠날 김우전金祐銓 동지에게 가방을 가져다 달라고 부탁했다.

김문량 씨 집안은 사촌형 김홍량金鴻亮 선생 쪽이 안악의 부호로 백범 선생이 황해도에서 계몽운동을 전개할 때부터 깊은 친교를 맺어온 사이였다. 백범 선생이 가족과 떨어져 상해에서 임시정부 활동을 할 때, 노모와 아이들을 한 식구처럼 돌봐준 은인이기도 했다. 늦게 결혼한 백범 선생이 10여 년이 지나도록 아들이 없자 김홍량 선생 집안에서는 김문량 씨를 양자로 삼도록 권유했다고 한다. 아무튼 백범 선생이 환국한 뒤에 월남한 김문량 씨에게 금촌의 정미소를 사는 데 도움을 주었다. 이날 김문량 씨는 백범 선생의 북행을 저지하고자 경교장에 가 있었기 때문에 정미소에는 부인뿐이었다. 모두들 선생을 만류하기로 작정한 것이었다.

우리가 전화를 걸 때까지 당국도 백범 선생의 북행 사실을 정확히 몰라 경교장 경비를 위해 나와 있던 책임자가 견책을 당하기도 했다고 나중에 들었다. 경교장에 전화를 걸자 그때까지 백범 선생의 행방을 모르고 있던 군중들은 백범 선생이 이미 경교장을 떠났다는 사실을 알고 야단법석들인 모양이었다. 김문량 씨

의 부인이 부랴부랴 마실 차를 내왔지만 백범 선생은 전화가 끝
나기가 무섭게 "어서 가자"고 재촉하여, 차를 입에 대보지도 못
하고 임진강을 건넜다. 임진강에는 다리가 없어서 한 사람이 젓
는 목선木船에 판자를 깔아 차를 싣고 배로 건널 수밖에 없었다.
차 안에는 정 기사와 백범 선생이 있고, 김신 씨와 나는 차 밖에
나와 있었다. 우리는 도도히 흐르는 임진강을 물끄러미 바라보며
비로소 큰 한숨을 내쉬었다. 강을 건넌 뷰익은 재빠르게 개성으
로 향했다.

6장

역사의 한 페이지는
남겨야 될 줄 아오

이 회의는 반드시 성공해야 한다

김일성은 체구가 크고 퉁퉁한 편이었다. 음성도 굵직굵직했다. 김일성은 여현에서 제대로 모시지 못한 일을 사과했다. 하룻밤을 묵은 남천 거리를 비롯하여, 연도 곳곳에 "김구·이승만을 타도하자"는 격문을 써 붙여 놓았다가 허겁지겁 '김구' 부분을 지운 것을 수없이 보고 온 우리에게는 속이 들여다보이는 사과가 아닐 수 없었다.

"이쪽은 내 자식과 비서요."

백범 선생은 개의치 않고 김신 씨와 나를 차례로 소개했다. 김일성은 "동무, 모시고 오느라고 수고 많이 했소" 하며 우리와 악수를 나눈 다음, 백범 선생을 자신의 집무실로 안내해 모셨다. 백범 선생과 김일성, 김두봉이 집무실에서 환담하는 동안 우리는 비서실에서 그들의 비서들과 이야기를 나누었다. 김일성의 비서는 일본 와세다 대학 출신인 김종항金鍾恒이라는 이로 나보다 몇 살 위로 보였고, 김두봉 씨의 비서는 한두 살 정도 많아 보였다. 우리가 비서실에서 통성명을 하고 잠시 이야기를 나누는 사이 백범 선생이 집무실을 나섰다. 그러고는 바로 호텔로 돌아가 쉬셨다.

집무실에서 논의된 내용은 알 수 없지만, 첫날인 만큼 가벼운 인사 정도만 나눈 듯하다. 저녁은 특별호텔에서 했다. 백범 선생에게는 따로 식사를 가지고 올라갔고, 남은 사람들은 식당에서 했다. 그 전날 오후 6시 모란봉 극장에서 전조선정당사회단체대표자연석회의라는 것이 개막되었지만, 백범 선생은 신경조차 쓰지 않았다. 백범 선생은 김일성과 담판을 지으러 북행한 것이지, 무슨 내용인지도 모를 그 회의에 참석하기 위해 평양에 간 것이 아니라고 잘라 말했다.

나중에 알아보았더니 회의는 4월 15일경부터 월북하기 시작한 허헌 등 좌익계 대표들을 비롯한 50여 개 정당·사회단체 대표 500여 명이 참석하여, 김일성의 사회로 막을 올렸다고 했다. 그러나 백범·우사 양 선생의 참석을 기다린 듯 28명의 대규모 주석단과 대표심사위원 9명, 서기 9명을 우선 선출하고, 김두봉·허헌 씨 등 몇 명의 식사만 들은 뒤 첫날 일정을 마쳤다고 한다. 우리가 도착한 20일에는 회의가 없었다. 내외 정세에 대한 규정·단선 반대 방략·양군 철퇴 촉진 방략 토의 등 본격적인 회의는 아직 시작되지 않은 상태였다.

한편 우리가 서울을 떠난 날 홍명희 선생도 북행길에 올라 이날 밤 우리가 묵은 특별호텔에 들었다. 방은 2층의 백범 선생 옆방으로 배정되었다. 뒤에 서울로 돌아오는 길에 백범 선생께서 하신 말씀으로 미루어 여러 이야기를 나누었던 것 같다. 홍명희 선생은 그때까지 중간파로 알려져 있었다.

4월 21일로 기억하는데, 점심 전에 안신호安信浩 여사가 호텔로 백범 선생을 찾아왔다. 45년 만의 재회였다. 두 분은 반갑게 인사를 나누었다. 《백범일지》에 따르면 안신호 여사는 안창호 선생의 누이동생으로, 안창호 선생의 장인인 이석관李錫寬 씨가 소개하여 백범 선생과 약혼했으나 결혼에는 이르지 못한 분이었다. 안신호 여사는 흰 치마저고리 차림에 교회 다니는 사람들이 흔히 들고 다니는 검정 가방을 든 모습이었다. 머리도 희끗희끗했다. 젊은 날 인연이 될 뻔했던 두 분이 백발이 되어 다시 만난 것이다. 그 심정이 어떠했을까. 더군다나 한 분은 남쪽에, 또 한 분은 북에 적을 두고 있는 상태인지라 언제 또다시 만날지 모를 상황이었다.

백범 선생은 안신호 여사와의 만남을 기뻐하셨다. 이날 안 여사는 호텔 측에 말해 과일과 차를 내오게 하고 점심 식사도 함께했다. 이후에도 호텔에 자주 들러 선생의 말벗도 되고 잔시중도 들어주었다. 안신호 여사는 목사였던 남편과 사별하고 진남포鎭南浦에 살고 있다고 했다. 북쪽에서 일부러 수배를 한 것 같았다. 그런데 여사는 뜻밖에도 "건설이 이렇게 되고 인민들이 잘 살게 된 것은 모두 김일성 장군 덕"이라며, 말끝마다 김일성을 추켜세우는 열성 당원이 되어 있었다.

몸이 아파 뒤늦게 출발한 민족자주연맹의 김규식 박사 일행은 22일 새벽에 도착했다. 조소앙 사회당 당수, 한국독립당을 대표한 조완구 부위원장, 그리고 김성숙 선생 등 거물급들이 속속 평양에 도착하여 서울의 정계 일각을 옮겨 놓은 듯했다. 한국독립당에서는 엄항섭 선전부장, 강진호姜鎭浩 수원지구 위원장, 신창균申昌均 상임위원, 이주상李周相 전북지구 위원장 등이, 민족자주연맹에서는 최동오 선생, 여운홍呂運弘 선생, 송남헌 비서, 신기언申基彦 씨 등이 연석회의에 참석했다.

뿐만 아니라 서울에서 잠적한 박헌영朴憲永과 허헌, 김원봉 등

굵직한 좌익계 인사들도 어느새 평양에 와 있었다. 상수리의 숙소는 규모가 작아 백범·우사 양 선생과 홍명희 선생, 조완구·엄항섭 선생, 그리고 백범 선생을 수행한 김신 씨와 나, 김규식 박사를 수행한 김영휘 씨만이 머물렀다. 다른 사람들은 삼일여관 등 다른 여관에 나뉘어 숙박했다. 정태훈 씨는 삼일여관에 머무르다가 김일성의 전용차 운전기사가 된 옛 조수 백모 씨를 만나기도 했다.

우리 일행이 도착한 다음다음날인 22일은 연석회의 셋째 날이었다. 전날에 이은 이른바 '북조선정치정세' 토의가 이날 끝맺게 되어 있었다. 평양에 도착하여 묵묵히 진행 상황을 관망만 하던 백범 선생은 마침내 몸을 일으켜, 남북이 모두 단정을 시도해서는 결코 안 된다는 연설을 했다. 애초부터 협상만을 하러 간 백범 선생은 연석회의에 별 관심을 보이지 않았다. 그러나 북한의 의도대로만 회의가 진행된다는 보고를 듣고 한마디 쐐기를 박아야겠다는 판단에 따라 연설을 한 것이었다. 우사 선생은 이날 아침 숙소로 찾아온 김두봉 씨의 연석회의 참석 요청을 몸이 아프다며 끝내 거절했다. 하지만 백범 선생은 그러한 생각 하에 축사를 쾌히 승낙했다.

내가 김신 씨와 함께 백범 선생을 모시고 숙소에서 불과 1킬로미터 남짓한 곳에 위치한 모란봉 극장에 도착한 때는 정오가 약간 지나서였다. 백남운白南雲 씨의 사회로 진행된 회의는 이른바 토의라는 릴레이식 원고 읽기로 한창 열을 올리고 있었다. 그래서 우리 일행은 곧장 회의장에 들어가지 않고, 2층 휴게실로 안내되었다. 백범 선생을 맞이하기 위해 잠시 정회를 하고 장내를

정리하는 것 같았다. 백범 선생이 휴게실에서 대
기하고 있는 사이 한 사람이 들어와 선생에게 인
사를 건넸다.

"저 박헌영입니다."

"남한에서는 못보고 여기서 만나네요. 반갑소."

백범 선생은 박헌영의 인사를 받고 잠시 기다
리다가, 12시 45분 장내 정리가 끝났는지 1층으
로 안내를 받았다. 김일성이 백범 선생을 안내해
회의장으로 입장했다. 사방에서 수십 개의 플래
시가 터졌고, 이에 질세라 박수 소리도 울려 퍼
졌다. 백범 선생은 곧장 단상으로 안내되어 조소
앙 · 조완구 · 홍명희 선생과 함께 주석단에 추대
되었다. 잠시 후 장내가 정리되자 백범 선생이
마이크 앞에 섰다.

평양 모란봉 극장에서 남
북연석회의 축사하는 백범
선생(1948년 4월 22일)
백범 선생은 이 축사에서 조
국이 없으면 민족도 없고, 민
족이 없으면 당이니 단체니
주의니 하는 것들도 모두 존
재할 수 없다면서 남한뿐 아
니라 북한에서의 단정도 반
대한다고 강조했다.

친애하는 의장단과 각 정
당, 단체 대표 여러분!
조국분열의 위기를 만구
挽救하기 위하여 남북의
열렬한 애국자들이 일당
에 회집하여 민주자주의
통일독립을 전취할 대계
를 상토商討하게 된 것은

실로 우리 독립운동사의 위대한 발전이며, 이와 같은 성대한 회합에 본인이 참석하게 된 것을 큰 영광으로 생각합니다.

조국이 없으면 민족이 없고, 민족이 없으면 무슨 당, 무슨 주의, 무슨 단체는 존재할 수 있겠습니까? 그러므로 현 단계에 있어서 우리 전 민족의 유일 최대의 과업은 통일독립의 전취인 것입니다. 그런데 목하目下에 있어서 통일독립을 방해하는 최대의 장애는 소위 단선단정입니다.

그러므로 현하에 있어서 우리의 공동한 투쟁목표는 단선단정을 분쇄하는 것이 되지 않으면 아니 될 것입니다. 현하에 있어서만 조국을 분열하고 민족을 멸망하게 하는 단선단정을 반대할 뿐 아니라, 어느 시기 어느 지역에 있어서도 우리는 이것을 철저히 방지하지 않으면 아니될 것입니다. 그러므로 단선단정 분쇄를 최대의 임무로 삼고 모인 이 회합은 반드시 전민족의 승리를 우리의 승리로 하여야 할 것이니, 이 회의는 반드시 성공되어야 할 것입니다.

우리가 만일 단결적 정신으로써 백사百事에 개성포공開誠佈公한다면 반드시 성공하리라는 것도 확신합니다. 국제관계에 있어서도 복잡다단한 바 있으나, 우리의 민족적 단결로써 국제간의 친선과 양해와 내지乃至 투쟁에 노력한다면 모든 것을 호전시킬 수 있다고 확신합니다. 만일 우리의 노력으로써 국제관계를 호전한다면 세계평화에 대한 공헌이 또한 불소하리라고 생각합니다. 조국의 통일독립을 완성하며 세계평화에 큰 공헌이 있기 위하여 이 회의의 성공을 절망切望하며 아울러 여러분의 건투를 축도합니다.

　－《조선일보》1948년 4월 24일;《남북조선제정당사회단체대표자연석회의 자료》,《김구주석최근언론집》

남한뿐 아니라 북한에서도 단선을 해서는 안 된다고 쐐기를 박은 것이었다. 이어 조소앙 선생과 홍명희 선생의 축사가 있었지만 연설을 마친 백범 선생은 더 이상 앉아 있지 않고 곧장 퇴장하여 숙소로 돌아왔다. 회의에 나가 체면 치례는 한 셈이고, 하실 말씀을 했으니 뻔한 회의에 더 이상 자리를 지킬 필요가 없었기 때문이다. 그런데 나중에 신문을 받아보니 북한에서도 단정을 해서는 안 된다는 선생의 말이 모호하게 손질되어 있었다.

최승희 무용단

23일 밤 모란봉 극장에서는 최승희崔承喜 무용단의 공연이 예정되어 있었다. 북행 대표들을 환영하고 회의가 마무리된 것을 자축하는 의미로 마련된 이날 밤의 무대는, 어차피 정치적인 성격이었지만 최승희가 당대 동양 제일의 무용가라는 점에서 우리들의 기대를 모았다. 더욱이 해방 이듬해 어린 딸을 서울 가회동 집에 두고 남편 안막安漠을 따라 맏딸만 데리고 월북한 뒤 그녀가 어떻게 되었는지 북행 인사들의 관심이 없지 않았다.

백범 선생이 낮 회의에서 축사만 하고 바로 숙소에 돌아왔기 때문에, 수행원인 젊은 우리는 숙소 내에서 저녁까지 머무르는 것이 지루했다. 그래서 나를 포함해 같은 또래의 수행원이었던 김신 · 김우전 · 안우생은 호기심을 이기지 못하고 낮에 살짝 최승희 무용연구소의 문을 두드렸다. 그녀의 무용연구소가 있는 곳은 바로 대동문 옆 옛날 평양 기생 권번券番 자리였다. 경도京都 입명관대학立命館大學에 다닐 때 대판大阪 조일회관朝日會館에서 최승희 공연을 보고 그녀의 열렬한 팬이 된 김우전 동지가 밖에 나가 금방 집을 알아 왔다.

우리 일행은 안내원과 함께 무용연구소를 방문했다. 일하는 소녀에게 우리의 신분을 밝혔더니, 잠시 후 소녀는 최승희를 데리고 나왔다. 원피스 차림의 최승희는 우리를 응접실로 안내했다. 사이다 · 맥주 · 과자 등을 손수 내오는 등 무척 반가운 눈치였다. 안방에 다시 들어가 머리까지 새로 만지고 나오기도 했다. 인사를 나눈 후 그녀는 면목 없다는 듯 우리에게 첫마디를 건넸다.

"이남에서 나 욕 많이 하죠. 어린 딸을 놓아두고 가, 자식에 대한 의리도 없다고……."

그간 죄책감에 무척 고민했던 모양이었다. 김신 씨가 서울에 가고 싶지 않느냐고 물었다. "뜻대로 되겠습니까" 하고 말꼬리를 흐리는 품이 서울 생각을 하는 듯한 인상이었다.

"수고스럽게 오신 분들 저녁이라도 대접했으면 좋겠는데 당국에서 어떻는지……."

저녁 한 끼 대접하는 것도 당국의 눈치를 봐야 하는 상황인 듯했다. 그녀의 무용연습실은 100평은 됨직한 마루방이었다. 마침 20세 안팎의 처녀 20여 명이 치마 · 저고리를 입고, 막대기로 바닥을 쿵쿵 치는 조교의 장단에 맞춰 고전무용의 기본 동작을 연습하는 중이었다. 때로는 사뿐사뿐 또 때로는 깡충깡충 뛰어오르는 춤 연습을 한참 구경하다가 아쉬운 작별을 고했다. 최승희는 더 구경하라고 붙잡았지만 숙소를 너무 오래 비울 수 없다고 사양했다. 무용연구소를 나오며 최승희는 아직 완전히 물들지는 않았구나 하는 생각이 들었다.

우리는 돌아오는 길에 부벽루浮碧樓에 올라 대동강 건너편 비행장의 잠자리비행기, 즉 L-19의 연습 광경을 구경하면서 시간을 보내다가 저녁에 최승희 무용 공연에 참석했다. 공연은 백범 선생을 비롯한 북행 인사 대부분과 김일성을 비롯한 북한 측 요인·군 간부 등이 장내를 가득 메운 가운데 막이 올랐다. 백범 선생과 김일성이 앞 줄 중앙에 나란히 앉았다. 김신 씨와 나는 바로 그 뒷자리에 있었다. 공연은 시 낭독·노래·고전무용·발레 등이었지만, 하이라이트는 역시 최승희의 장구춤이었다. 자주색 치마와 저고리에 허리띠를 살짝 졸라매고 추는 장구춤은 정말 일품이었다. 머리는 여학생 같은 단발에, 귀 옆머리 가닥만 약간 길러 앞으로 나오게 말아 올리고 있었다.

이날 공연에는 최승희가 데리고 월북한 맏딸 안성희安聖姬도 나왔다. 아직 20세가 되지 않은 그녀의 춤 솜씨며 생김이 어머니보다 나은 것 같아 보였다. 공연 가운데 무용은 그런대로 볼만했으나, 다른 공연은 모두 김일성 찬양 일색이어서 보는 이가 오히려 민망할 지경이었다. 예컨대 여성이 나와 읊는 시는 "우리의 김일성 장군 만주벌판에서 얼마나 고생하셨습니까" 하는 투였고, 노래 또한 그저 '김일성 장군'이었다. 누가 봐도 의도적인 성격이 강했지만 백범 선생은 아무 내색도 않고, 가끔 김일성의 귀엣말을 들으며 조용히 관람을 마쳤다.

평양냉면

평양은 사뭇 경직된 분위기였다. 공산당 냄새가 물씬 나는 회의 방식이며 벌써부터 싹트는 1인 숭배 풍조는 그만두고라도 하루하루의 일상생활 자체가 달라져가고 있었다. 도착한 지 3일밖에 안 됐지만 그것을 피부로 느낄 수 있었다. 거리를 나가 봐도 사람들을 제대로 볼 수 없었고, 사이드카와 말을 탄 순찰대가 2~3분마다 지나가는 모습만 요란했다.

백범·우사 선생 등 우리 일행이 묵은 상수리 특별호텔에 배치되어 시중을 든 사람은 서른 살쯤 된 지배인과 남자 종업원 4~5명, 그리고 나보다 한두 살 위로 보이는 안내원 1명이 전부였다. 여자 종업원은 아예 없어 아무래도 호텔이란 간판에 어울리지 않는 분위기였다. 이들의 접대 방식도 독특했다. 먹고 싶은 음식을 메뉴에서 고르는 게 아니고, 식사를 날라주고 나갈 때 꼭 다음 식사를 주문하게 하는 것이었다. 대접을 융숭하게 하기 위해서인지는 몰라도 식사 전에 다음 식사까지 생각하는 것은 아무래도 고역이었다. 게다가 나들이를 철저히 통제했다.

단순한 안내원이 아니고 기관원이 분명했겠지만, 그 안내원은 그림자처럼 따라붙어 이발소에 가고자 해도 자동차로, 모란봉을 가려 해도 자동차로, 꼭 차를 태워 급하게 달리게 했다. '동무, 동무' 하면서 정말 동무처럼 지겹게 따라붙었다. 그래서 한번은 나들이를 나가서 일부러 두 패로 갈라져 그 자를 쩔쩔 매게 만드는 등 짓궂은 장난까지 했다. 한두 번 우리에게 당하자 그 안내원은 복수라도 하듯, "이남에서 북행 인사들을 노리는 테러단이 넘어왔다"면서 "여기 온 다음에는 신변을 우리가 책임져야 하는데 개인행동을 하면 큰 일 난다"라고 겁을 주기도 했다. 그의 말은 사실이었다.

그러나 그때까지만 해도 북한 사회가 완벽한 공산당 체제로 깊숙이 파고 든 것 같지는 않아 보였다. 그것은 호텔 지배인에게서 금방 느낄 수 있었다. 이름은 기억나지 않지만 그에게 은근히 물었던 질문이 떠오른다.

"평양 하면 기생이 유명한데 어디 안내 좀 해줄 수 없겠소?"

"그런 거 지금은 없소. 과거의 모든 제도가 도대체 돼 먹지 않았소."

그는 불쾌하다는 듯 버럭 화를 냈다. 굳이 이 같은 언동이 아니더라도 백범 선생의 숙소 책임을 맡은 사실만 보아도 그가 열성분자인 것은 분명했다. 우리 일행이 22일 처음으로 모란봉 회의장에 나가는 날, "이번 회의에 쓰기 위하여 석 달 만에 극장을 지어냈다"고 자랑을 늘어놓은 것도 그였다.

그러나 그런 모습도 사실 겉모습에 불과한 것이었다. 2~3일 같이 지내며 담배를 서로 권할 만큼 낮이 익은 뒤에 우리는 은근슬쩍 다시 떠보았다.

상수리 특별호텔(1948년 4월) 백범·우사 선생을 포함한 북행 일행이 평양에서 머물렀던 숙소. 사진의 왼쪽은 김우전, 오른쪽은 김신 씨다.

"우리가 보니 사람 사는 것 같지 않아요. 명동은 지금 불야성인데 이거야 죽은 도시지, 사는 맛이 안 나지 않소?"

그는 담배를 깊숙이 들이마시며 기어들어가는 소리로 대답했다.

"사실 그게 좋긴 좋은데……."

그러면서 묻지도 않은 자신의 출신 성분을 스스로 털어놓았다. 그의 말에 의하면, 그는 평양에서 몇 손가락 안에 꼽히는 지주의 아들로 일제 때 중학을 다니면서 모자를 꽁무니에 차고 기생집에서 살았다고 한다. 참다못한 그의 아버지가 "못되게 논다"고 더 이상 돈을 주지 않았을 정도였다는 것이다. 기생집만 드나들던 지주의 아들이 지금 열성 공산당원이 된 것도 어쩌면 돈을 주지 않은 아버지에 대한 감정 때문이었는지도 모르겠다고 솔직히 털어놓았다.

이런 속마음을 나눈 뒤 그는 아침에 세수를 하고 나가는 우리와 마주치면 서슴지 않고 우리가 권하던 럭키 스트라이크를 청해오기도 했다. 머리는 공산당이지만 마음만은 아직 그 좋던 시절에 대한 향수를 떨치지 못한 것이 분명했다. 우리가 평양 기생집에 한번 가보자고 자꾸 조르자, 급기야 김신 씨, 김우전 동지, 그리고 나를 불러내 밤에 술집으로 안내하기도 했다.

이즈음 백범 선생은 김우전 동지에게 고당古堂 조만식曺晩植 선생의 동정을 알아오라고 말씀하셨다. 북행에 오를 때 어떻게 하든지 고당 선생을 모셔가기로 작정을 한 터였다. 김우전 동지는 평북 정주 출신으로, 학병을 나갈 무렵 줄곧 평양에 머물러 있었다. 우리 일행 중 평양 지리에 가장 밝았던 그는 곧 친구의 부친

이자 장인인 남재호南在浩 장로를 찾아 사정을 알아보았다. 그러나 그 분은 우리보다도 더 소식을 모르고 있었다. 우리는 그때 고당 선생이 고려호텔에 연금돼 있다는 소문이라도 듣고 있었지만, 남 장로는 그것마저도 모르고 있었던 것이다.

평양으로 떠나기 전 혹시 평양에서 쓸 돈이 필요하지 않을까 싶어 금붙이를 가져왔다. 이것을 김우전 동지가 장인을 통해 환전하여 사용할 수 있었다. 우리 수행원들은 평양 생활의 긴장을 풀기 위해 술집을 찾아 맥주잔을 기울이기로 했다. 아직까지 평양에 영업하는 술집이 있던 때였다. 나와 김신 씨, 김우전 동지가 찾아간 술집은 일제 때 극장가였던 옛 황금정黃金町의 바였다. 평양 기생집 구경을 한번 해 보자고 우리가 귀찮게 했던 지주 아들 출신의 호텔 지배인이 이날 밤 우리를 맥주 바로 안내한 것이었다.

바에는 테이블이 열댓 개쯤 되었으며, 감색 원피스에 흰 앞치마를 두른 스무 살 안팎의 호스티스들이 술을 나르고 있었다. 호스티스의 북한식 호칭은 연락원 동무였다. 웬만하면 외래어를 쓰지 않는 북한의 언어 특색이 여실히 묻어나는 호칭이었다. 호칭대로 이들의 역할은 손님이 청하는 술과 안주를 날라다 주는, 그야말로 주효酒肴의 연락뿐이었다. 좌석에는 앉지 않았다. 처음 들어간 우리는 이 같은 규칙을 알 턱이 없어 구석자리를 잡자마자 습관처럼 "어이, 아가씨 넷" 하고 호스티스를 청했다. 그러자 도끼눈을 한 연락원 동무가 "우리 여성을 어떻게 보는 거야요?" 하고 우리를 핀잔했다. 우리는 그만 김이 새서 안내한 지배인에게 다른 집으로 가자고 했으나, "평양에는 여자들을 앉히고 마시는 술집이 없다"고 하여 할 수 없이 그 집에서 그냥 술을 마셨다.

맥주를 마셨는데, 안주는 땅콩과 고추장에 찍어먹는 대구포와 북어포 등이 나왔다. 요즘과 별반 차이가 없는 안주였다. 전축을 틀어 놓은 듯 스피커에서 경음악이 흘러나왔다. 그때 한창 유행하던 경쾌한 '아이 러브 더 휘슬'도 나와, 그런대로 우리의 술맛을 돋우었다. 그때까지는 공산당 식의 질서가 철저히 잡히지 않았던 것이다. 여성을 경멸한다며 우리를 쏘아보던 그 연락원 동무도 취기를 이용, 손목을 잡아 자꾸 끌어 앉히자 나중에는 기회를 보아 잠깐씩 앉아 말벗이 되어주었다. 그 호스티스는 23~24세 정도 된 인물이 좋은 아가씨였다. "손님 좌석에 앉았다가 순시 다니는 여성동맹 동무들에게 적발되면 처벌당한다"면서 문이 열리면 얼른 일어서 나갔다가도 다시 와 앉아주었다.

어느 날인지 정확하게 기억이 나지 않지만, 백범 선생은 평양냉면집을 찾기도 했다. 호텔 측에서 신변보호 운운하며 나들이를 못하게 했기 때문에 냉면 맛을 보기 위해 약간의 작전을 짜야 했다. 백범 선생은 이날 조반 때 예의 점심 주문을 요구받았지만, "아무거나 먹지" 하고 적당히 얼버무렸다가 점심때가 다 되어, "오늘은 나가 평양냉면이나 먹겠다"며 의관을 챙겼다. 당황한 지배인은 "여기서도 얼마든지 평양냉면을 갖다드릴 수 있습니다" 하며 한사코 말렸다. 그러나 선생이 "이 사람아, 냉면은 뜨끈한 삿자리에 앉아 먹어야 맛이 나지" 하고 짐짓 나무라자 더 이상 잡지 못했다.

백범 선생과 김신 씨, 김우전 동지와 나는 세단차를, 안내원은 덮개를 씌운 소련제 지프차를 타고 뒤따라오는 경비원들의 호위를 받으며 냉면집을 찾았다. 김우전 동지가 옛 화신백화점에서 서문통西門通으로 얼마 안가 오른편 골목 안에 있는 기성면옥箕城麵屋이라는 냉면집에 안내하여 들어갔다.

그 집은 서울의 뒷골목 선술집처럼 90도로 다락방에 올라가는 사다리가 걸쳐진 자그마한 한옥으로, 마루방에 손님이 한 무리가 있었을 뿐 한적했다. 흙 온돌 위에 갈대를 쪼개 열십자로 크게 짠 뜨끈뜨끈한 삿자리 방을 차지한 우리는 쟁반 두 상을 시켰다. 40세가량의 뚱뚱한 여자 주인은 우리가 타고 간 고급승용차에 처음엔 어리둥절해하더니 이내 우리 정체를 파악한 모양이었다. 놋쇠 쟁반 그득한 양념국물에 닭고기를 비롯한 고기류와 표고버섯 등 갖가지 재료를 넣은 냉면이 먹음직스러웠다. 뜨끈뜨끈한 바닥에 앉아 들이키는 서늘한 동치미 맛은 정말 일품이었다. 그때 만난 사람들의 이름은 잊었지만 반세기가 넘도록 냉면과 동치미 맛은 아직도 혀끝에서 맴돌고 있을 정도로 말이다. 식성이 좋은 백범 선생은 "50년 만에 평양냉면을 먹어보니 예전 맛이 다시 난다"며 쟁반 한 그릇을 뚝딱 드시고 한 그릇을 또 시키셨다. 평소 입에 대지 않던 소주까지 곁들이셨다. 내내 경계심을 늦추지 않았던 선생도 평양냉면 앞에서는 마음이 절로 풀어지는 듯했다.

백범 선생은 밀국수나 냉면을 좋아했고, 육식보다 채식을 많이 했다. 냉면을 드실 때는 이처럼 반주로 소주 두 잔 정도를 드시기도 했다. 남한의 음식점 중에서는 명동에 있던 고려정을 특히 좋아하셨다. 선생이 특별히 좋아한 반찬은 연평도 굴비였다. 지금은 영광굴비를 높이 치지만 그때는 연평도 굴비를 더 좋은 것으로 생각했다. 환영위원회 이병찬李秉讚 씨가 5~6월 연평도에 가서 굴비 1동(100마리)을 사가지고 오면, 그것을 말렸다가 뜯어서 기름에 튀겨 밑반찬을 만들었다. 백범 선생이 그것을 좋아해서 떨어지지 않았다.

김구와 이승만을 타도하라

일요일인 25일, 전조선정당사회단체대표자연석회의 축하시민대회와 김일성의 리셉션이 있었다. 축하시민대회는 오전 11시부터 인민위원회 청사 앞 김일성광장에서, 리셉션은 이날 오후 4시 인민위원회 청사 1층 회의실에서 열렸다. 북한 측에서는 그들의 의도대로 연석회의를 운영할 수 있었으므로 자축할 일이었겠지만, 양김 선생을 비롯한 북행 인사들 입장에서는 축하할 만한 일이 아니었다. 그러나 양김 선생과 북행 인사들은 북한의 면목도 살필 겸 구경삼아 행사 초대에 응했다.

축하시민대회의 사열대는 인민위원회 2층의 긴 베란다에 마련되어 있었다. 김일성과 김두봉을 비롯한 북한의 요인들, 양김 선생과 북행 인사들, 그리고 슈티코프Terenti F. Stykov를 비롯한 소련군 장성 등이 자리를 잡았다. 각급 단체들이 구호를 외치며 광장을 차례로 가로질러 지나가는 퍼레이드였다. 사열대에 모인 요인들은 대회에 앞서 2층 대기실에 안내되어 서로 인사를 나누었다. 백범 선생을 모시고 들어갔던 나는 살이 많이 찐 슈티코프 부인과 이름만 들었던 허헌 씨를 볼 수 있었다. 허헌 씨는 마른 몸매에 키가 훌쩍 커서 특히 인상에 남았다.

양김 선생과 몇몇 요인을 제외한 나머지 북행 인사 대부분과 우리 수행원의 자리는 현관 앞의 얕은 단상이었다. 광장 양쪽에 자리한 군악대가 행진곡 풍의 '김일성 장군의 노래' 등을 계속 연주하고 있었다. 당연히 우리는 처음 듣는 음악이었다. 퍼레이드는 흰 저고리에 검은 치마를 입은 여학생들과 남학생, 그리고 각급단체·부녀자·노동자·농민들이 꼬리를 물었다. 행진 중에 오른손 주먹을 쳐들고, 인솔자의 선창에 맞춰 일사분란하게 구호를 외치며 광장을 누볐다. 사열대 앞에 이르러서는 주먹을 일제히 펴 흔들며 '만세' 소리를 끊어지지 않게 릴레이식으로 연창했다. 흔드는 손과 만세 소리가 한데 어우러져 마치 파도치는 것 같았다. 행렬에는 어린애를 업은 아낙네까지 보였다. 한 노인은 행진 도중 대로를 벗어나 사열대를 쳐다보며 구경을 하다가 보안서원에게 제지당해 절뚝거리며 자기 대오를 따라가기도 했다.

그들의 구호에는 "이승만·김성수 타도하자"가 가장 많았다. 본래의 구호는 "김구·이승만 타도하자"였으나, 백범 선생이 북행해 있기 때문에 김구 대신 김성수를 넣은 것이었다. 그런데 노동자 단체로 보이는 행렬이 지나갈 때, 구호를 선창하는 인솔자가 바뀐 구호를 깜박 잊고 입버릇대로 "김……" 하고

전조선정당사회단체대표자
연석회의 축하시민대회
(1948년 4월 25일)
원래 구호였던 "김구·이승만
타도하자"를 "이승만·김성
수 타도하자"로 바꿔 외치는
북한 인민들의 일사분란한 모
습에서 통일정부 수립에 대한
그들의 의지가 의심스러웠다.

선창하다가 허겁지겁 "이승만"으로 바꿔 사열대
주변 북행 인사들의 폭소를 샀다. 어이없는 해프
닝이었지만 그동안 이승만 박사와 백범 선생을 타
도 대상으로 철저히 교육시킨 결과가 아닌가 해서
씁쓸한 생각이 들었다. 우리가 방북하기 전까지만
해도 우리를 타도하자고 외친 이들이 과연 통일정
부 수립 의지를 얼마나 보여줄 것인지 의심이 들
기도 했다. 우리는 이 퍼레이드에서 대중을 1인
체제 속으로 몰아넣는 대형 환각 집회의 모습을
볼 수 있었다.

농사 기계화를 선전하는 트랙터 행렬을 마지막
으로 퍼레이드는 끝이 났다. 김일성은 대회가 끝
나자 아래층으로 내려와 백범 선생의 차 문을 직
접 열어주는 성의를 보였다.

오후 4시에는 인민위원회 회의실에서 북행 인
사들을 위한 리셉션이 열렸다. 잘 차린 연회였다.
100평이 넘을 듯한 넓은 방에 사각형으로 배치한
테이블에는 통닭과 편육을 비롯한 한식요리며 양
식요리가 푸짐하게 차려져 있었다. 술도 샴페인,
사과 브랜디, 맥주 등 여러 종류였다.

낮에 사열대에 올랐던 남북한의 요인들과 소련
장교단 등 80~90명의 초대 인사들이 자리를 잡았
다. 백범 선생과 김규식 박사는 김일성·김두봉과

나란히 주빈석에 앉았다. 주빈석 뒤에서 흰 옷을 입은 웨이터가 천장에 대고 샴페인을 펑 터뜨렸다. 실내 한 쪽에 자리 잡은 군악대의 연주가 은은히 퍼지는 가운데 남북한 요인 사이에 술잔이 오갔다. 양김 선생은 사이다 등 가벼운 음료를 들었다. 김일성은 맥주잔에 사과 브랜디를 부어 쭉 마셨다. 화통한 성격이 그대로 묻어났다. 어디에 내놓아도 손색없는 파티였다.

이 리셉션에서도 축하시민대회에서와 마찬가지로 연설은 생략되었다. 내 생각으로는 김일성이야 자축 연설을 하기를 바랐겠지만, 그렇게 되면 양김 선생이 또 "북에서도 단정을 하면 안된다"는 연설을 할 터이니, 그만 생략한 것이 아닌가 싶었다.

내가 바로 타도 대상 김구란다

26일 아침, 백범 선생은 평양에서 서쪽으로 40리 밖에 위치한 대보산大寶山에 나갔다. 근 50년 전 자신이 주지로 있던 영천암靈泉庵과 안창호 선생이 1932년 상해에서 잡혀와 옥고를 치른 뒤 병든 몸을 휴양했던 송태산장松苔山莊을 돌아보는 등 한가로이 소일했다. 이날의 나들이는 그 옛날 항일 독립투쟁의 아픈 상처를 어루만지는 회포의 일정이기도 했다.

《백범일지》에 따르면, 일본 밀정을 죽인 죄목으로 인천감옥에 갇혀 있던 중 탈출한 백범 선생은 공주公州 마곡사麻谷寺에서 승려 노릇을 하다가 방랑길에 올라 이곳의 주지가 되었다고 한다.

마침 이날의 나들이에는 안신호 여사도 함께 했다. 백범 선생에게는 감회어린 하루였을 것이다.

영천암은 '일자삼간—字三間'의 퇴색한 작은 암자였고, 중간 방에 그 옛날의 자그마한 불상 하나만이 덩그렇게 놓여 있었다. 굴처럼 파인 샘물도 옛날 그대로라며, 백범 선생은 물을 한 바가지 떠 마시기도 했다. 백범 선생은 구석구석을 둘러보았는데, 겉모습은 크게 달라진 것이 없었던 모양이다. 다만 '조선 완전독립 기도법회'라고 쓴 간판이 암자 기둥에 나붙어 있고, 한복 차림의 승려가 달라졌다고 말씀하셨다.

점심때가 되자 김일성의 비서 김종항이 음식을 잔뜩 짊어진 경호원 두어 명과 함께 올라왔다. 통닭과 쇠고기를 비롯한 고기류에 각종 전과 떡 등 점심치고는 음식이 너무 푸짐했다. 알고 보니 이날의 나들이를 백범 선생이 부모님 제사 모시러 가는 것으로 착각해 제수祭需를 마련해온 것이었다. 백범 선생은 안신호 여사의 시중을 받으며 즐거운 한때를 보냈다. 그러나 차려온 것이 너무 많아 마침 암자 부근 숲에 산상예배를 드리러 온 청춘 남녀들에게 남은 음식을 모두 보내주었다. 당시만 해도 기독교가 인정되어 산상예배를 보기도 한 모양이었다.

영천암을 둘러보고 난 백범 선생은 산 너머 반대쪽 송태골로 발을 옮겨 안신호 여사의 오빠인 도산 안창호 선생이 머물던 별장을 찾았다. 도산 선생과의 기억을 되돌아보는 듯했다. 과수나무에 둘러싸인 송태산장은 도산 선생이 거처하던 방 하나에 시중드는 사람의 방만 달린 자그마한 기와집이었다. 주인은 간 곳이 없고 하얗게 머리가 센 도산 선생의 형님인 안치호安致鎬 장로가 따님인 안성결 安聖結 씨와 함께 집을 지키고 있었다.

그런데 마당에 파놓은 2~3평쯤 되는 연못이 유달리 우리의 눈을 끌었다. 예사 연못이 아니었다. 우리나라 지도를 본뜬 모양에, 테두리를 따라 비쭉비쭉한 조약돌과 깨진 사금파리들이 빽빽이 꽂혀 있었다. 우리가 궁금해서 특별한 사연이라도 있는 것인지 묻자, "3천만이 모두 일어서 잃은 나라를 되찾아야 한다"는 항일독립투쟁의 의지를 담아 도산 선생이 그런 모양으로 연못을 파놓았다고 했다. 지도는 우리나라이고, 조약돌과 사금파리는 3천만 동포를 상징한다는 이야기였다. 도산 선생과 마찬가지로 평생을 광복의 외길을 걸어온 백범 선생은 도산 선생의 이 연못 곁을 차마 떠나지 못했다.

돌아오는 길에 백범 선생은 마침 송태산장 근처로 소풍을 나온 국민학생들을 우연히 만나 잠시 동심으로 돌아가기도 했다. 어린이들은 부근 고평古 平국민학교 6학년 남녀 학생 40여 명으로, 선생님의 눈을 가린 채 술래잡기 놀이를 하는 중이었다. 이 광경을 본 백범 선생은 걸음을 멈춰서더니 놀이에 끼어드셨다.

평양 대보산 영천암에서 안신호 여사와 함께(1948년 4월 26일) 백범 선생은 젊은 시절 결혼을 약속한 바 있었던 도산의 누이 안신호 여사와 함께 근 50년 만에 자신이 주지로 지냈던 영천암을 찾았다.

대보산에서 소풍 나온 학생들
과 함께(1948년 4월 26일)
영천암을 둘러본 후 돌아오는 길
에 소풍 나온 국민학생들과 찍은
사진이다. 앞줄 가운데가 백범
선생, 뒷줄 왼쪽은 선우남 씨, 그
옆은 함삼식 씨다.

"너희들 어느 학교 학생들 같은데, 나한테 경례 한 번 해봐라."

그러자 무턱대고 꾸벅 절을 하는 아이, 이상한 할아버지도 다 봤다며 멀거니 쳐다보는 아이 등 반응이 가지가지였다. 백범 선생은 이러한 어린이들이 재미있다는 듯 웃음 가득한 표정으로 물었다.

"내가 누군지 아느냐?"

어린이들이 서로 쳐다보며 아무도 대답을 못하자, 백범 선생은 "내가 바로 너희들이 타도하자고 하는 김구야" 했다.

순간 아이들은 토끼눈이 되어 얼어붙었다. '김구·이승만 타도하자'는 구호가 곳곳에 나붙어 있고, 학교에서도 철저히 교육을 시키고 있었으므로 어린이들의 눈이 동그래진 것도 무리가 아니었다. 그러나 그때 술래가 되어 있던 젊은 선생님의 태도는 의외였다. 그냥 지나가는 할아버지인 줄 알고 계속 술래잡기를 하던 선생님은 '김구'라는 소리에 귀가 번쩍했는지, 눈가리개 수건을 풀어 던지고 어린이들을 서둘러 정렬시켜 백범 선생에게 경례를 시키는 것이었다. 백범 선생은 정식으로 단체 경례를 받은 다음, 그 선생님과 또 한 분의 인솔 선생님, 그리고 어린이들을 모두 불러 앉혀 기념사진을 찍고 산을 내려왔다.

선생은 이처럼 아이 같은 천진한 장난을 해 주위 사람을 깜짝 놀라게 할 때가 많았다. 평생 피 말리는 투쟁으로 일관하셨지만 손주뻘 되는 아이들 앞에서는 어쩔 수 없는 평범한 할아버지일 뿐이었다. 북쪽 아이든, 남쪽 아이든 관계없이 말이다. 내려오면 서 보니 아이들은 사진을 찍은 것이 좋은지 뒹굴고 껑충껑충 뛰 면서 한동안 야단들이었다. 타도해야 할 대상과 사진을 찍었다는 사실을 저 아이들이 과연 어떻게 받아들이고 있는지 궁금했다. 아니, 저 어린아이들에게마저 타도라는 무서운 구호를 강요해야 하는 시대가 씁쓸했다는 편이 더 정확하리라.

오래 뒤에 알게 된 일이지만, 이때 술래가 되었던 선생님들은 이 사건으로 약간의 곤욕을 치렀지만 크게 문제는 되지 않았고, 두 분 모두 월남했다. 한 분은 교통부에 근무한 함삼식咸三植 씨 였고, 다른 한 분은 강남대학교에서 은퇴한 선우남鮮于湳 씨였다. 그때 헤어진 뒤 소식을 전연 모르고 지내다가, 김신 씨가 교통부 장관 재직 시절 내가 교통부에 들렀을 때 그곳에 근무하던 함 씨 가 인사를 해와 20여 년 만에 재회를 하여 알게 되었다. 사람의 인연이란 참 묘한 것이로구나 하는 생각이 드는 순간이었다.

사실 백범 선생은 가난한 집에서 태어난 탓에 공부를 제대로 하지 못한 것에 대한 아쉬움이 컸기에 아이들과 교육에 남다른 관심을 보였다. 선생이 1947년 건국실천원양성소建國實踐員養成所 의 개소를 적극 주도한 것도 그 일환이었다. 백범 선생은 그 전부 터 건국을 위한 인재 양성의 필요성을 자주 언급했다. 그런데 마

건국실천원양성소제1기수
업기념(1947년 4월 5일)
교육에 관심이 많았던 백범
선생은 건국실천원양성소를
설립하여 9기생까지 배출한
다. 그러나 건실은 백범 선
생 서거 후 1949년 8월 23일
해산하게 된다.

침 황기성黃基成 씨
와 김석길金錫吉 씨
가 선생의 그러한
말을 듣고 건국실천
원양성소의 설립을
지원하고 나섰다.
황기성 씨는 YWCA
등에서 활동한 여성
으로 한국독립당의 부녀부장을 맡기도 했다. 김석
길 씨는 신문사에 오래 있던 언론계 인사였다. 결국
1947년 3월 20일, 백범 선생의 의지와 이들의 도움
으로 건국실천원양성소가 개소될 수 있었다.

건국실천원양성소는 효창원에서 멀지 않은 원효사
元曉寺라는 절을 빌려 운영했다. 원효사는 적산 절로,
독립운동을 한 승려 출신인 김법린 박사가 소유하고
있었다. 2층 건물이어서 입소생들이 합숙하며 강의
를 들을 수 있었다. 강사진은 당대 일류의 학자와 정
치인, 독립운동가들이었다. 입소생들은 약 1개월 정
도 교육을 받았다. 건국실천원양성소는 9기까지 800
여 명의 수료생을 배출했는데, 그곳을 자주 찾던 백
범 선생이 돌아가신 후에는 해산되고 말았다.

1949년 초에는 전재민과 빈민의 자녀들을 위한 학
교 둘을 세우셨다. 하나는 1949년 1월 금호동에 세

운 백범학원白凡學院이
었고, 다른 하나는 그해
3월 염리동에 세운 창암
학원昌巖學院이었다. 돈
은 모친 곽낙원郭樂園 여
사 등 가족의 유해 봉안
식에 들어온 부의금과
김신 씨 결혼식에 들어
온 축의금을 합해 마련
했다. 가난한 피난민 아
이들을 위해 작은 규모
이지만 학교를 세운 일

은 평소에 교육에 대한 선생의 관심이 어떠했는가
를 짐작케 한다. 백범 선생은 돌아가시기 전에 백
범학원의 운동회에 참석하여 아이들과 하루를 즐
겁게 보내기도 했다. 또 백범 선생이 백범학원에
풍금을 사주어, 더운 날 내가 지게 짐꾼을 데리고
신당동 쪽에서 땀을 흘리며 가져다준 기억이 있다.

훗날 백범 선생이 서거하자 백범학원 아이들은
다음과 같은 글을 경교장에 보내왔다.

하라버지 이렇듯 변을 당하시와 급잖이 가옵시매 원
통하기 더욱 끝이 없나이다.

서울시 금호동에 세워진
백범학원 개원식 기념사진
(1949년 1월 27일)(위)
서울 마포구 염리동에 세
워진 창암학원 개원식(1949
년 3월 14일)(아래)
전재민과 빈민의 자녀들을
위해 만든 백범학원과 창암
학원은 아이들 교육을 중히
여기던 백범 선생의 뜻이 반
영된 학교다.

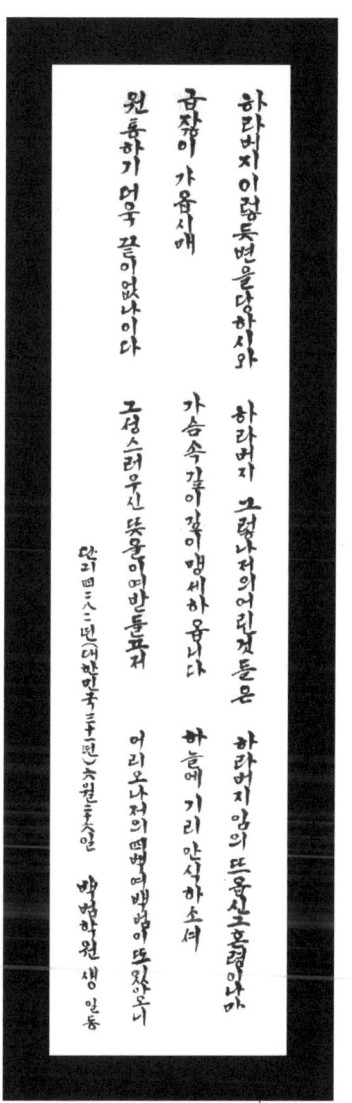

백범 선생이 돌아가시자
백범학원생들이 지은 만시
(1949년 6월 26일)

하라버지 그렇나 저의 어린 것들은 가슴 속 깊이깊이 맹세하옵니다. 그 성스러우신 뜻을 이여 받들고저.

하라버지 임의 뜨옵신 그 혼령이나마 하늘에 기리 안식하소서. 어리오나 저의 四백여 백범이 또 있아오니.

이 만시輓詩는 지금 백범기념관에 전시되어 있다. 그때 금호동의 큰 로터리를 백범학원에서 백범로타리라 하자고 했고, 금호동에 김구주택도 있었다.

백범 선생이 돌아가신 뒤 《자유신문》에 실린 이들 학교에 대한 기사에서 백범 선생의 두 학교에 대한 관심을 살필 수 있다.

고 백범 김구 선생의 서재 옆에는 매일 일과의 하나로서 선생이 습자를 하여 오시던 먹물 자국이 있는 책상이 있었다.

선생은 어렸을 때부터 가난한 집에 태어나 이렇다 할 공부를 하시지 못하였는데 그러나 선생의 향학의 마음은 그 누구보다도 불타올라 선생의 자서전 《백범일지》를 보더라도 그 자체가 역력하다. 선생께서 수륙 5,000리의 해외망명을 끝마치고 고국에 돌아오셔서 그간 정치적인 불안과 가혹한 현실과 싸워가는 한편에는 어려서 너무나 가난하였던 까닭으로 제대로 공부하시지 못하였던 것을 뼈에 사무치도록 회상하시어 서울에 방황하는 가난한 어린이와 교외에서 헐벗고 굶주리고 사는 전재민들의 자녀들이 남들과 같이 학교에 가지 못하는 것을 통탄하시어 서울에 2개의 학교를 설립하였던 것이다. 그것도 선생이 다른 이들처럼 물질이 풍부하여 돈을 내놓은 것도 아니고 푼푼이 모으신 절약한 용돈과 해외에서 돌아가신 모친 장의식의 부의금 등으로 세우게 된 것이다.

■ 백범학원

이 학원은 작년 12월 백범 선생께는 '유해 환국봉안식'에 들어온 부의금과 선생의 아들 신信 군의 결혼식에 축하금으로 들어온 중 합 90만 원을 금호동에서 천막살이, '바라크' 살이로 그날그날을 엄동과 싸워가며 사는 빈민을 위해 다소나마 원조키 위하여 신년 연도에 방문 기부하시었는데, 그 중 32만 원이 전재아동의 육영사업기금이었으므로 이사회에서는 이를 교육사업으로 이용키로 결정하고 백범학원을 세우기로 운동하여 금년 1월 27일 김구 선생 참석 하에 개교식을 거행하였다. 현재 총 직원은 원장이하 6명이며, 생도들은 그 부락의 자녀 470명인데, 학급은 4학년밖에 없던 것을 이번 새로이 인가하여 6학년까지 만들기로 하고 진급시킬 것이라 한다. 선생께서는 지난 6월 1일 열리었던 학원 제1회 운동회에 아침부터 참석하시어서 학생들에게 손수 상품을 수여하시고 어린애들과 함께 하루를 재미있게 보내시었다고 한다.

■ 창암공민학교

이 학교 역시 마포 염리동에 거주하는 빈민들을 위해 선생이 설립하시었는데 금년 3월 14일 개교식을 거행하였다 한다. 학생수는 300명으로서 될 수 있는 한 적령기를 지난 성인교육을 주로 하고 있다. 학교 책임교원으로 있는 강영희姜永熹 선생의 말에 의하면 선생께서는 언제든지 말하시기를 '내가 죽어도 재정이 곤란한 것이 문제일 것이니 걱정된다'고 하시었다는 바, 항상 선생은 이 어린이의 교육에 큰 관심과 적극적인 태도로 나와 주시었다…….

- 《자유신문》 1949년 7월 3일

만경대 나들이와 김일성 생가

송태산장 근처에서 아이들과 즐거운 시간을 가진 후 숙소로 돌아온 날 저녁, 김두봉 씨가 자택으로 양김 선생을 초대해 저녁을 대접했다. 김두봉 씨의 저녁 초대는 중국 망명 시절 서로 알고 지낸 세 사람이 만난 것으로 가정적인 분위기에서 진행되었다. 내가 김신 씨와 함께 백범 선생을 모시고 김두봉 씨 댁에 갔을 때는 이미 어두워서, 위치는 정확히 알 수 없었다. 다만 집이 건평 30~40평의 보통 적산가옥으로, 인민위원회 부위원장 집치고는 너무 초라하다는 느낌을 받았다. 자그마한 정원에 향나무와 다른 나무 몇 그루가 심어 있고, 현관문은 흔히 보는 미닫이 유리창이었으며, 실내도 몇 평 안 되는 나무 마루에 서넛의 방이 'ㄱ'자로

잇대어 있는 보통 가옥이었다.

우리 일행이 도착했을 때 김두봉 씨는 현관에 불을 켜놓고 있다가 신을 끌며 나와 반가이 맞이해 주었다. 곧 이어 김규식 박사가 수행비서 김영휘 씨를 대동하고 도착했다. 세 분은 안방으로 들어가고 우리는 현관 옆방을 차지했다. 이날 저녁 회합은 오랜만에 만나는 친분에서 비롯된 식사 대접이었다. 그 자리에서 무슨 말씀들이 오갔는지는 알 수 없다.

우리가 들어간 방은 나도 중경에 있을 때 알았던 김두봉 씨의 둘째 딸 해엽의 방이었다. 해엽은 1946년 여름 상해에서 서울로 귀환하여 잠시 머무르는 동안 경교장에 인사를 오기도 했다. 그러다가 아버지가 있는 평양으로 갔기 때문에 2년 만의 해후였다. 3김 선생이 한방에서 저녁을 드는 동안 우리 셋은 해엽과 함께 저녁을 먹고 맥주를 마셨다. 언니 상엽은 그때 모스크바대학 건축학과인가에서 유학 중이어서 집에 없었다.

27일 백범 선생은 만경대萬景臺 나들이를 했다. 도중에 혁명자유가족학원도 둘러보았다. 혁명자유가족학원은 대동벌이 내려다보이는 구릉 위에 자리 잡은 붉은 벽돌의 3층짜리와 4층짜리 두 채였다. 김일성대학이 아직 2층밖에 안 올라간 때라, 길쭉한 교사校舍가 꽤 커 보였다. 운동장도 큰 규모였다. 백범 선생과 우리 일행은 60대 중반으로 보이는 원장의 안내로 건물을 구경했다. 원장은 항일 독립투사와 공산혁명가의 자녀들을 수용하여 고등학교까지 무료로 교육을 시키고 있으며, 성적이 우수하면 김일성대학에 진학시키고 나머지는 이 학원에서 기술전문교육을 시켜 내보낸다고 자랑

혁명자유가족학원장과 함께
(1948년 4월 27일)
백범 선생은 만경대 나들이를
하면서 혁명자유가족학원장
을 만나 담소를 나누기도 했
다. 왼쪽부터 조완구, 이종익,
백범 선생이다.

했다. 책상과 의자가 함께 붙어 있는 것을
사용하고 있었다. 원장은 조완구 선생과
중국에 있을 때 가까웠던 사이였는지 서
로 식구들의 이름을 대며 안부를 묻기도
했다. 나중에 알고 보니 임시정부에서 활
동하셨던 이종익李鍾翼이라는 분이었다.

혁명자유가족학원 시찰이 끝나고 돌
아오는 길에 차 안에서 북측 안내원들
이 계획에 없던 김일성 생가를 잠깐 보고 가자고
권했다. 백범 선생은 아무 말 없이 응했다. 김일
성의 생가는 혁명자유가족학원에서 얼마 멀지 않
은, 찻길에서 100미터쯤 걸어 들어가는 곳에 있
었다. 초가집 몇 채가 옹기종기 모여 있는 동네였
다. 생가는 부엌 1칸, 방 2칸의 오막살이 초가 3칸
이었다. 우리가 들어갔을 때 김일성의 조부는 마
침 마당에 돌아앉아 수숫대로 채마밭 울타리를
엮고 있었다. 사람들이 온 줄도 모르는 것 같았
다. 채마밭은 100평쯤 되어 보였으며, 무엇을 뿌
렸는지 골이 일궈져 있었다. 안내원이 다가가,
"이남에서 오신 김구 선생님입니다"라고 소개를
해도, 귀가 잘 안 들리는지 "뭐……?" 하고는 그
냥 일을 계속했다.

노인은 안내원이 큰 소리로 다시 말을 하자, 그

제야 손을 멈추고 일어났다. 조그만 체구에 삶에 찌든 전형적인 빈농의 얼굴이었다. 백범 선생이 악수를 청한 다음, 의아한 표정으로 인사말을 건넸다.

"아니, 손자가 잘 되었는데 이렇게 시골에서 고생을 하십니까?"

"손자는 손자고 나는 나니까 나대로 살고 있습니다."

노인은 별일 아니라는 듯 대답했다. 기력이 쇠하여 들릴락 말락 한 목소리였다. 백범 선생과 우리 일행은 안내원을 따라 부엌과 노인이 거처하는 가운뎃방과 윗방을 차례로 돌아보았다. 부엌은 작았다. 외짝 문이었으며 흙 부뚜막에 솥이 하나 걸려 있고 그 옆에는 설거지하는 옹기그릇이 놓여 있었다. 그때만 해도 설거지 그릇이 따로 없고, 옹기그릇이 고작이었다. 집은 회칠도 안한 흙벽 그대로였고, 노인의 방은 도배를 했으나 허름했다. 쓰지 않는 윗방 윗목에는 길쭉한 나무상자에 고구마 모종을 해놓아 순이 손톱만큼 나와 있었다. 우리가 구경을 하는 동안 노인은 자기도 뒷전에서 물끄러미 방을 들여다보았다. 혼자 사는지 다른 사람은 만나지 못했다. 김일성의 생가이자 할아버지가 거주하는 집인데 너무 허름해서 돌아오는 길에 다들 이런저런 추측이 많았다. 숙소에 돌아왔을 때는 완전히 어두워진 저녁이었다.

공동성명서와 4김회담

북행 인사들은 북한이 일방적으로 진행한 연석회의에 대해 불만이 적지 않았다. 백범 선생과 김규식 박사도 남한의 단선만을 비난하는 연석회의에는 처음부터 관심이 없었다. 결국 남북의 정당과 사회단체의 지도자들은 연석회의가 끝난 뒤 28일부터 남북정당사회단체지도자협의회라는 이름으로 접촉하고 있었다. 그 결과가 30일 공동성명서로 발표되었다. 이 성명서의 핵심 내용은 1. 미·소 양군 철수, 2. 북한의 남침에 대한 우려 불식, 3. 전국 총선에 의한 통일국가 수립, 4. 남한의 단선 단정 반대였다.

지도자협의회 참가자 명단은 다음과 같다.

〈15인 지도자협의회 참가자 명단〉

이름	소속	이름	소속
김 구	한국독립당	김규식	민족자주연맹
김두봉	북조선노동당	김붕준	민족자주연맹
김일성	북조선노동당	박헌영	남조선노동당
백남운	근로인민당	엄항섭	한국독립당
이극로	건민회	조소앙	한국독립당
조완구	한국독립당	주영하	연석회의 준비위원장
최용건	조선민주당	허 헌	남조선노동당
홍명희	민주독립당		

이어 4월 30일 오후, 인민위원회 김일성의 집무실에서 4김회담이 열렸다. 오후 3~4시경, 김신 씨와 내가 백범 선생을 모시고 공관에 도착했을 때, 김일성·김두봉과 김규식 박사는 이미 와

기다리고 있었다. 회의는 2층 김일성의 집무실에서 열렸다. 백범 선생은 현관까지 마중 나온 김일성·김두봉의 안내를 받으며 사무실로 올라갔고, 우리는 맞은편의 비서실로 안내되었다. 회담이 진행되는 동안 우리는 김일성의 비서인 김종항과 이야기를 나눴다.

4김회담을 결산하는 공동성명이 나와 통일 문제에 관해 이 분들 사이에 오간 이야기를 어느 정도 짐작할 수 있었지만, 서울에 귀환한 뒤 백범 선생에게서 회담 일부 내용을 직접 들었다. 그때 듣기로는, 4김은 통일정부 수립 방안을 놓고 오래 토의를 했고, 마지막에 북한의 단전·단수 조처와 조만식 선생의 송환 문제, 그리고 안중근 의사의 유해 천장遷葬 문제 등을 논의했다고 한다. 통일 문제에 대한 논의는 자세한 내용을 듣지 못했다. 다만 양김 공동성명으로 짐작만 할 뿐이다.

백범 선생은 특히 미·소 양군 철수 후 치안 유지는 UN군이 한국에 파견되어 해결해야 하고 그들이 통일정부 수립을 지원해야 한다는 말씀을 강조했다. 그러나 통일 문제 외에 단전·단수 등 부수적인 문제에 대해 백범 선생이 진지하게 접근하면, 북한 쪽은 얼버무리는 것으로 일관했다고 한다. 북한에서 전기와 물을 일방적으로 끊겠다고 발표한 상태였기 때문에 주목되던 문제였다. 백범 선생은 북행에 앞서 보낸 밀사를 통해서도 그에 대한 북한의 진의를 알아보려고 했을 정도였다.

백범 선생이 이 문제를 거론하자, 김일성은 "미군정 측이 요금을 중간에서……"라며 책임을 넘기는 이유를 대면서도 단전·단수 등의 조치를 취하지 않겠다고 약속했다고 한다. 그러나 우리가 돌아오고 남한에서 5 · 10 단독선거가 실시되자 전기가 다시 끊기고, 물은 그 다음 해부터 끊기는 등 약속이 휴지화되고 말았다.

조만식 선생의 안부를 묻는 백범 선생의 질문에 김일성은 "고당 선생은 잘 지내고 있습니다"라고 대답했다.

"이남에서는 고당이 연금되었다느니 돌아가셨다느니 말이 많은데, 잘 있다니 굳이 오해를 받을 필요가 있소? 내가 이번에 모시고 내려가 안 그렇다는 것을 증명하겠소."

백범 선생이 적극적으로 고당 선생의 송환을 요구했다. 이에 김일성은, "지금 소련 군정 아래에 있기 때문에 허가가 있어야 될 겁니다"라며, 말꼬리를 흐렸다고 한다.

여순旅順에 묻혀 있는 안중근 의사 유해의 천장에 대해서도 김일성은 여순이 소련의 계엄 하에 있기 때문에 곤란하다는 입장을 내비쳤다.

"통일이 되면 모셔 내올 텐데 뭘 그리 서두르십니까."

김일성은 이런 식으로 미루기만 했다는 것이다. 백범 선생은

효창원 3의사 묘역
왼쪽부터 안중근 의사 허묘, 이봉창 · 윤봉길 · 백정기 의사 묘소. 백범 선생은 1946년 3의사의 유해를 효창원에 안장하면서 안중근 의사의 유해도 찾아 안장하려고 제일 윗자리에 안중근 의사의 허묘를 만들었다.

안중근 의사의 조카로 경교장 비서로 있던 안우생 씨가 러시아어에 능통해서 북행에 동행시킬 만큼 준비를 했었다. 안중근 의사 유해의 천장 문제만큼은 실현될 것으로 확신한 것이다. 그러나 이 일이 뜻대로 되자 않자 두고두고 아쉬워하셨다.

"공산당들은 미리 여유를 주면 빠져나갈 대비책을 강구하기 때문에 아무 말도 안 하고 있다가 갑자기 이들 문제를 제기했는데, 뜻대로 안 되었어."

내가 기억하는 바로는 4김회담은 4월 30일 한 차례 열렸을 뿐이다.

전쟁의 전조인가

5월 1일은 메이데이로, 평양역전 광장에서 기념 퍼레이드가 있었다. 평양역사 맞은 편 3~4층 건물의 2층에 연석회의 축하시민대회 때와 같은 사열대가 마련되어 있었다. 북행 인사 대부분이 이 행사에 참여했다. 몸살을 앓던 나도 이틀간 왕진하여 치료해 준 의사 덕분에 백범 선생을 모시고 나갈 수 있었다. 아파서 혼자 호텔에 있는 동안 나는 황해도 공산당 선전부장으로 있던 고모부 김진석에게 전화를 걸어 안부를 물을 수 있었다.

노동절 행사는 오전 10시쯤 2층 휴게실에 있던 백범·우사 양 선생과 김일성·김두봉 등 남북 요인들이 대형 플래카드가 걸린 2층 사열대 베란다에 자리하면서 막이 올랐다. 우리 수행원들은 사열대 아래에 마련된 단상에서 행사를 지켜보았다. 이날의 사열 행진은 대규모였고 짜임새도 있었다. 그러나 전체주의의 분위기가 물씬 풍겼다.

노동자·농민의 행진은 움직이는 트럭 위에서 저마다의 직업을 드러내는 몸짓을 취하는 방식으로 이루어졌다. 허리를 숙여 낫질을 하면서 곡식을 베는 모습이나 떡 메질을 하는 모습, 또 밭갈이 모양을 한 농민들의 트럭 행렬은 마치 북한의 들녘 풍경을 옮겨 놓은 듯했다. 철봉대를 실어 그 위에서 철봉을 하기도 하고, 역도와 권투를 하는 모습을 보이는 등 특기 대열도 가지각색이었다. 이들은 사열대 앞까지 각자의 동작을 끊임없이 되풀이하다가 "우로 봐"라는 구령에 맞추어 김일성의 사열을 받은 다음, 광장을 차례로 빠져나갔다. 마치 이동 서커스를 보는 듯한 느낌이었다. 대부분 운동복 차림이었다. 작업 모습을 흉내 내는 노동자·농민들은 검정 무명옷을 입고 있었다. 이들이 탄 트럭은 소련제였고, 남한에서는 별로 보지 못한 피켓이 유난히 많았다.

노동자·농민 행렬이 끝난 다음 군인들이 분열을 했다. 당일 군대를 지휘한 사람은 타오르는 듯 붉은 말을 탄 최용건이었다. 맨 앞에 보병 소총부대가 지나가고, 이어 각종 포와 장갑차 등 중장비가 뒤를 따랐다. 보병들은 양손을 앞뒤가 아닌 좌우로 흔들고 다리는 굽히지 않고 뻣뻣하게 일자로 걷는 소련군식 걸음으로 일사분란하게 행진했다. 쩌벅쩌벅하는 군화 소리가 광장을 뒤흔들었다. 착검이 되어 있던 소총은 밑 부분에 둥근 탄창이 달린 작은 다발총과 위에 탄창이 달린 큰 다발총 두 가지였다. 나는 6·25전쟁 때 이 소총들을 다시 보게 되었다. 쭉 뻗은 포신이 달린 각종 포는 소련제 새 트럭이 끌었고, 육중한 장갑차 수십 대가 두세 줄로 열을 지어 후미를 장식했다. 일본군이나 미군으로부터 물려받은 구식 소총이 고작이던 남한의 국방경비대와는 현저하게 차이가 나는 것이어서 더욱 위협적으로 보였다.

사열대의 김일성은 이 군대 행렬이 지나갈 때 앞으로 나가 혼자서 손을 흔들고 박수를 치기도 했다. 그들이 남북협상의 끝을 이 같은 호전적인 분위기로 마무리 지은 것은 일종의 협박이었다. 이미 그 순간 동족상잔의 비극은 잉태되고 있었는지도 모르겠다. 위협적인 이 사열을 지켜보는 백범 선생이 괜히 걱정돼 나는 선생의 표정을 지켜보았다. 백범 선생은 입을 꽉 다문 채 바라보고 있었지만 이 사열의 의미를 모를 분이 아니었다. 행진이 계속되는 동안 광장 맨 앞에 도열한 70~80명의 군악대는 행진곡을 계속 불어댔는데, 어느 순간 귀에 익은 곡이 흘러나왔다. 가만히 들어보니 "요동 만주 넓은 뜰을 쳐서 파破하고……" 하는, 광복군의 용진가勇進歌였다.

사열이 한창 진행될 즈음 나는 북행길에 오르기 전에 챙겨두었던 구식 카메라를 꺼내들었다. 그리고 마치 중요한 정보라도 되는 것처럼 철컥철컥 찍기 시작했다. 한쪽 눈을 찡그리고 카메라 파인더 안을 집중해 들여다보던 찰나 누군가 내 카메라를 낚아챘다. 북한 기관원이었다.

"왜 허가 없이 사진을 찍으시오! 더 이상 사진은 찍을 수 없소!"

보안서원으로 보이는 사복 기관원은 무조건 달려들어 내 카메라를 뺏어갔다.

"공개석상인데 사진을 못 찍을 이유가 어디 있단 말이오!"

거세게 항의를 했으나, 그는 들은 체도 하지 않았다. 한참 옥신각신하다가 마침 눈에 띈 북조선임시인민위원회 선전상이던 허헌의 맏딸 허정숙許貞淑에게 항의하여 겨우 카메라를 돌려받을 수 있었다. 초면인 허정숙은 외탁을 했는지 호리호리하고 길쭉한 얼굴인 아버지와는 달리 넓적한 얼굴에 광대뼈가 나와 있었으며 체구도 뚱뚱하여 남자 같은 인상이었다. 그녀는 단발머리에 원피스를 입고 있었다. 내가 카메라를 찾아달라고 부탁하자 허정숙은 성큼성큼 그 사내에게 다가갔다. "동무, 남에서 온 이 사람 말대로 공개석상인데 굳이 구애될 것 없지 않소" 하고 바로 카메라를 찾아주었다. 원피스를 입어 그렇지 영락없는 남자의 행동이었다.

북에서의 예배

남북협상을 마친 백범 선생은 북한에서 두 번째 맞는 주일인 5월 2일 교회를 찾아 정성스레 예배를 드렸다. 선생은 30세 전후부터 예배드리는 것을 시작, 환국 후에도 서울 정동교회와 김치선金致善 목사가 시무하던 남대문교회와 상동尙洞교회에 가끔 나갔다. 선생은 열성적이지는 않았지만 기독교 신자였다.

이날 선생이 예배를 드린 교회는 상수리 숙소에서 1킬로미터

쯤 떨어진 언덕 위에 있던 장로교 장대현章臺峴교회였다. 평양에서 가장 오래되고 일제 때에도 독립운동과 무관하지 않던 유명한 교회였다. 교회에는 안신호 여사를 동반했고, 강양욱康良煜 목사의 안내를 받았다. 평양신학교 출신인 강양욱 목사는 당시 북조선 기독교연맹 중앙위원이었다. 백범 선생이 교회를 가겠다고 하자 안 여사가 강 목사에게 연락을 취한 모양이었다.

내가 백범 선생을 모시고 교회에 도착했을 때는 전재선全載先 목사의 설교가 막 끝난 오전 11시 반쯤이었다. 교회 안은 이미 신자들로 가득 차 맨 뒷자리밖에 남아 있지 않았다. 예배에 나온 사람들은 200명쯤 되었다. 간혹 양복을 입은 젊은 층도 없지 않았으나 대부분 나이 든 분들이었다.

뒤에서 보니 남자는 왼쪽에, 여자는 오른쪽에 앉아 있었다. 남녀 구분해서 예배를 드리게끔 되어 있나 보다 하고 신기하게 생각했다. 하지만 안신호 여사는 혼자 남자석 맨 뒷자리에 앉은 백범 선생의 옆에 나란히 앉아주었다. 가끔 선생의 옆자리가 쓸쓸해 보인다고 생각했었는데 그날 뒤에서 그렇게 바라보고 있으니 안도감마저 들었다.

사실 1946년에 주위에서 백범 선생에게 재혼을 권유한 일이 있었다. 이화여고 사감 출신으로 인품이 점잖은 예순 전후의 오주경吳珠瓊 여사였다. 백범 선생은 어머니가 살아계시면 모르겠으나 완전 독립도 되지 않은 상황에서 재혼은 불가하다고 물리치셨다. 더욱이 며느리인 안미생 씨가 혼자 있는 처지였다. 김홍량 선생의 친척 되는 성악가 정훈모鄭勳謨 여사나 황해도에서 계몽운동을 함께 한 고 최광옥 선생의 따님인 최이권, 최이순 자매가 종종 경교장을 찾아와 백범 선생의 말동무가 되어드린 적은 있었다.

마침 교회에서는 부흥회가 열리고 있었던 모양이었다. 내가 아는 유명한 전재선 목사가 설교를 하고 있었다. 이 분은 나의 무순 보통학교 동기생인 전덕린全德麟의 부친으로, 당시 사회상에 빗댄 설교를 시원스레 잘해 명성을 떨치던 목사였다. 그러나 이날 설교는 사회상에 관한 이야기는 한마디도 없었고, 순전히 성경 풀이였다. 전재선 목사의 설교 스타일을 잘 아는 나로서는 다소 의아한 부분이었다. 종교 박해로 교회가 위축되기 시작했나 하는 생각이 들었다. 예배 뒤에 전 목사에게 인사드리고 전덕린의 소식을 여쭸더니 이미 사망했다고 하여 잠시 착잡했다.

교회 예배 의식은 성경을 읽고 찬송가도 부르는 옛 순서 그대로였다. 백범 선생이 가운데 앉고 양 옆에 안신호 여사와 강양욱 목사가 앉았다. 빈손으로 간 백범 선생은 안 여사가 펴든 책을 함께 보았다. 선생은 찬송가를 부르지 않았지만, 안 여사는 목청을 돋우어 열심히 노래를 불렀다. 나란히 앉은 두 분의 모습이 다정스레 보였다.

예배는 1시간 정도 진행되었다. 백범 선생은 조용히 기도를 드렸다. 성가대는 2층에서 찬송가를 불렀다. 예배가 끝난 다음, 이름은 기억나지 않지만 그 교회의 목사와 전재선 목사가 장로와 집사 등 20여 명의 교회 제직들을 백범 선생에게 인사시켰다. 백범 선생이 예배를 드린 뒷자리에 둘러서서 인사를 드렸다. 선생은 그분들과 잠시 이야기를 나눈 다음 교회를 나섰다.

다시 안신호 여사와 함께 차를 타고 숙소에 도착한 뒤 겸상으로 점심을 들며 오후 한때를 보냈다. 우리 수행원들은 우리끼리 모란봉에 올랐다. 백범 선생은 이날의 예배가 감회 깊었던지, 서울로 돌아온 뒤에는 전과 달리 자주 교회에 나갔다. YMCA 뒤에 있는 중앙교회와 서울역 앞의 남대문교회에 다녔다.

북한에 남으십시오 —

협상 일정을 마치고 서울로 돌아오기 전인 5월 초, 북행 인사들은 두 번 다시 못 올지도 모르는 북한 땅에서 못 다한 일들을 마무리하느라 바빴다. 특히 최동오 선생은 김일성의 중학시절 스승이었던 인연 덕분에 특별열차로 고향인 의주에 가 친척들과 상봉하는 기회를 가졌다. 최 선생이 길림성吉林省 화전현樺甸縣에서 화성의숙華成義塾을 운영할 때 김일성이 잠시 그 학교에 다닌 모양이었다.

우리 수행원들은 귀로에 앞서 평양 한복판에 있는 화신백화점에 가서 간단한 선물 몇 가지를 구입했다. 옆을 누르면 불이 켜지는 체코제 라이터, 캔에 든 홍콩제 포마드, 은반지, 소련제 뉴똥 보자기 등이었다. 경교장에서 출발할 때 챙겨온 금붙이를 환전한 돈으로 구입할 수 있었다.

백범 선생은 1919년 중국 망명 이후 근 30년 동안 성묘 한 번 하지 못한 선친(김순영金淳永·1901년 별세)의 묘가 있는 해주 텃골

[기동基洞]을 찾아 불효자의 한을 풀고자 했다. 그러나 이 일은 성사되지 못했다. 선영先塋을 다녀왔으면 한다는 뜻이 김두봉 씨를 통해 김일성에게 전달되어 길을 수리하는 등 모든 편의를 제공하겠다는 답변이 왔지만, 한국독립당의 조완구 선생과 엄항섭 선생을 비롯한 측근들이 한사코 반대하고 나섰기 때문이다.

백범 선생이 선영 이야기를 꺼내자 조 선생과 엄 선생은 깜짝 놀랐다. 혹시라도 백범 선생이 붙들려 북한에 주저앉게 되지 않을까 하는 걱정이 가장 컸다. 또 마침 그때 우리 일행 사이에서는 서울에 가면 박해가 있을지 모른다는 일말의 불안감이 돌고 있었다. 따라서 그 분들이 백범 선생을 말리는 것도 무리가 아니었다. 결국 백범 선생은 자신의 소망을 접고, 끝내 선영 참배를 하지 못했다. 자식으로서의 마지막 소망이 남북의 대치 상황에 막혀 꺾이고 만 것이다.

한편 북행 인사들이 서울로 돌아갈 날짜가 가까워지자, 북한에서는 이들 요인에게 북한에 남기를 권유하는 공작을 전개했다. 백범 선생에게도 잔류를 권유하는 말이 은근히 전해졌다. 백범 선생이 선영에 다녀오고 싶다는 이야기를 꺼냈을 때 김두봉 씨가 이를 김일성에게 전했는데, 김일성은 편의를 봐 드리겠다면서 은근히 평양에 남기를 권하는 말을 했다고 한다.

"지금 내려가 보았자 남한에서는 선거를 한다고 야단들일 겁니다. 무엇 하러 그런 골치 아픈 꼴을 보려 하십니까? 나도 금강산을 아직 못 보았는데, 선생님 덕분에 금강산을 구경하고 싶습니다. 선영은 물론, 금강산까지 둘러보고 선거가 끝난 다음에나 내려가시는 게 어떻겠습니까?"

더욱이 김두봉 씨는 "금강산에는 새로 요양소가 많이 서 있고, 축산공장까지 갖춰 소·돼지·닭을 마음대로 먹을 수 있게 시설이 되어 있어 옛날의 금강산이 아니다"라며 요양 권유까지 곁들였다. 조완구·엄항섭 선생 등 측근들이 백범 선생의 선영 방문을 한사코 반대한 것은 이 같은 회유와 무관하지 않았다. 듣기로는 조소앙 선생에게도 양덕온천에서 쉬고 가시라는 권유가 있었지만, 선생은 "우리가 단독선거 반대 투쟁을 벌이기로 결의했으니 하루라도 일찍 내려가 투쟁을 해야 되지 않겠느냐"고 둘러댔다고 한다. 그러나 홍명희·이극로李克魯 선생 등 일부 인사들은 자의인지 타의인지 평양에 남고 말았다.

귀로

북한 체재 보름째가 되는 5월 4일, 마침내 북한 땅과 작별을 고했다. 알 수 없는 운명이 기다리고 있는 남쪽으로 향할 시간이 되었다. 몇 걸음만 옮기면 눈에 익은 옛 동네가 나타나고 고개만 돌리면 반가운 얼굴이 곳곳에 웃고 있는 고향 같은 곳, 언제 다시 밟을지 모를 이 땅을 막상 떠나려 하니 모두들 착잡한 기분인 듯했다. 작별의 절차나 환송 모임은 따로 없는 헤어짐이었다.

그날 평양을 출발한 것은 오전 10시쯤이었다. 백범 선생과 우사 선생만 북한 쪽에서 내준 승용차 편으로 상수리 숙소를 떠나고, 나머지 북행 인사들은 모두 열차 편으로 출발했다. 평양까지 간 백범 선생의 승용차 서울 자2253호 뷰익 38년형도 북한 땅에서 한 번도 굴러보지 못한 채 열차에 실렸다. 우리가 출발하는 숙소에는 김두봉 씨와 안신호 여사가 배웅을 나왔다.

백범 선생은 두 분과 아쉬운 작별인사를 나누고 차에 올랐다. 손을 들어 전송하는 안 여사와 북녘 땅을 뒤로 한 채 백범 선생과 우리 일행을 태운 차가 앞으로 나아갔다. 북행길에 올랐을 때와 마찬가지로 김신 씨와 내가 백범 선생과 한 차에 탔다. 우사 선생, 김영휘 씨, 송남헌 씨는 다른 차에 올랐다.

발바리 지프의 호위를 받으며 우리는 남행길을 재촉했다. 우리를 여현에서부터 안내한 환영위원회 위원장이라던 노인은 안 보였다. 대신 내무성 부국장이 우리를 안내했다. 한참을 가다가 백범 선생이 홍명희 선생 이야기를 꺼냈다.

"벽초碧初가 며칠 전부터 잠을 통 못 이루었고 안색까지 좋지 않아 무슨 근심이 있느냐고 묻기도 했는데, 고심을 하더니만 끝내 안 오는 모양이야."

백범 선생은 홍명희 선생이 산류하리라는 것을 벌써 눈치 채셨던 모양이다. 정오가 약간 지났을 때 사리원 못 미쳐 있는 정방산 正方山에 도착했다. 지프에 싣고 온 도시락을 풀밭에 펴놓고 일행이 둘러앉아 점심을 들었다. 도시락은 생선전·고기 등이었고, 맥주와 사이다도 있었다. 안내원들은 괜찮다며 함께 먹기를 사양했으나, 백범 선생이 여러 차례 권해서 같이 식사했다. 지금 생각해보면 둘러앉아 도시락을 먹는 풍경이 정겹기도 하고 초라하기

도 해서 괜스레 웃음이 난
다. 해거름 때 남천에 도
착한 우리는 평양에 갈 때
들었던 우리여관에서 다
시 하루를 묵었다.

　이튿날 5월 5일 오전 11
시경, 마침내 북한의 관문
인 여현에 닿았다. 북행길
에 올랐을 때처럼 길목을
지키고 있던 군인들이 지
난 번 소지품을 조사한 인

황해도 사리원 부근 정방산
성 밑에서(1948년 5월 4일)
평양에서 서울로 오는 도중
점심시간에 찍은 사진. 왼쪽
부터 송남헌, △, 김영휘, 백
범 선생, 김규식 선생, 김신
씨다.

민위원회의 숙직실로 우리를 또 불러들였다. 전
날 우리를 불쾌하게 만들었던 세 사람은 보이지
않고, 새 얼굴들이었다. 또 소지품 조사를 하려
는가 보다 하고 지레 짐작했으나, 그들은 엉뚱
하게도 김일성 앞으로 무사히 다녀간다는 감사
장을 써달라고 했다. 그러면서 미리 '북조선에
와서 무사히 귀환하게 돼 감사하다'는 내용을
써놓은 문건을 내밀며 서명만 하라고 말했다.
나와 송남헌 씨는 문건을 일방적으로 만들어 놓
은 것이 싫어서, 양면괘지를 달라고 하여 같은
내용을 우리 손으로 써주고 서명을 했다. 그런
데 이번엔 우리가 쓴 글자에 한자가 섞였다고

부득불 한글로 새로 써내라고 요구하는 것이 아닌가. 우리는 할수 없이 그렇게 해주고 북녘을 벗어났다. 38선상에 다시 섰을 때는 정오쯤이었다. 전형적인 5월의 날씨였다.

백범 선생은 단정에 대한 논의가 확산되자 같은 민족끼리 머리를 맞대고 논의하여 자주적 통일 방안을 강구해야 한다고 강조하며 북행길에 오른다. 단정 반대의 일념을 토대로 평양으로 가 김일성과 회담하면서 외세에 휘둘리지 않고 조국을 통일할 수 있는 방안을 모색했다.

7장

다시 남에서

남쪽에서 기다릴 운명

38선 푯말 앞에는 30여 명이 웅성거리고 있었다. 우리를 마중하기 위해 벌써부터 진을 치고 있었던 모양이었다. 선생은 차에서 내려 다시 남쪽 땅을 밟았다. 국내외 기자들과 친지들의 얼굴이 보였다. 어떻게 알고 왔는지 광복군 제3지대 소속으로 일본군 점령 지역에 침투하여 교포 선무공작을 폈던 옛 여성동지 신정숙申貞淑 씨가 한 아름 꽃송이를 백범 선생에게 안겨드렸다. 내외 보도진은 숨 돌릴 새도 없이 협상의 결과에 대해 질문을 퍼부으며 카메라를 들이댔다. 돌아온 우리에 대한 환영이라기보다 민족의 비원悲願에 쏠리는 내외의 관심들이었다.

그러나 북행 17일의 발걸음이 멈춰진 그곳 푯말 앞에는 38선이 그대로 있을 뿐이었다. 허허벌판, 눈에도 안 보이는 선에 발목이 잡힌 채, 북쪽으로는 여전히 한 발짝도 더 내딛지 못하는 자리에서 우리는 다소 경황이 없었다. 어쩌다 사진을 찍느라고 한 발짝이라도 북쪽으로 넘어가면 우리를 따라온 북한 병사들이 사정없이 밀쳐냈다. 변한 것은 없었다. 갈 때의 부푼 기대와 달리 남녘땅으로 넘어서는 백범·우사 선생의 발걸음은 무겁기만 했다.

서울로 돌아온 백범 선생과 우사 선생은 이날 오후 2시경 경교장과 삼청장에서 청년학생들, 국내외 기자들을 각각 만나 협상 소감을 술회했다.

"이번 회담은 성공이라고는 할 수 없지만 잘 될 것으로 생각합니다. 첫 숟갈부터 배부를 수는 없는 법이지요. 나는 그들이 서울

남북협상을 마치고 돌아오는 백범 선생 일행(1948년 5월 5일)
가시적인 성과는 없었지만 주의와 당파를 초월하여 자주적·민주적 통일조국 달성을 위한 첫 걸음을 내딛었다는 점에서 백범 선생의 북행은 통일운동의 시작이었다.

로 와 통일정부 수립에 대한 회담을 하겠다면 기꺼이 그 심부름꾼이 되겠소이다."

백범 선생의 말이었다. 이어 이튿날인 5월 6일 두 분은 양김 공동성명을 발표했다.

금반今般 우리의 북행은 우리 민족의 단결을 의심하는 세계인류에게는 물론이요, 조국의 독립을 갈망하는 다수 동포들에게까지 금차 행동으로써 많은 기대를 이루어 준 것이다. 그리고 남북 제정당사회단체연석회의는 조국의 위기를 극복하며 민족의 생존을 위하여는, 우리 민족도 세계의 어느 우수한 민족과 같이 주의와 당파를 초월하여서 단결할 수 있다는 것을 또 한 번 행동으로써 증명한 것이다. 이 회의는 자주적·민주적 통일조국을 재건하기 위하여서 남조선 단선단정을 반대하며, 미·소 양군의 철퇴를 요구하는데 의견이 일치하였다. 북조선 당국자도 단정은 절대 수립하지 아니하겠다고 확언하였다.

이것은 우리 독립운동의 역사적 신발전이며 우리에게 큰 서광을 주는 바이다. 더욱이 남북 제정당사회단체들의 공동성명서는 앞으로 양군 철퇴 후, 전국정치회의를 소집하여 통일적 임시정부를 조직하고, 전국 총선거를 경經하여 헌법을 제정하고 정식 통일정부를 수립할 것을 약속함으로써, 우리 민족통일의 기초를 전정奠定할 수 있게 하였으며 자주적·민주적 통일조국을 건설할 방향을 명시하였으며, 외력의 간섭만 없으면 우리도 평화로운 국가생활을 할 수 있다는 것을 확증하였다.

그러므로 우리는 앞으로 여하한 위험한 정세에 빠지더라도 공동성명서에 표시된 바와 같이 동족상잔에 빠지지 아니할 것을 확언한다.

첫술에 배부를 수 없는 것이니 우리가 이것으로써 만족을 느낄 수는 없는 것이다. 이미 거두어진 성과를 가지고 최후의 성공을 하는 것은 오직 우리의 애국동포 전체가 일치하게 노력하는데 있을 뿐이다. 상술한 연석회담에서 국제협조 및 기타 수 개 문제에 대하여 우리의 종래의 주장이 다 관철되지 못한 것은 우리로서는 유감으로 생각하는 바이나, 국제협조 문제에 대하여서는 앞으로 어느 나라가 우리의 독립을 더 잘 도와주느냐는 실지행동에서 용이하게 해결될 수 있는 것이며, 또 기타 문제에 있어서도 앞으로 각자가 노력하며 남북지도자들이 자주 접촉하는데서 원만히 해결할 수 있으리라고 믿는다.

우리는 행동으로써만 우리 민족은 단결할 수 있다는 것을 증명한 것이 아니라, 사실로도 우리 민족끼리는 무슨 문제든지 협의할 수 있다는 것을 체험으로 증명하였다. 한 예를 들어 말하면, 첫째 북조선 당국자가 남조선 미 당국자와의 분규로 인하여 남조선에 대한 송전을 최단기간 내에 정지하겠다고 남조선 신문기자단에게 언명한바 있었고, 둘째 연백 등 수 개 처의 저수지 개방문제도 원만히 하지 아니한 일이 있었지마는 이번 우리의 협상을 통하여 그것이 다 해결될 것이다.

앞으로 북조선 당국자는 단전도 하지 아니하며 저수지도 개방할 것을 결정하였다. 그리고 조만식 선생과 동반하여 남행하겠다는 우리의 요구에 대하여 북조선 당국자는 금차에 실행시킬 수는 없으나, 미구에 그리 되도록 노력하겠다고 약속하였다.

끝으로 우리 일행의 안부를 위하여 관심하여 주신 동포와 우리에게 환대와 편의를 주신 남북의 당국자와 여론계 또 양 주둔군 사령장관에게 사의를 표한다.

대한민국 30년 5월 6일

김 구 · 김규식

—《경향신문》·《동아일보》·《조선일보》·《서울신문》

양김 선생의 이 성명은 남조선 단정 반대, 미·소 양군 철수 요구, 전국정치위원회를 통한 통일정부 수립 방안 모색, 단전 및 단수문제 해결 등 합의사항을 소상히 밝혔다. 북조선도 단정은 절대 수립하지 않겠다는 확언을 했고, 통일정부 수립 과정에서 민족상잔의 비극은 결코 없을 것임을 확인하는 내용이었다. 남북 협상은 실패도 아니고 실망할 일도 아니다, 오로지 첫 발걸음으로 동포 전체가 앞으로 일치단결하여 노력한다면 최후의 성공을 거둘 것이다라는 기대를 보인 보고였다.

그러나 두 분이 공동성명에서 피력한 바람과 달리 불과 나흘 뒤 5·10 총선이 실시되었다. 그리고 8월 15일과 9월 9일 남북에 단독정부가 잇따라 수립되었다. 두 분 지도자의 노력과 기대가 너무도 허무하게 무너지고 만 것이다.

1948년 5·10 제헌의원 선거가 실시되자 백범 선생은 휴식 차 마곡사에 내려갈 계획을 세웠다. 남북협상에서 돌아오신 지 얼마 지나지 않은 상태에서 선생이 그토록 반대하던 단독정부 수립을 위한 선거가 치러지자, 피곤한 심신을 쉬고 싶어 하셨다. 나는 선생의 지시로 짐을 꾸렸다. 그런데 조완구 선생과 엄항섭 선생 등이 백범 선생의 마곡사행을 적극 만류했다. 서울에 있으면서 투쟁을 해야 할 시기에 한가롭게 휴식을 취할 수 없다는 것이었다. 결국 백범 선생의 마곡사행은 무산되고 말았다.

단독정부 수립 후 백범 선생이 한국독립당 수원지부장 강진호 씨나 전북도당위원장 이주상 씨의 초청으로 강연을 한 적이 있다. 강연에서 이승만 박사나 김일성이나 다른 것이 무엇이 있는가라는 말씀을 했던 기억이 난다. 1949년 남북협상 1주년을 맞아 백범 선생은 다음과 같이 소감을 밝혔다.

회고컨대 나는 작년 4월 19일에 조국의 통일을 위하여 만난萬難을 무릅쓰고 38선을 넘어서 북행했었다. 그 뒤에 조국의 현실은 마침내 분립의 형태를 가지게 되었다.

이것은 오직 국제적 제약성에 기인한데 불과한 것이며, 삼천만 동포의 마음속에는 다만 하나의 조국이 있을 뿐으로 남북 동포의 통일을 갈망하는 열렬한 의욕은 시간과 함께 더욱 성장하고 있다.

제1차 협상을 실패라고 규정 짓는 것은 조급한 생각이다. 국제적 압력으로 첨예하게 대립된 상극의 세력을 정치적으로 통일시키기 위하여는 여러 가지 난관을 극복시킴에 필요한 오랜 시간과 꾸준한 노력이 필요한 것이다.

1차 협상은 복잡한 정치적 교섭의 도정途程를 계시하는 한갓 서곡에 불과하고 종국은 아니다.

협상에서 세워진 통일의 원칙은 국제적으로도 영향을 주게 되었다. 남북의 통일을 위한 협상은 반드시 있을 것이다.

지금과 같이 분단된 현실에 대하여 누구나 만족하게 생각할 사람은 없다. 미·소 양군 철퇴는 우리의 주장이 부분적으로 실현돼 가는 것이다. 역사는 언제나 전진하며 정의에서 우러나오는 정당한 주장은 반드시 실현될 것을 확신한다.

— 《연합신문》 1949년 4월 20일

남북협상을 실패로 규정짓는 것은 조급한 평가이고, 남북통일을 위한 계속된 협상 노력이 필요하다는 내용이었다. 남북협상의 성과에 대해서는 여러 견해가 있는 것으로 알고 있다. 분단 저지와 통일을 위한 어려운 용단이었다는 긍정적인 의견도 있고, 북한의 각본에 휘말린 성과 없는 일이었다는 부정적인 판단도 있다. 그러나 1948년 단독정부 수립에 앞서 분단의 공고화와 동족 상잔의 비극을 막기 위한 백범 선생의 노력과 통일에의 의지는, 오늘에 있어서도 색이 바랠 수 없는 자기희생이었다고 생각한다. 백범 선생은 환국 이후 통일된 자주독립국가 수립만을 주장하셨고, 그 일이 어렵게 되자 살신성인의 자세로 남북협상에 임했다. 개인적인 욕심을 버리고 대의를 지키기 위해, 많은 반대와 우려를 무릅쓰고 북행을 감행했던 것이다. 그분의 뜻은 분명했다. 38선을 베고 돌아가시는 한이 있더라도, 민족의 염원이던 통일을 이루고자 자신을 희생한 것이다. 오늘날 남북 간의 대화나 정상 회담이 있을 때마다 백범 선생의 북행이 선구적인 업적으로 회자되는 것이 바로 그 증거가 아니겠는가.

전국 순회

남북협상을 위해 북한에 머무를 때도 그러했지만 백범 선생은 중경에서 귀국한 직후부터 남한 곳곳을 순시하며 옛 동지들을 찾기도 하고 선열의 묘소에 참배하는 등의 행보를 보였다. 무엇보다 우리 강토를 직접 밟고 눈으로 보는 것을 즐겨하셨다. 잠시 그 순회 여정을 짚어보고자 한다.

1946년은 정치적으로 다사다난한 해였지만, 백범 선생은 38선 이남 지방을 순회하셨다. 안창호 선생의 기일인 3월 10일에는 망 우리의 묘소를 참배했고 4월 15일에는 인천을 돌아보았다. 가는 길에 영등포에 있던 조선피혁공장을 방문하여 직공들과 담화도 나누었다. 선생에게 인천은 매우 의미 있는 곳이었다. 잘 알려진 대로 백범 선생은 구한말 국모의 원수를 갚으려다가 인천감옥에 투옥되어 사형에 처해질 뻔했지만, 고종황제가 사형 집행을 정지시킨 뒤 결국 탈옥했다. 안명근安明根 사건 등의 죄목으로 일제에게 붙잡혀 서대문감옥에 있다가 인천감옥으로 이감되기도 했다. 《백범일지》에도 인천감옥에 대한 백범 선생의 감회가 잘 드러나 있다. 또한 인천항은 백범 선생이 감옥에서 공사에 동원되었던 현장이었다.

환영하는 인천 시민들에게 백범 선생은 그러한 말씀을 하셨고, 하루 유숙했다. 오늘날 인천대공원에 백범광장이 마련되고 백범 선생과 모친 곽낙원 여사의 동상이 한곳에 세워진 것도 그러한 연고 때문이다.

참고로 백범 선생의 모친 곽낙원 여사의 동상은 1949년 초 경기중학교 미술교사로 있던 박승구朴勝龜 씨가 제작했다. 박승구 씨는 김덕은金德銀 씨의 동생인 의사 김덕호金德浩 씨의 중학교 동창으로, 백범 선생이 어머니 동상을 만들었으면 한다는 이야기를 김덕호 씨가 듣고 박승구 씨와 연결시킨 것이다. 김덕은 씨는 운동선수 출신으로 종로 YMCA 건물에서 양복점을 경영했는데, 김창숙 선생의 소개로 경교장에 출입했다. 그의 부인은 경교장에 외국 손님이 오면 음식 준비 등을 도와주곤 했다. 김덕호 씨는 백범 선생이 수도육군병원에서 탈장 수술을 할 때 집도하기도 했다. 선생은 군인은 아니었지만, 환국한 지 얼마 지나지 않은 때라 육군병원에서 수술을 했다.

아무튼 백범 선생은 자신이 살아계실 때 어머니 동상을 만들고자 했다. 박승구 씨가 경교장 응접실에서 조각을 할 때, 백범 선생이 날마다 내려와 여기가 어떻다, 키가 얼마였다는 등 고증을 해서 완성했다. 백범 선생은 어머니가 선생을 위해 인천에서 그렇게 고생하셨으니, 인천에 동상을 세웠으면 좋겠다는 생각을 가지고 있었다.

주위에서는 백범 선생의 동상을 먼저 만들고, 그 후 어머니 동상을 만들자고 했다. 그러나 백범 선생은 자신의 동상을 만들 생각이 없었다. 어머니 동상을 살아계시는 동안 마무리 짓는 데에만 관심을 쏟았다. 결국 정확하게 고증하여 전신상을 만들 수 있었다.

이렇게 만들어진 백범 선생 어머니의 동상은 일반적인 동상과 달리 매우 소박한 모습을 하고 있다. 백범 선생은 1896년 치하포鴟河浦 의거로 인천 감옥에 갇힌 자신을 위해 허드렛일을 하셨던 어머니의 모습을 있는 그대로 조각하길 원했다. 결국

백범 선생의 어머니 곽낙원 여사의 동상을 완성하고(1949년 8월)
1896년 치하포 의거로 인천 감옥에 수감되었던 백범 선생의 뒷바라지를 위해 허드렛일도 마다하지 않았던 모습을 그대로 담아 소박한 모양새다. 왼쪽이 동상을 조각한 박승구 씨다.

백범 선생의 흉상을 완성하고(1949년 2월 5일) 경기중학교 미술교사였던 박승구 씨가 제작했다. 박승구 씨는 이 흉상을 제작했다는 이유로 탄압을 받다가 월북했다.

동상은 백범 선생의 뜻에 따라, 어머니가 하루 종일 힘든 일을 해서 얻은 찬밥을 바가지에 담아 선생이 갇혀 있는 감옥으로 향하는 모습으로 제작되었다. 백범은 그 시절 어머니의 모습을 상기하며 '지금도 내가 어머니의 바람처럼 정도正道를 걷고 있는가' 라는 물음을 스스로에게 던져 자신을 채찍질하는 도구로 삼고자 했던 것이다.

박승구 씨는 경기중학교 미술 교사였는데, 백범 선생 흉상을 조각했다는 이유로 탄압을 받다가 뒤에 월북해서 작품이 별로 남아 있지 않다고 들었다. 백범 선생이 돌아가신 뒤에 데스마스크는 박병래朴秉來 선생이 적십자병원 의사들을 시켜 제작했다.

인천에 이어 1946년 4월 하순에는 공주 마곡사를 찾으셨다. 정태훈 씨가 모는 차를 타고 엄항섭 선생과 내가 백범 선생을 수행했다. 공주에 도착하자 지방경찰청장과 경찰서장이 나와 백범 선생을 모시고 공주군민 환영회로 안내했다. 많은 군중이 모인 감격적인 환영회였다.

환영회를 마치고 백범 선생은 구한말 의병장으

로 이름 높았던 유학자 고 김복한金福漢 선생 댁에 들려서 김복한 선생의 영정에 배알하고 준비된 점심을 드시고 떠났다. 그 댁 총각들은 그때까지도 전부 머리를 깎지 않고 땋고 있었다.

그리고 마곡사에 들렸다. 잘 알려진 대로 마곡사는 백범 선생이 인천감옥을 탈옥한 뒤 원종圓宗이라는 법명으로 수계受戒를 받고 여러 달 승려 생활을 한 곳이었다. 마곡사 승려 수십 명이 공주까지 환영 나와 있었다. 마곡사 입구부터 승려들과 한국독립당 사곡지부 당원들, 그리고 인근 사람들이 양쪽으로 도열하여 근 50년 만에 마곡사에 오시는 백범 선생을 반갑게 맞이했다. 한국독립당 사곡지부장은 선우영거鮮于永巨라는 분으로, 나와 종씨가 되어 기억에 남는다.

선생은 절에 들어가시다가 못에 피어 있는 수련을 한참 동안 보며 상념에 잠기기도 했다. 선생은 자신이 삭발했던 냇가의 바위도 살피면서 50년 전과 별로 달라지지 않은 마곡사를 돌아보았다. 선생은 대웅전 기둥에 걸려 있는 주련柱聯이 그때 그대로라고 하셨

공주 마곡사 방문(1946년 4월)
마곡사는 백범 선생이 인천 감옥 탈옥 후 여러 달 승려 생활을 한 곳이다.

다. '물러나 속세의 일을 돌아보니 마치 꿈속의 일만 같다却來觀世間 猶如夢中事'라는 글귀였다. 《백범일지》에서 선생은 "지나온 일들을 생각하니 이 글귀는 과연 나를 두고 말한 것이 아닌가 생각되었다"고 감회를 밝힌 바 있다.

절에서는 밤에 백범 선생을 위해 큰 재를 올렸다. 백범 선생은 50년 전에 불경을 배우던 염화실拈花室이라는 방에서 하루 머물렀다. 다음 날 아침 선생은 마곡사 경내에 향나무와 무궁화 한 그루씩을 기념식수하고 떠났다. 떠날 때도 승려들이 양쪽으로 도열하여 선생을 환송한 기억이 난다.

마곡사에서 청양 쪽으로 나온 때는 점심 무렵이었다. 청양에서 역시 한말 유학자이자 의병장으로 널리 알려진 고 최익현崔益鉉 선생 사당에 들렀다. 일부러 그곳을 찾은 백범 선생은 제문을 읽고 참배한 다음, 예산으로 향했다. 윤봉길 의사 의거 14

예산 윤봉길 의사 생가 방문(1946년 4월 26일) 백범 선생의 오른쪽으로 윤의사의 아버님, 어머님, 윤의사의 부인과 아들이 보인다.

주기 기념제에 참석하기 위해서였다. 의거 당일인
4월 29일에는 서울에서 기념식이 예정되어 있었
기 때문에, 예산에서는 4월 27일에 기념제를 거행
했다. 백범 선생은 예산에 도착하여 윤 의사 댁에
서 하루 주무셨고, 윤 의사의 부친에게 깊은 애도
와 감사의 뜻을 전했다. 기념제는 다음 날 개천가
에서 있었는데, 비가 오래 오지 않아 물이 말라 있
었다. 나무를 세워 천막으로 차양을 치고 제단을
만들어 행사를 치렀다.

윤봉길 의사

1932년 4월 29일, 윤봉길 의사가 홍구공원紅口公
園에서 폭탄을 투척한 의거는 일본인의 간담을 서
늘하게 했고, 침체되어가던 독립운동에 새로운 활
기를 불어넣은 기폭제가 되었다. 윤 의사의 쾌거
는 한인애국단韓人愛國團이 있었기에 가능했는데,
이를 백범 선생이 주도했다는 것은 주지의 사실이
다. 백범 선생이 상경한 뒤 4월 29일 오후 서울운
동장에서 많은 지도자와 군정청 고위관리들을 비
롯하여 수만 명이 참석한 기념식이 있었다.

이 기념식이 있기 전 백범 선생은 일본에 있던
박열朴烈 선생에게 윤봉길 의사를 비롯하여 이봉
창·백정기 의사의 유해 봉환을 부탁했다. 그리하
여 4월 초 민주의원에서 동경에 모셔진 유해 봉환
을 추진, 윤봉길 의사의 유품이 경교장에 도착했

백범 선생과 윤봉길 의사

이봉창 의사

백정기 의사

다. 모두 백범 선생이 추진한 일이었다. 이봉창 · 윤봉길 · 백정기 의사의 유해는 그해 6월에 부산에 도착했다. 백범 선생은 특별열차 편으로 부산에 내려가, 3의사의 유해가 모셔진 초량 근처의 모 여고 강당에 가서 유해 앞에 허리 굽혀 삼배三拜를 하며 흐느끼시다가 한참 후에야 불을 밝히고 물러났다. 부산 공설운동장에서 거행된 추도식은 수만 명이 모인 가운데 성대하게 거행되었다.

1932년 1월 8일 동경에서 일본 천황에게 폭탄을 던진 이봉창 의사는 윤봉길 의사와 마찬가지로 백범 선생이 주도하던 한인애국단 단원으로, 청사에 빛날 의열투쟁을 감행하신 분이다. 백범 선생이 환국하자마자 두 의사의 유족들을 찾은 것도 그 분들의 목숨을 바친 의열투쟁이 침체되어 있던 독립운동에 불을 지핀 역할을 했기 때문이다.

백정기 의사는 상해에서 육삼정六三停 의거를 모의하다가 체포되어 무기형을 받고 일본에서 복역하던 중 순국한 분이었다. 이강훈李康勳 선생이 함께 체포되어 복역했는데, 이강훈 선생은 해방 뒤에 석방되어 이때 세 분의 유골을 모시고 귀국했다.

백범 선생은 추도식을 마치고 동래에서 하루 유숙한 뒤, 6월 16일 특별열차 편으로 상경했다. 이 열차는 3칸이었는데, 첫 번째 칸에는 유골을 모시고 나머지 두 칸에 백범 선생과 수행원·기자 등이 탔다. 그리고 대구와 대전역에 임시분향소를 설치하여 지역 인사들의 분향을 받았다. 세 분의 유해는 서울의 태고사, 즉 지금의

부산에 도착한 3의사의 유해를 봉환하기 위해 부산에 내려간 백범 선생(1946년 6월) 3의사 유해 뒤로 백범 선생의 모습의 보인다.

조계사에 봉안했다. 특히 이봉창과 윤봉길 의사는 백범 선생의 지시로 의거를 행하다가 목숨을 잃었기에 선생의 자책감은 이루 말할 수 없었을 것이다. 비록 세 사람의 투쟁이 국내외 독립운동에 큰 자극이 되었다지만, 유족에게는 한없이 죄송스러운 마음을 가지고 계셨을 것이다. 백범 선생이 귀국하자마자 유족들을 찾아 나선 것도 이런 심정 때문이었으리라. 상경 기차 안에서 기자들과 가진 인터뷰에 그 심정이 절절히 녹아 있다.

그 세 사람을 죽으라고 내보낸 것은 바로 나다. 그러나 그 세 사람을 보낸 나만이 살아 있으면서 아직 독립을 이루지 못하고 있으니 세 분 의사에 대하여 부끄

럽기 한량없고 회고를 금할 수 없다. 조국을 위하여 심령을 바치고 지하에 잠드신 선열과 충의지사가 어찌 세 의사뿐이겠는가마는 대담무쌍히 왜적의 심장을 향하여 폭탄을 던져 조선 민족의 불멸의 독립혼을 중외에 떨친 것은 아마 이 세 분이 으뜸이리라. 나는 지금 유해를 모심에 있어 스스로 부끄러운 생각을 억제할 수 없으며 그들 지하에 불귀의 손이 된 수만 수천의 동지들의 사심 없는 애국의 지성을 본받아 하루바삐 통일된 우리 정부 수립이 실현되기 위하여 3천만과 같이 분골쇄신 노력하겠다.

– 《조선일보》·《동아일보》 1946년 6월 18일

용산 효창원에서 거행된 3의사 유해 봉환식(1946년 7월 6일)
이봉창, 윤봉길, 백정기 세 분의 애국심을 기리기 위해 수많은 인파가 모여들었다.

환국한 뒤 조국의 독립을 위해 목숨을 바친 열사들의 유해를 봉환하는 데 백범 선생이 보인 관심에서도 선생의 인품을 느낄 수 있었다.

3의사의 국민장은 7월 6일에 있었다. 태고사에서부터 효창원까지 연도에 수많은 시민들이 나와 세 분의 애국심을 기렸다. 효창원에서 국민장 행사를 하고 유해를 안장했다. 효창원

에는 제일 먼저 안중근 의사의 유해를
봉안할 자리에 허묘虛墓를 만들어 놓고,
그 옆으로 이봉창·윤봉길·백정기 세
의사의 유해를 차례로 모셨다.

또한 백범 선생은 중국의 국공내전國
共內戰이 격화되어 동북 지방이 공산군
수중에 떨어지자, 평양에서 돌아온 뒤
아들 김신 씨를 중국에 보내 이동녕李東
寧·차리석車利錫 선생의 유해와 모친과
부인 최준례崔遵禮 여사, 그리고 장남
김인金仁 씨의 유해를 모셔오게 했다. 이동녕·차
리석 선생의 유해는 휘문중학교에서 1948년 9월
봉환식을 갖고 사회장으로 장례를 치루고 효창원
에 모셨다. 곽낙원·최준례 여사와 김인 씨의 유해
는 8월 기독교회 연합장으로 정릉에 천장했다.

7월 20일 백범 선생은 금곡의 홍릉을 참배했다.
홍릉은 고종황제의 능으로, 백범
선생은 임금의 능을 참배하는 의
미가 아니라 생명의 은인을 찾아
뵌다는 뜻에서 홍릉을 찾았다.
《백범일지》에도 보이듯, 인천감
옥에서 사형에 처해질 위기에서
고종황제의 명으로 형 집행이 정

이동녕·차리석 선생 유해
봉환식(1948년 9월 22일)
휘문중학교에서 봉환식을 갖
고 효창원에 유해를 모셨다.

어머니 곽낙원, 부인 최준례,
아들 인의 유해를 봉환·안장
한 후 가진 묘비 제막식
1948년 8월 20일 기독교회 연
합장으로 정릉에 천장했다.

고종황제릉 참배(1946년 7월
24일)
백범 선생은 치하포 의거로
사형에 처해질 위기에서 형
집행을 정지시킨 고종황제의
은혜에 감사하는 뜻에서 능
을 참배했다.

지되어 목숨을 구한 일에 대해 감사의 뜻을 표한 것이다.

사실 지방에서 백범 선생을 찾아오는 갓 쓴 유생들 가운데에는 해방이 되고 일본이 물러 갔으니 구황실을 복원해야 하지 않느냐고 질문하는 분들이 적지 않았다. 유생들은 이승만 박사 쪽으로는 잘 가지 않고, 백범 선생을 찾곤 했다. 한번은 운전기사 정태훈 씨가 회의실에서 사육신死六臣 회담을 한다고 해서 가보니, 갓 쓴 양반들이 백범 선생을 기다리고 있어 우리끼리 웃기도 했다.

백범 선생 말씀으로는 그분들이 서양 오랑캐들은 음식을 먹을 때 쇠창 같은 것으로 찍어 먹고 날고기를 칼로 썰어먹는다고 이야기했다고 한다. 선생은 노인들에게 그 서양 오랑캐들이 우리보다 크게 앞선 선진국을 만들었으니, 우리가 그들의 문명을 본받아야 나라가 발전할 것이라고 했다. 또한 황실이 조선왕조를 망쳤기 때문에 황실 복원은 안 된다고 강조하셨다. 전국적으로 국민들이 일어나 만세를 불렀다는 3·1독립운동도 왕정복고를 위한 것이 아니었다는 말씀도 했다. 백범 선생은 유생들에게 민주주의가 좋은 제도이고, 우리나라를 빨리 발전하게 하여 양반·상놈 상관없이 평등하게 다 잘 살 수 있게 한다는 이야기를 자주 했다. 그렇기 때문에 홍릉을 참배한 이유도 조선왕조를 부활하려는 것이 아니라, 생명의 은인을 찾은 것이라고 강조한 것이다.

이어 백범 선생은 제주도를 다녀오셨다. 미·소 공동위원회가 무기 휴회되고, 지역별 반탁운동도 소강상태에 있던 때였다. 7월 31일 김포공항에서 미군 비행기로 제주를 찾은 백범 선생을 제주도민들은 크게 환영했다. 백범 선생이 중경에 계실 때, 경위대에 있던 문덕홍文德洪이라는 이를 제주로 파견한 적이 있었다. 미군이 제주에 상륙하게 될지 몰라 정보를 수집할 임무를 문씨에게 맡긴 것이다. 그러나 문덕홍 씨는 국내에 잠입하여 부산에서 제주로 가려다가 일본인 형사에게 체포되고 말았다.

제주의 미군 비행장은 활주로가 없고 잔디 위에 철판이 깔려 있었는데, 본래 목장이었다. 비행장에 소들이 오가서 미군들도 아찔한 경우가 있던 모양이나, 그때는 다른 시설은 없고 풍향계만 덩그러니 남아 있었다.

백범 선생은 제주에서 삼성전三聖殿에 참배하고 삼성혈三聖穴을 보았다. 해안에서 해산

제주도 방문(1946년 7월 31일 ~8월 2일)(위)

중경에서 특수공작을 떠나는 문덕홍과 함께(1945년 5월 9일)(아래)

진해 해안경비대 방문(1946년 9월 16~17일)(위)

한산도 제승당 방문(1946년 9월 20일)(아래)
백범 선생은 진해 해안경비대의 열병식 참관 후 경비대 경비선을 타고 한산도 제승당을 참배했다.

물을 따는 해녀들도 만났다. 기상 관계로 한라산에는 오르지 못하고, 8월 2일 귀경했다.

그 후 9월에 백범 선생은 서울에서 기차로 부산까지 간 다음, 자동차로 갈아타고 진해에 가셨다. 엄항섭 선생과 안우생 씨, 김광주金光洲 씨, 그리고 내가 선생을 수행했다. 진해에는 해안경비대가 있었는데, 손원일孫元一 씨가 책임자였다. 손원일 씨는 1946년 초에 경교장에서 1개월 정도 머무르면서 해안경비대 창설을 주도했다. 허리가 아파서 구부리고 다녔는데, 경교장에 함께 머물던 류진동 선생이 치료를 해주곤 했다. 그의 안내로 해안경비대의 열병식을 참관한 백범 선생은 경비대 경비선을 타고 통영으로 가 제승당制勝堂을 참배했다. 제승당은 임진왜란 당시 충무공 이순신李舜臣 장군이 왜적에게 대승을 거둘 때 사령부가 있던 곳이다. 동행했던 안우생 씨와 김광주 씨는 진해에서 서울로 올라갔고, 다른 이들은 계속 백범 선생을 수행했다.

통영에서 진주로 간 백범 선생은 함咸 판사 댁

에서 하룻밤 머물렀다. 함 판사 부인이
황해도 출신으로 경교장에 자주 들렀기
때문이었다. 진주의 촉석루矗石樓도 구경
하고 강연도 하신 백범 선생은 사천을
돌아보고 진주에서 다시 1박을 한 뒤 통
영으로 나와 여객선 편으로 여수에 도착했다.

이어 백범 선생은 인천감옥에서 탈옥한 뒤 일시
머물렀던 보성군 득량면 삼정리三亭里를 방문, 옛
날 백범 선생이 지냈던 김광언金廣彦 씨 집을 찾았
다. 당시 보성은 안동 김씨 집성촌으로 백범 선생
이 은거하기에 좋은 곳이었다. 선생은 보성 쇠실
마을에서 한 달여를 은거했다. 그 기간 동안 마을
사람들에게 《동국사기》를 가르치며 민족정기를
일깨웠고, 떠날 때는 이별의 아쉬움을 담은 '이별
란離別難'이란 시를 남겼다. 이런 인연으로 쇠실마
을에서는 2006년 9월에 백범 선생의 정신을 기리
기 위해 마을 주민들이 전라남도와 보성군 등 각
계 인사들의 도움을 받아 '백범김구은거기념관'
을 건립했다.

진주 촉석루 방문(1946년 9월)
통영에서 진주로 간 백범 선생
은 촉석루를 방문, 강연을 했다.

전남 보성 김광언 댁 방문
(1946년 9월 22일)
백범 선생은 1898년 인천감옥
탈옥 후 피신 생활을 하던 중
보성군 득량면 삼정리 김광언
댁에 잠시 머무른다. 근 50년
만에 다시 찾았다.

순천에서 강연을 하고 송광사松廣寺에 들렀다. 다
음날 강진을 거쳐 목포에 도착한 백범 선생은 무안
을 다녀오는 등 목포에서 2박을 하고, 나주와 함평
을 거쳐 광주 등지를 순회했다. 특히 광주에서는

백범김구은거기념관
백범 선생이 인천감옥 탈옥
후 잠시 은거했던 보성 쇠실
마을 주민들이 선생의 정신을
기리고자 선생 탄신 130주년
인 2006년 9월 세웠다.

광주천변에 천막을 치고 열악한 생활을 하고 있던 극빈자들의 참상을 보고 그냥 지나치지 않았다. 삼남 지방을 도는 동안 각 지방에서 선생께 드린 선물, 해산물, 육산물, 금품 등을 모두 모아 서민호徐珉濠 광주시장에게 맡기면서 그것을 저들 극빈자를 돕는 데 보태라고 희사하신 것이다. 이에 광주시장은 이 돈으로 판잣집 1백 가구를 지어 난민들에게 제공했다. 백범 선생은 '1백 가구가 가난하지만 화목하게 살라'는 뜻으로 '백화百和'라는 마을 이름을 지어주었다. 정치 후원금을 가난한 사람들을 위해 내놓은 것이다.

광주에서 대전으로 이동한 뒤, 대전에서 정태훈 씨가 모는 승용차로 상경했다. 이처럼 전국을 순회하면서 여러 옛 인연을 찾은 백범 선생의 술회는 《백범일지》에 잘 기록되어 있어, 내가 부언하지 않아도 될 것이다.

가는 곳마다 열렬한 환영을 받았고, 대부분의 지역에서 백범 선생의 강연을 요청해 왔다. 이에 선생은 각 지역에서 매일 2~3회 정도 강연을 하셨다. 선생은 각 지역과의 인연을 언급하며 정담 어린 말씀을 하면서, 일본이 망한 뒤 전승국이며

우방인 미국과 소련의 신탁통
치를 받을 수 없다는 뜻을 밝히
곤 했다. 백범 선생의 강연에
이어, 정치 문제는 엄항섭 선생
이 나서서 종횡무진의 강연을
했다. 이 여정은 보름 정도 걸
렸다.

백범 선생은 이해 가을 두 번째로 남부 지방을
순시했다. 이 순시에는 엄항섭 선생이 동행하지
않고 내가 선생을 모셨다. 먼저 김해에서 열린 수
로왕릉首露王陵의 제향祭享에 참석했다. 평생 처음
으로 사모각대紗帽角帶를 갖추고 수로왕릉에 참배
한 백범 선생은 무척 감개무량해하셨다. 수로왕릉
에 참배하고 마산에서 강연도 하셨다. 그 후 진전
에 갔다. 진전에 임시정부의 경상도 책임자로 국
내에서 옥사한 이교재李教載 선생의 묘가 있어 참
배하고, 유족도 만났다. 돌아오는 길에 동래에서 1
박했다.

8월 17일에는 강원도 춘천 가정리의 의암毅菴 유인
석柳麟錫 선생 묘를 참배하고 축문을 읽으셨다. 당시
성균관대학을 다니던 유인석 선생의 친손인 유준상
柳濬相 씨가 안내를 맡았다. 안우생 씨와 내가 백범
선생을 모시고 오전에 자동차로 청평까지 가서 동력

강화 김주경 집 방문(1946년 11월)
김주경은 백범 선생이 인천감옥에 투옥되었을 때 선생을 석방시키고자 백방으로 노력했으며, 그것이 좌절되자 탈옥을 권유하는 등 크게 도움을 주었다.

선을 타고 강을 거슬러 올라가 가정리에 도착했다. 배에서 옥수수 삶은 것을 내와 먹은 기억이 난다. 작은 동네라 사람들이 많이 모이지는 않았다. 그곳에서 점심을 드시고 다시 청평으로 나와서 서울로 돌아왔다.

11월에 백범 선생은 강화를 순시했다. 인천에서 경비선을 타고 무의도舞衣島에 가 연설을 하고 구경을 한 다음, 다시 인천에 돌아와 다른 배로 강화를 방문했다. 엄항섭 선생과 뒤에 민의원 의원으로 일하는 곽상훈郭尙勳 씨가 동행했다. 그때는 강화도와 육지를 잇는 다리가 없어 배를 이용할 수밖에 없었다. 좁은 바닷길에 바람이 어찌나 세고 춥던지, 귀를 스치던 그 바람소리가 아직도 생생해 괜스레 귓불을 만지작거려 본다. 손돌목 추위라고 불리는 그 바람이었다. 강화는 백범 선생이 인천감옥에 있을 때 크게 도움을 준 김주경의 고향이었다.

백범 선생은 일본이 명성황후를 시해한 원수를 갚기 위해 일본인을 죽인 사건으로 감옥에 갇힌 후에도 일본의 국권침탈의 부당성을 알리고 백성들의 각성을 촉구했다. 이에 따라 이 사건은 전국에 퍼져 많은 사람들이 찾아와 선생을 격려하고 후원했다. 그중 강화 출신의 김주경은 전 재산을 털어 백범 선생의 구명운동에 나섰다. 그는 백범 선생의 석방을 위해 모든 일을 다하겠노라고 약속하고 의복과 돈 2백 냥을 선생의 어머니 곽 여사에게 주어 선생의 옥바라지를 도왔다. 또한 한양을 오가며 선생의 석방 청원 운동을 벌였다. 그러나 가산만 탕진하고 별 효과가 없었다. 그러자 김주경은 선생에게 탈옥을 권했다. 백범 선생은 탈옥한 뒤에 김주경을 만나러 강화에 갔다가 소식이 끊긴 그를 결국 만나지 못했다. 대신 그의 동생 김진경金鎭卿의 집에 머물면서 이름을 바꿔 여러 달 아이들을 가르치기도 했다.

백범 선생의 강화행은 이 김주경의 가족을 찾기 위해서였다. 그러나 김주경의 집은 텅 비어 있었다. 선생은 아쉬움을 뒤로 한 채 김주경의 친척들과 기념 촬영을 하고 합일학교合—學校에서 강연을 했다. 강연 도중 선생이 그곳에서 글을 가르칠 때 공부한 사람들을 찾았더니, 어떤 나이든 노인이 자기가 그때 배웠노라고 했다. 김주경의 아들 윤태潤泰가 북한에 있다는 말도 전했다.

11월 30일, 백범 선생은 개성을 찾아 만월대滿月臺와 선죽교善竹橋를 구경하고, 인삼제조공장을 시찰했다. 개성에서는 청년단체의 단장을 하던 민완식閔完植 씨 집에서 하루 유숙했는데, 한옥이 아주 컸다. 민완식 씨는 뒤에 국회의장대리를 한 민관식閔寬植 씨의 형으로, 백범 선생을 모시고 앞장서서 안내를 했다.

이어 배천과 연안, 청단과 38선 근처의 토성을 거쳐 다시 배천으로 와 장단, 문산을 경유해서 서울로 돌아왔다. 가는 곳마다 백범 선생을 환영하는 군중이 가득했다. 선생은 강연을 하며 감개무량해했다. 특히 백범 선생이 구한말 계몽운동에 적극 관여할 때, 해서교육총감海西教育總監으로 이 지역에서 교육 활동을 전개했던 추억도 있어 남다른 감회를 느끼시는 것 같았다.

장단의 고량포에서는 안동 김씨 시조인 경순왕릉敬順王陵을 참배했다. 경기도 서부 지역을 시찰할 때 박명제朴明濟 경기도 경찰국장이 수행했는데, 백범 선생을 무척 잘 모셨다. 하루는 박 국장이 경찰들과 노루를 잡아왔는데, 백범 선생이 마다하시자 내게 노루피를 먹어보라고 했다. 나는 그때 뜨끈뜨끈한 노루피를 처음 마셔보았다.

1947년 봄, 백범 선생은 옥구에서 한국독립당 지부가 결성되자 그 모임에 참석하기 위해 전라북도 지역을 순시했다. 군산을 거쳐 옥구에서 행사를 마친 백범 선생은 익산에서 1박했다. 익산에서 김홍량 선생이 부인과 여관을 하고 있어, 일부러 들렀던 것이다. 전주에서는 치하포 의거 이전에 선생과 중국에 함께 다녀왔던 김형진金亨鎭 선생의 후손들

개성 선죽교를 방문한 백범 선생(1946년 11월)
백범 선생은 환국 이후 38선으로 인해 고향 해주와 황해도를 방문하지 못했다. 대신 38선 남쪽 황해도 지역을 순회했다. 개성 선죽교도 이때 방문했다.

을 만났다.

그런 과정은 《백범일지》에 상세
히 나와 있다. 그런데 《백범일지》
에는 경상남도와 전라남북도를
한 여정처럼 기술하고 있다. 허나
내 기억으로는 경상남도와 전라
남도, 김해-마산-진천, 군산-옥
구-전주 지방 순시가 각기 다른
일정이었다.

백범 선생은 한가할 때 종종 사
찰을 찾기도 했다. 환국한 뒤 주
로 교회에 나갔지만, 젊은 시절
마곡사에 계시기도 해서인지 절

에 다니는 것도 좋아했다. 특히 신촌 봉원사奉元寺
를 자주 찾았고, 지금은 강남이 된 경기도 광주의
봉은사奉恩寺나 수원 용주사龍珠寺도 들리곤 했다.
김창숙 선생이 휴양하고 계시던 서대문 밖 백련
사白蓮寺도 다녀왔다. 남북협상 뒤 김규식 박사와
여주 신륵사神勒寺를 구경하고 뱃놀이를 한 적도
있다. 엄항섭 선생과 송남헌 씨, 그리고 내가 수
행했다. 목선을 준비하여 뱃놀이를 하고, 배를 강
가에 댄 뒤 점심으로 동네에서 개를 잡아 개장국
을 먹었다. 백범 선생과 김규식 박사는 개장국을

경순왕릉을 참배하는 백범
선생(1947년)(위)

김형진 댁을 방문한 백범
선생(1947년 봄)(아래)
김형진 선생은 백범 선생과 함
께 중국에 다녀온 인물이다.
백범 선생은 이 일을 잊지 않
고 김형진 선생의 후손들을 찾
았다.

김규식 박사와 여주 신륵사를 방문한 백범 선생(1948년 6월 25일)(위)

봉원사를 방문한 백범 선생 (1949년 6월 19일)(아래)
백범 선생은 한가할 때면 사찰 찾는 일을 즐겼다. 여주 신륵사와 봉원사를 찾은 일도 그러한 사찰 순례의 일환이었다.

들지 않고 대신 닭을 드셨다. 백범 선생은 돌아가시기 1주일 전에도 봉원사에 다녀오셨다. 중국에서부터 백범 선생과 가까워 경교장에 머물던 신순호申順浩 씨가 모시고 갔었다. 신순호 씨는 평생 독립운동을 하고 주화대표단 단장을 했던 박찬익 선생의 자제인 박영준朴英俊 씨의 부인이다.

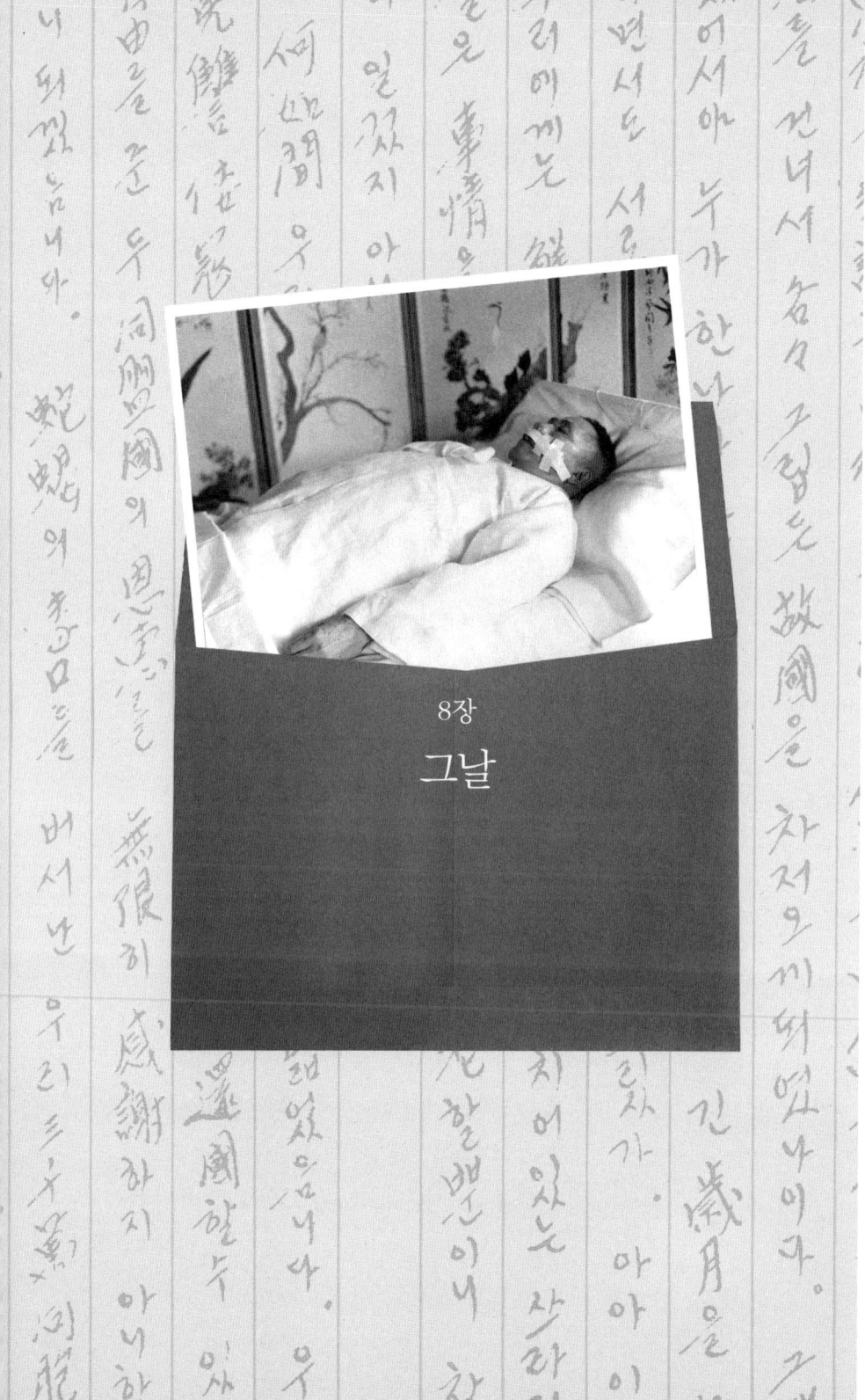

8장

그날

경교장에 울린 총성 ──────

1949년 6월 26일, 일요일이었다. 백범 선생은 평소와 다름없이 새벽에 일어나 《중국시선中國詩選》을 읽은 뒤 아침 식사를 마쳤다. 그리고 휘호를 쓰기 시작했다. 전국에서 선생에게 휘호를 부탁해 왔기 때문에, 선생은 시간이 날 때마다 휘호를 쓰곤 했다.

돌이켜보면 백범 선생의 일상은 단조로우면서도 규칙적이었다. 백범 선생의 하루를 묘사한 기사를 보면 더욱 그렇다.

김구 옹은 일상생활에 있어서도 혁명가다운 간소한 생활, 규칙적인 생활을 즐기었다. 측근자의 말을 들어보면 하루 세 때 식사도 국과 김치·나물 같은 두세 가지의 찬으로 만족하게 생각하였으며 의복도 검소한 것을 즐겨 입었다 한다. 그리고 옹의 일과표를 읽어 보면 '기상 오전 7시, 취침 밤 10시 반'의 일과는 한 달이 하루 같고 한 해가 하루 같았다 한다. 기침하면 우선 습자習字와 기도독경, 열보閱報, 신문읽기가 계속되며 아침 9시에 조반이 끝나면 청강聽講이 있고 접객은 보통 하오, 그리고 저녁밥이 끝난 후에도 청강에 주력하여 취침 전에는 꼭 묵상을 하였다 한다.

  −《서울신문》 1949년 6월 28일

신문 기사와 달리 백범 선생은 오전 7시가 아니라 더 이른 5시에 기상하여 세면을 했다. 그 뒤 특별한 일이 없을 때는 대개 경교장에서 독서와 서예를 하고, 손님을 맞으셨다. 선생은 평양에서

경교장에서 독서 중인 백범 선생

백범 선생의 일상은 간소하고 규칙적이었다. 경교장에 총성이 울린 그날도 선생의 모습은 그러했다.

돌아오신 이후 일요일에는 남대문교회의 예배에 참석하곤 했는데, 이날은 마침 차가 없어서 교회에 가지 못했다. 남대문교회 김치선 목사는 백범 선생이 교회에 출석하지 못하는 경우 경교장으로 와 예배를 드리기도 했다. 당시 경교장에는 김신씨 장인과 장모가 중국 상해에서 귀국하여 함께 머물고 있었다. 일요일은 백범 선생의 휴식을 고려하여 방문객을 별로 받지 않았기 때문에 한가했다. 김신 씨는 UN한국위원단의 옹진지구 사찰을 수행하기 위해 새벽같이 경교장을 떠났다.

사실 그 전날인 6월 25일에 공주에서 건국실천원양성소 10기 개교식이 예정되어 있었다. 경찰에서 집회 허가도 내주었다. 그런데 돌연 전날 밤에 행사가 취소되었다. 오전 6시경 전화가 와서 백범 선생께 그러한 사실을 알리면서 다시 연락드리겠다고 했다. 백범 선생은 상당히 불쾌한 얼굴로 "이제는 내 발마저 묶어놓으려는 것인가" 했다.

이날 공주행이 취소되자 백범 선생은 오전 11시쯤 고향 분들인 윤예학尹禮學 목사와 이병찬 씨, 그리고 정릉에서 한의원을 하는 위병식魏秉植 씨와 함께 한강으로 나가셨다. 공주행이 취소되어 울적한 백범 선생의 심기를 풀어드리려는 지인들의 뜻이었다. 나도 백범 선생을 모셨다. 차일을 친 배를 전세 내어 서너 시까지, 점심도 배에서 간단히 드시며 뱃놀이를 했다. 이날 백범 선생은 유난히 손문孫文 무덤을 비롯해 중국의 유명한 무덤 이야기를 많이 했다.

행주산성 권율 장군 사당 참배
(1949년 6월 9일)

26일 11시경 창암학원의 책임을 맡은 여 선생을 불러 학교 일을 의논했다. 창암학원은 백범 선생이 피난민이 많던 마포구 염리동에 설립한 학교였다. 그리고 11시 30분경 포병소위 안두희安斗熙가 찾아와 백범 선생 뵙기를 청했다. 안두희는 일전에 한국독립당의 조직부장 김학규金學奎 선생의 소개로 경교장을 찾아온 적이 있었다. 내가 백범 선생이 손님과 면담 중이라 하자 안두희는 비서실에서 면담이 끝나기를 기다렸다.

안두희는 45구경 권총을 차고 있었다. 그때 내가 왜 좀 더 주의를 기울이지 못했는지 지금도 죄책감이 든다. 그날은 한가했지만, 그래서 더 이상한 기분이 들었던 날이다. 제법 많은 날이 흘렀지만 여전히 내 머릿속에는 그날의 일이 늘 슬로모션처럼 흐른다. 햇볕도 느리게 내리쬐었고, 사람들의 발걸음도, 목소리도 느리게 스쳐갔다.

12시경 마침 백범 선생과 잘 아는 강홍모姜弘模

헌병 대위가 경교장에 들렀다. 백범 선생과 동향인 강홍모 대위는 중경으로 백범 선생을 찾아왔었다. 선생이 중국 성도군관학교에 보내 해방 후 졸업하고 귀국한 뒤 국방경비대에 입대하여 38선 지역에 나가 있었다. 강 대위는 문산에서 오는 길이라고 했다. 차에 기름이 떨어졌으니 기름을 좀 넣어달라고 했다. 나는 이국태李國泰에게 기름을 넣어주라고 했고, 이국태와 강 대위는 창고로 가 기름을 넣었다. 다시 들어온 강 대위는 이왕 왔으니 잠시 백범 선생께 인사를 드리겠다고 안두희에게 양해를 구했다.

여선생이 돌아간 후 안두희는 강 대위에게 먼저 백범 선생을 뵈라고 답했다. 나와 이풍식 씨는 안두희와 군대에 관한 이야기를 나누었다. 나중에 조사하여 밝혀진 바에 따르면 이날 강 대위는 문산에서 온 것이 아니었다고 한다.

10여 분 뒤에 강 대위가 2층에서 내려왔다. 안두희가 일어나자 내가 2층으로 안내를 했다. 백범 선생은 휘호를 쓰려는 듯 의자에 단정히 앉아계셨다. 평소와 마찬가지로 평온한 표정이었다. 이때가 12시 40분을 조금 지난 시각이었다. 나는 선생의 점심을 준비하기 위해 바로 지하식당으로 내려갔다. 식모 아주머니가 만둣국이 다 되어간다고 말하는 순간이었다. 갑자기 위층에서 떠들썩한 소리가 났다. 순간 식은땀이 났다. 정신이 멍해졌다. 본능적으로 무언가 잘못됐음을 직감했다. 백범 선생 방에서 바로 나오는 게 아니었다는 생각이 벌안간 머리를 스쳐지나갔다. 나는 급하게 위층으로 뛰어올라갔다. 안두희가 손에 권총을 든 채 2층에서 고개를 숙이고 내려오는 모습이 보였다. 순간 다리가 후들거렸다. 아래층에서 이풍식, 이국태 비서가 뛰어 올라가려는 순간, 안두희가 권총을 계단에 철커덕 떨어뜨렸다.

"선생님을 내가 죽였다……."

그가 중얼거렸다. 심장이 덜컥 내려앉았다. 이국태가 먼저 서재로 뛰어 올라갔다. 나도 뒤따라 층계 위를 내달렸다. 허벅지와 무릎이 욱신욱신했다. 온몸이 바짝 긴장이 돼 근육이 제대로 움직이는 것 같지 않았다. 아무리 뛰어도 속도가 나지 않았다. 백범 선생의 방문을 들어서는 순간 눈앞이 하얘졌다. 선생의 얼굴과 오른편 가슴에서 유독 붉은 피가 왈칵 흘러나오고 있었다. 떨리는 손으로 나는 먼저 백범 선생을 의자에서 내려 방에 눕혔다.

"적십자병원에 가서 의사를 데려와! 어서!"

이국태에게 미친 듯 소리쳤다.

백범 선생은 고개와 팔이며 다리를 늘어뜨린 채 말이 없었다.

"선생님! 선생님!"

울부짖었으나 아무 반응이 없었다.

순간 나도 정신을 잃었다. 잠시 후 정신을 차렸는데, 안두희의 권총이 눈에 선명하게 다가왔다. 입술을 깨물고 몸을 일으켜 현관으로 달려 나갔다. 이미 안두희가 입에서 피를 토하며 마룻바닥에 쓰러져 있었다. 이풍식 씨가 의자로 때려눕힌 것이었다. 나도 격분해 의자를 들어 안두희를 다시 후려갈겼다.

그때 갑자기 군 작업복을 입은 괴청년 3~4명이 나타나서 나를 제지했다. 그리고 재빨리 안두희를 일으켜 데리고 나가려고 했다. 마침 이때 서대문경찰서 경비주임이 달려왔고, 안두희를 경찰서로 연행하려고 했다. 그러자 괴청년 서너 명이 더 나타나 경비주임을 막았다. 경찰이 어떻게 군인을 연행할 수 있느냐고 윽박지르며 안두희를 데리고 나가 문 밖에 있던 트리쿼터에 싣고는 서둘러 사라지고 말았다.

백범 선생이 안두희의 총에 맞고, 군복 차림의 괴청년들이 안두희를 데리고 사라지기까지 불과 몇 분도 걸리지 않은, 정말 순식간의 일이었다. 그 순간 경교장에 있던 우리들은 말도 잇지 못한 채 정신이 멍해졌다. 도대체 무슨 일이 일어난 것이지. 1938년 5월 중국 장사長沙 3당통합회의 석상에서 총을 맞은 남목청楠木廳 사건을 겪으면서도 살아남은 백범 선생이 해방된 조국에서 동족의 손에 목숨을 잃으신 것이다.

나는 백범 선생의 수행비서로서 선생을 제대로 지키지 못했다는, 말할 수 없는 죄책감과 부끄러움을 평생 잊지 못하고 있다. 그날을 결코 잊을 수가 없다.

암살자 안두희와 그 배후

백범 선생의 저격이 알려지자마자 엄항섭 선생이 달려왔고, 이어 성모병원 원장이며 백범 선생의 주치의였던 박병래 박사가 왔다. 그러나 아무런 손을 쓸 수 없었다. 박병래 박사는 적십자병원에 연락해서 운명하신 선생의 데스마스크를 뜨게 했다.

오후 1시가 지나자 조완구, 조소앙, 김창숙, 오세창, 안재홍 선생 등 지도자들이 달려와 백범 선생의 영전에 머리를 숙였다. 조완구 선생이 문상을 온 국방부장관 신성모申性模 씨를 보고 멱살을 잡고 소리쳤다.

"이놈, 네가 여기에 왜 왔느냐. 네 놈이 부하를 시켜 백범을 죽이고 무엇이 모자라 또 여기에 왔느냐!"

신문 호외로 백범 선생의 서거가 알려지자 놀란 시민들이 남녀노소 구별 없이 경교장으로 모여들었다. 현역 공군 비행사로 UN 한국위원단의 옹진지구 사찰을 수행 중이던 김신 소령은 부친의 서거 소식을 듣고 경교장으로 급히 달려왔다. 다리를 휘청거리며 돌아가신 부친을 붙들고 통곡, 오열하는 모습에 다른 이들도 눈물을 짓지 않을 수 없었다. 백범 선생의 유해는 2층 침대에 모셨다. 조문하는 이들의 오열하던 광경이 지금도 눈에 선하다.

백범 선생의 암살이 안두희 개인의 계획이 아니라는 사실은 누구나 알 수 있다. 경교장 주위에 군복을 입은 괴청년들이 서성이다가 백범 선생이 피격 당하자마자 몇 분 내에 나타난 일, 헌병들이 와 경교장 정문을 통제하고 출입하는 사람들을 제지한 일, 군인들이 경찰의 안두희 연행을 막고 먼저 안두희를 데리고 간 일, 이 모두가 조직적인 배후가 있음을 단적으로 보여준다.

이미 1949년 초부터 백범 선생을 암살한다는 소문이 여기저기에서 파다한 상황이었다. 백범 선생은 그런 이야기를 전해 듣고도 대수롭지 않게 여겼다. 그러나 이미 안두희를 하수인으로 한 암살 계획이 진행되고 있었던 것이다.

나중에 밝혀진 일이지만 선생의 서거 전날인 6월 25일, 백범

백범 선생의 서거 소식을
담은 《조선중앙일보》 호외
(1949년 6월 26일)
호외로 백범 선생의 서거 소
식을 들은 시민들이 경교장으
로 모여들었다.

선생이 공주의 건국실천원양성소 개소식에 참석
할 예정이었는데, 암살단들은 이때 수원 병점고개
에서 백범 선생을 암살할 계획이었다. 그날 밤 임
시정부와 만주에서 활동한 김승학金承學 선생과 박
동엽朴東燁 대광중학교 교감이 함께 와서 백범 선
생에게 그 사실을 전해드렸다. 백범 선생이 그런
이야기를 자주 듣는다고 예사롭게 넘어가자, 아래
층으로 내려와 김신 소령에게 조심해야 한다는 말
을 전했다. 이처럼 백범 선생의 암살 계획이 있다
는 이야기가 자주 들렸지만, 백범 선생은 "나는 나
라를 위해 왜놈이 죽일 일은 했어도 내 민족에게
죽을 일은 안했다"며 일축했다.

더욱 놀라운 일은 암살 직후 헌병사령관이 교체
된 일이었다. 당시 헌병사령관은 중국군 출신인
장흥張興 대령이었는데, 안두희에 대한 수사가 시
작되기도 전에 다른 사람으로 교체되었다. 장 사
령관은 6월 26일 성묘를 갔다가 오후에 사령부에
돌아와 백범 선생 살해범 안두희를 체포했다는 보
고를 받았다고 한다. 그런데 안두희가 사무실에
손님마냥 의자에 앉아 있었다. 장 사령관이 부하
에게 유치장에 집어넣으라고 호통을 쳤더니 부사
령관 전봉덕田鳳德 중령의 명령으로 그냥 놔두었다
는 답변이었다. 화가 치민 장 사령관은 다시 유치

장에 집어넣으라고 명령했다. 그러나 다음날 헌병사령관이 교체되어 부사령관이 사령관으로 영전하는 조치가 내려졌다. 아무래도 석연치 않은 일이었다. 특히 장흥 대령은 중국군에서도 헌병에 복무했을 뿐 아니라 오랜 기간 백범 선생을 모신 동지였다는 점에서 더욱 그렇다. 더욱이 장 대령이 헌병사령부를 떠날 때 보니 안두희가 다시 사무실에서 빙글거리고 있었다고 한다. 전봉덕 중령의 명령이었다는 것이다. 이러한 소식을 전해들은 우리는 당장이라도 쫓아가 안두희를 패죽이고 싶었다.

백범 선생의 서거 뒤에 각계에서 애도의 담화가 발표되었으나, 정부에서는 국무총리며 육군총참모장이 이 일은 국군과는 무관하다는 투의 모호한 담화만 발표했다. 정부 차원의 적극적인 수사 의지는 기대조차 못하는 상황이었다. 오히려 안두희가 한국독립당 비밀당원이라 하여 안두희를 소개한 한국독립당 조직부장이던 김학규 선생이 영어의 몸이 되는 일까지 일어났다. 결국 이승만 정권은 조직적으로 이 사건을 은폐했다. 살해범 안두희는 6·25 중에 군에 복직하여 육군 중령으로 진급까지 했다.

백범 선생의 서거는 선생을 모시던 우리의 말할 수 없는 잘못이고 실수였다. 우리가 좀 더 주의를 기울어야 했는데 그렇지 못했다. 평생 죄인으로 살아갈 업보를 짊어진 것이다. 나는 지금까지도 백범 선생 돌아가신 이야기는 정말 하기 싫은 것이 솔직한 심정이다. 죄책감 때문이다.

안두희의 배후에 대해서는 이승만 정권이 무너진 후 여러 차례 조사가 있었지만, 명확하게 밝혀지지 않았다. 국회 법사위원회에서 조사한 결과, 이승만 정권 차원에서 감행한 사건이라는 조사보고서가 나왔다. 그러나 신성모 국방장관, 채병덕蔡秉德 육군총참모장, 장은산張殷山 포병사령관, 김창룡金昌龍 소령, 김병삼金炳三 대위, 김태선金泰善 서울시 경찰국장, 김성주金聖柱 서북청년단 부단장, 정치브로커 김지웅金志雄 등이 가담하고, 홍종만洪鍾萬, 안두희 등이 하수인이었다는 정황에 따른 결론만 내려졌을 뿐이다. 이승만 대통령의 묵인도 논의되었지만 명확한 것은 아무 것도 없었다.

이 문제는 뒷부분에서 이야기되기 때문에, 여기에서는 더 언급하지 않겠다. 아무튼 백범 선생의 시해와 관련된 구체적인 사실이나 이후 진상규명에 관해서는 나도 보고 듣고 또 관여했지만, 백범 선생 서거 50주기를 맞아 간행한 《백범김구전집》 제12권 '암살진상'을 살펴보면 더 자세하다.

백범 선생 가시다

백범 선생이 서거하자 '고 백범김구선생 국민장위원회'가 조직되어 선생의 장례를 국민장으로 하기로 결정했다. 정부에서도 경비의 상당 부분을 부담하기로 의결했다. 본래 장례는 한국독립당에서는 민족장을, 정부에서는 국장을 고려했는데, 국민장으로 합의되었다. 국민장위원회는 오세창 선생이 위원장을 맡았다. 장례는 10일장으로 효창원의 서쪽 기슭에 안장하기로 했다. 국민장위원회의 부위원장에는 김규식 박사와 조완구 선생이, 그리고 정부측에서 이범석李範奭 국무총리가 선임되었다.

백범 선생의 서거를 안타까워하는 애도가 전국에 가득했고, 경교장에는 많은 시민들의 문상이 줄을 이었다. 나는 백범 선생이 돌아가신 지 2~3일 뒤에 서대문경찰서에 가서 선생의 서거 전후 상황에 대한 경찰조사를 받았다.

국민장이 있던 7월 5일 청계천 바닥에 가득하던 인파가 떠오른다. 날이 가물어서 바닥이 다 드러난 청계천까지 사람들이 가득했다. 서울운동장에서 장례식을 치르고 효창원에 선생을 모실 때까지 나는 정신이 하나도 없었다. 장례식 과정이 당시 《경향신문》에 잘 묘사되어 있다. 다소 길긴 하지만 내 기억에 의존하는 것보다는 나을 것 같아 그 기사를 인용해본다.

■ 마침내 김구 선생은 영위靈位마저 길이길이 가시다
이 날은 하늘도 유심한 듯 아침 구름은 해를 가리워 무거히 드리웠다. 새벽 1시 무렵 경교장 안은 영구 결관식結棺式이 있어 어젯밤을 앞뜰 앙장仰帳 아래서 꼬박새운 조객이며 상의원들로 웅성거리기 시작했다. 눈물 속에 식을 마치고 날이 밝자 7시에 현관 앞으로 관을 모시고, 이어서 기독교단체 대표들이 영결을 행하였다. 이 무렵부터 서울 시내 가가호호엔 조기가 세워지고 흰 옷에 장상을 달은 겨레들이 남녀노소 할 것 없이 손에 손을 잡고 경교장을 중심으로 장례행렬이 지나갈 가두로 가두로 총동원 모여들었다. 전 시내의 문은 묵묵히 닫히고 전날부터 이 날만은 꼭 참렬參列하려니 별러 왔던 것이다. 한편 각 지방 방방곡곡에서도 선생의 유영을 모시고 학교마다

단체마다 한데 모여 서울과 한 시간에 영결식을 거행하고 길이 명복을 빌었던 것이다.

9시경 벌써 경교장 문 앞부터 종로·동대문·서울운동장 식장까지 곧은 길 인도에는 발 하나 디딜 곳 없이 사람사람 얼굴 얼굴로 꽉 메꾸어졌다. 인산인해란 형용이 모자라게, 하여튼 이 나라가 있어 온 지 전무후무한 가두모임이다. 이윽고 9시 50분 영구는 현관을 떠나자 경교장 앞뒤는 오열의 파도, 설움의 바다로 화化하였다. 영구는 천천히 내려와 문 앞에 장만된 하얀 영여 위에 모셔지고 흰 꽃으로 두루 장식된 다음, 천판天板 위에는 선생이 하루 한시 잊지 않으시던 태극기가 덮여진다. 이윽고 영구는 좌우 양편 100명의 호상원護喪員들의 어깨에 오르시니 여대 합창대원의 조가가 울려 선생을 부르는 듯 구슬프게 계속된다. 중등학교 종합브라스밴드의 주악에 여대생 합창대의 애끓는 조가 '님은 들으시나이까 들으시나이까'를 부르자 영구는 떠나기 싫다는 듯 또다시 호장위원들의 어깨로부터 조용히 내려앉는다. 거리거리에 도열한 백성들의 소리 없이 흘리는 눈물, 영위는 호장위원들의 어깨에 오른다. 아! 마지막 떠나시는 길 영위를 멘 호장원들의 두 볼에 끊임없이 흐르고 흐르는 눈물의 줄. 이리하여 울음과 곡의 아우성 속에 영위는 정말로 경교장 앞을 떠나신다.

때마침 10시 50분 호상의 슬픈 행렬선두 기마대 6기가 광화문 네거리에 있고 그 뒤 진명여중進明女中 16명의 국기반이 있었으며, 육해군 합동군악대 전구前驅의 장병 그리고 그 뒤에 선생이 타시던 '서울 2331호'가 지금 선생은 안 타셨으되 영을 싣고 상복한 운전수의 운전으로 천천히 움직이며 선생의 비서 선우진·도인권 양씨가 말없이 따른다. 행렬은 그 뒤에 중등 대학생의 영차의 장대가 따르며 그 뒤에 선생의 유영遺影이 삼균三均 청년회원에게 인도되고 엄도해·김우전 양 씨가 배종陪從하고 의장대와 악대·조가대가 따른다. 그 뒤 약 50미터 거리를 두고 장의위원장 오세창 옹과 유복친有服親 친척이 울부짖으며 따른다. 그 뒤에 대통령 대리·부통령 대리와 국회의장·대법원장·외국사신·국무위원과 정부 각 기관대표·정당·사회단체·일반의 순서로 행렬은 계속된다. 이리하여 눈물의 행렬은 경교장을 떠나 광화문을 지나 종로에 이르러 영결식장인 서울운동장에 향하는 것이다. 유영과 영구가 앞을 지나니 겨레들은 일제히 모자를 벗고 머리를 숙였다. 눈물을 가리는 손수건의 파도 속으로 부위원장 3명이 자동차로 따르고 정계요인 다수가 자동차로 따르며, 장의위원들은 걸음도 천천히 발을 옮긴다. '대한민국임시정부주석백범김구지구大韓民國臨時政府主席白凡金九之柩'라고 흰 글로 쓴 붉은 명정銘旌이 건실建實 책임자 6명의 손에 높이 호위되고 그 뒤 80명의 젊은 동지가 영구의 앞뒤에서 영구를 호위한다. 영구 뒤에는 오늘의 슬픈 상주 신信씨 내외가 눈물어리어 따르며 바람에 나부끼는 영구의 천막자락도 하염없이 눈물의 행렬은 고요히 진행하였다.

행렬이 종로 네거리에 이르러 영구는 바로 인경 앞에서 잠시 쉬었다. 4년 전 선생이 환국하여 임시정부 환국환영국민대회 날 선생의 금의환국을 경축해 울리던 그 인경, 오늘은 소리 없고 선생 역시 말이 없다. 염천이나마 흰 구름이 영구 위에 감돌아 영구가 움직이는

백범 선생의 장례식 과정을
담은 기사
《경향신문》 1949년 7월 6일.

마지막의 발자국이 지지遲遲하게 앞을 나가지
않으며, 종로 네거리 양 옆에 서서 선생의 최
후에 결별하려는 시민들의 울음소리는 더욱
높아진다. 이리하여 선생이 남기신 유덕인 양
길고 긴 눈물의 행렬은 종로는 물론 을지로 6
가, 청계천 하구에까지 모인 인산인해의 복 입
은 시민들의 오열 속에 1시 20분 영결식장인
서울운동장 앞에 다다랐다.

■ 성동원두城東原頭서 단장斷腸의 영결식
위대한 애국자 고 김구 선생을 마지막으로 보
내는 영결식은 예정보다 약 1시간 30분 늦어 5
일 하오 2시 30분부터 서울운동장에서 선생의
서거를 슬퍼하는 전 민족의 통곡 가운데 엄숙
히 집행되었다. 이 날 영결식장으로 지정된 서
울운동장에는 선생의 불같은 애국심과 고결한
인격을 흠모하는 청년과 학생을 비롯하여 종
교단체 · 노동자 · 상인 등 각계각층을 망라한
남녀동포들이 이른 아침부터 앞을 다투어 입
장하여 정각 두 시간 전인 상오 11시 경에는
이미 넓은 운동장을 사람의 바다로 만들었다.
그 중에서도 우방 중국인들의 조의를 표하는
검은 복장과 선생의 만고불멸의 애국 정열을

상징하는 가지가지의 만장이 유난히 눈에 뜨이었다. 십분, 이십분, 침묵의 시간이 지나 경교장을 출발한 선생의 영구가 운동장에 가까워짐에 따라 장내의 분위기는 점점 긴장하여 갔다. 그것은 마치 배에서부터 가슴으로 벅차게 무엇이 떠미는 것을 억지로 참는 것처럼 더 한층 심각해 보였다. 흉탄에 쓰러지던 그 순간까지 조국통일의 비원을 가슴에 품은 채 이제 선생은 조국산천과 하직하고 황천길을 영영 떠나시려고 하니, 통일된 조국을 보지 못하고 홀로 가시는 선생인들 그 얼마나 원통하며 보내는 3천만 역시 얼마나 가슴 아프랴! 기다리는 사람들은 억지로 참는 것 같았다. 선생의 혼과 만난 후 실컷 울자는 듯이 일부러 눈을 감고 있는 청년도 있었다. 님을 기다리는 서글픔 가운데도 시간은 흘렀다.

하오 1시 20분 이 국무총리와 신 국회의장을 비롯하여 각부 장관, 국회의원 그리고 UN 한위 대표 일행 등 10여 만 군중이 눈물에 잠긴 채 고대하고 있는 영결식장으로 육해군 군악대가 연주하는 장송행진곡에 발맞추어 말없이 선생의 영위는 나타났다. 남녀학생 합창대가 부르는 김구 선생 애도가의 노래는 듣는 사람의 창자를 끊는 듯, 참았던 울음을 한꺼번에 터지게 하였다. 운동장에 말없이 도착한 김구 선생의 영위는 동지들의 손으로 제단 위에 안치되었다. 선생은 이미 가시고 다만 선생의 초상화만이 슬픔에 잠긴 동포들에게 미소를 던지고 있었다.

대한민국임시정부주석 고 백범김구선생 국민장은 하오 2시 10분부터 박윤진朴允進 씨 사회 하에 시작되었다. 국방부 육군 장병의 은은한 조포에 이어 일동의 국기경례, 애국가 봉창과 육해군 합동군악대의 주악이 있은 후 국민장 장의준비위원장 오세창 씨의 대리로 조소앙 씨가 식사에 들어가 이제부터 고 김구 선생의 국민장을 시작하는 것을 선포한다고 선언한 후, 선생의 국민장의를 여기서 맞게 된 것을 무엇으로써 이를 보충하여 조국통일을 할 것인가, 백범 선생의 정통을 계승하여 제2, 제3의 백범이 나올 것과 민족진영이 단결하여 자주독립을 완성하여야 되겠다는 말에 이어 유림柳林 씨로부터 투쟁과 유랑으로 엮어진 선생의 약력보고가 있었다. 뒤이어 남녀학생연합 합창단의 조가가 있었는데 해방과 더불어 중국으로부터 환국한 후 수차에 걸쳐 국민에게 조국통일을 부르짖던 그 자리에 선생은 지금 고요히 잠들고 계시며 마지막으로 이 강산과 작별하고자 한다.

억지로 참고 있던 울음은 여기저기서 터지기 시작하여 넓은 운동장은 순식간에 오열의 도가니로 변하였다. 계속하여 조완구 씨의 분향에 이어 김규식 박사로부터 선생에 대한 헌화가 있었는데, 김규식 박사는 병환에 있던 몸을 무리하고 나온 듯 측근자들이 부축하고 있었다. 다음 선생의 명복을 비는 일동의 배례가 있은 후 조사에 들어가 먼저 이 국무총리가 국민장 부위원장의 자격으로 별항과 같은 목 메인 조사에 이어 이 대통령 대리로 이 공보처장과 부동령 대리로 이 비서실장 등이 각가 별항과 같이 대독하였다. 계속하여 김규식 박사, 엄항섭 씨, UN 한위대표 씽 박사, 외국사절단 대표로 영국 홀트 씨, 중국영사 등의 순서로 애도에 잠긴 조사가 있었다.

이상으로 선생의 명복과 과거의 혁혁한 공적을 회고하는 조사가 끝난 후 분향에 들어가 상주 김신 군 부부의 아버지를 마지막으로 보내는 분향에 이어 일동의 묵상이 있은 후 서울교향악단이 연주하는 장송곡이 시작되자 장내는 완전히 울음바다로 화하여 곡성이 천지를 흔드는 듯하였다. 하오 4시 좀 지나 육군의 장병이 발사하는 조총甲銃 소리를 끝으로 선생과 이 나라 겨레와의 마지막 하직은 끝난 것이다. 이제 선생은 영원한 평화의 나라로 떠나시게 되었다. 영결식을 끝마치신 선생의 영구는 운동장에 들어오던 순서로 동 하오 4시 20분경 단장의 통곡소리를 뒤로 하고 선생이 영원히 주무실 효창원을 향하여 떠나시었다. 선생의 영위는 동일 하오 6시 반경 3천만 겨레가 슬퍼하는 가운데 효창원 묘지에 안장되었다.

■상가 완전 철시, 화교도 조기 달고 애도
백범 김구 선생의 국민장의 날인 5일은 새벽부터 중학생들이 종로 기타 남대문통을 깨끗하게 청소하여 우리의 영도자의 최후의 길을 마음껏 정성껏 온갖 정열을 다하여 순식간에 깨끗하게 되었다. 이 날 서울 장안의 가가호호는 물론 특히 중국인촌 수표동에도 조기를 달고 진심으로 애도의 의를 표할 뿐만 아니라 완전 철시까지 하고 자숙한 바 있었고, 해방 후 오늘까지 무시 못 할 남대문에 암시장, 기타 명동거리 피엑스에서도 이 날만은 자체를 볼 수가 없으니 이것이야말로 국민 각자가 속마음에 우러나는 애도의 힘, 즉 이것이 단군의 혈통의 힘이 아니고 무엇이랴! 이 마음을 살리어 남북화평통일을 완수하자.

이 날 서울 시내 뒷거리는 영을 떠나보낸 상가집 동리모양으로 유난
히 쓸쓸하였다. 집집마다 대문은 닫히었고 집 보는 사람 한두 사람
외엔 장례행렬 가두로 통틀어 나갔다. 도심지 가두의 얼음장수·엿
장수도 이 시간엔 손님 한 사람 없어 하품만 하였다. 소공동·명동
같은 한나절에 인파를 이루는 번성가에도 인적이 잔잔하고 바람에
휴지 구르는 소리 호젓하였다. 영구를 봉송한 뒤 헤어져 돌아오는 겨
레들의 표정은 아직껏 수심을 못 잊은 듯하였다.

추도사를 여러 사람이 했는데, 많이들 울었다. 서울운동장을
떠날 때 또 많이 울었다. 엄항섭 선생은 추도사에서, 살아 있는
우리는 선생의 뜻을 받들고 선생의 발자국을 따라 민족을 위한
삶을 살겠다고 했다.

선생님, 선생님, 선생님은 가셨는데 무슨 말씀 하오리까. 우리들은
다만 통곡할 뿐입니다. 울고 다시 울고 눈물밖에 아무 할 말도 없습
니다. 하늘이 선생님을 이 땅에 보내실 적에 이 민족을 구원하라 하
심이니 74년의 일생을 통하여 다만 고난과 핍박밖에 없습니다. 청춘
도 명예도 영화안락도 다 버리고 민리 해외로 떠다니시어 오직 일편
단심 조국의 광복만을 위하여 살으셨습니다.
선생님은 가셨는데 무슨 말씀하오리까. 우리들은 다만 통곡할 뿐입
니다. 울고 다시 울고 울음밖에 아무 말도 없습니다. 여기 잠깐 우리
들은 '월인천강月印千江'이란 말을 생각합니다. 다시금 헤아려 보면

선생님은 결코 가시지 않았습니다. 3천만 동포의 가슴마다에 계십니다. 몸은 무상無常하여 흙으로 돌아가고 영혼은 하늘의 낙원에 가셨을 것이로되 그 뜻과 정신은 이 민족과 역사 위에 길이길이 계실 것입니다.

추모사하는 엄항섭 선생
(1949년 7월 5일)
백범 선생의 뜻을 받들고 선생의 발자국을 따라 민족을 위한 삶을 살겠다고 말했다.

선생님! 우리들은 선생님의 끼치신 뜻을 받들어 선생님의 발자국을 따라 최후의 일각까지 민족을 위하여 삶으로서 선생님의 신도되었던 아름답고 고귀한 의무를 다하기로 선생님의 위대하신 영전에 삼가 맹서합니다.

또 이름은 기억이 나지 않는데, 백 모라는 아나운서가 눈물을 흘리며 비분강개한 목소리로 중계를 하자 군중들이 너무 감격하고 울었다. 이에 중간에 아나운서가 바뀌는 웃지 못할 일까지 있었다.

아무튼 정신없이 백범 선생의 장례를 치렀다. 백범 선생의 묘비는 오세창 선생의 글씨로 '대한민국임시정부주석김구지묘大韓民國臨時政府主席金九之墓'라고 새겼고, 뒷면 비문은 조완구 선생이 지었다. 개성의 어느 부자가 백범 선생이 돌아가시자 자기 조상을 위해 준비해 놓은 오석烏石으로 된 비석을 헌납하여, 국민장위원회에서 그 비석을 사용했던 것이다. 당시에는 비석이 꽤 커보였는데, 지금 보면 그리 크지는 않다. 그해 12월 4일에 제막식을 가졌다. 그날 김규식 박사를 비롯한 많은 임시정부 관계 어른들이 참석했다.

평생을 조국광복과 자주독립된 국가를 위해 헌신하시다가 비정한 동포의 손에 돌아가신 백범 선생의 뜻이 과연 지금 여기에서 제대로 구현되고 있는지 만감이 교차할 따름이다.

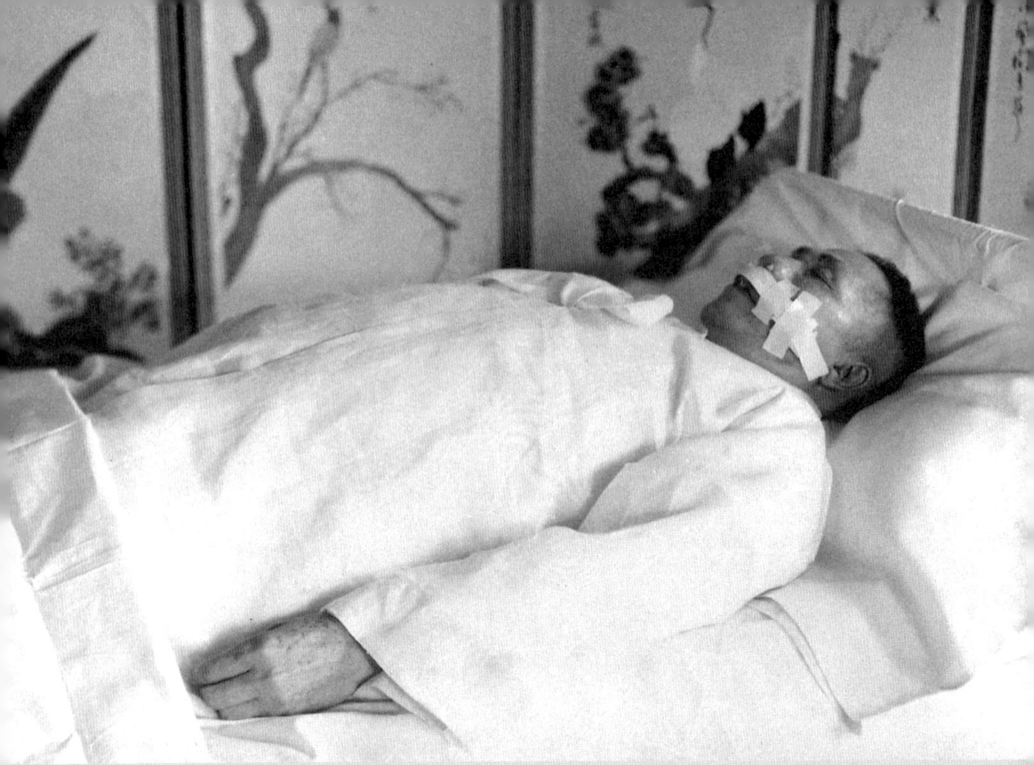

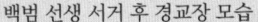

서거 직후 수습되어 누워 있는 백범 선생의 모습(1949년 6월 26일)

백범 선생 서거 후 경교장 모습

백범 선생 서거 직후, 총알이 뚫고 지나간 창을 통해 본 경교장 뜰(1949년 6월 26일)
사진작가 칼 마이던스Carl Mydans가 백범 선생 서거 현장에서 경교장 뜰을 촬영한 사진이다.
유리창에 총구멍이 선명하다.

서울운동장으로 향하는 길에 수많은 시민이 나와 백범 선생의 마지막 가시는 길을 슬퍼하고 있다. 한평생 조국의 독립과 통일을 위해 헌신했던 선생의 뜻을 국민 모두가 가슴 깊이 공감했기 때문이었으리라.

9장

잊지 못할 선생님

경교장을 떠나서 ——————————————————

백범 선생 장례식 때 들어온 조의금은 김신 씨에게 전달됐다. 김신 씨가 그 가운데 일부를 우리에게 나누어주었다. 그런데 경교장의 원주인인 최창학 씨 쪽의 재산관리인이 집을 비워주었으면 좋겠다는 이야기를 했다. 경교장을 헌납 받은 것으로 알고 있었는데, 그렇지 않았던 것이다.

경교장 2층 백범 선생 방 옆에 목욕탕과 화장실 사이에 창고가 하나 있었는데, 그 안에 최창학 씨의 물건이 있었다. 한 달에 한 차례 정도 최창학 씨네 사람들이 와서 열어보곤 했다. 걱정이 되었던 모양이다. 반탁운동이 전개될 때 수백 명이 경교장에 오가고 하니까 최창학 씨네 사람들은 집이 망가진다고 얼굴을 찌푸렸다. 경교장에서 문상객을 받을 때도 그들은 집에 조금이라도 흠이 가지나 않을까 안절부절못했었다.

결국 경교장을 비워주게 되었다. 백범 선생의 영정을 모실 곳조차 없게 된 것이다. 그러한 사정을 알게 된 주한 중국대사 유어만 씨가 UN대사로 간다면서, 자신이 살던 충정로 2가의 금화장金華莊으로 불리던 집을 비워주며 이사를 하도록 주선했다. 유어만 씨는 나중에 어떻게 될지 모르겠지만 우선 그 집이 비니 쓰라고 했다.

금화장은 외교관에게 내준 적산가옥으로, 대지 500평쯤 되는 집이었다. 백범 선생의 영위를 모시고, 유품들도 모두 그곳으로 옮겼다. 김신 씨 가족이 이사한 것이 가을인 듯했는데, 신문에는 8월 22일, 선생이 돌아가신 지 58일 만에 집을 옮긴 것으로 보도

되어 있다.

백범 선생이 돌아가신 뒤 보이지 않게 압력이 있었다. 시간이 조금 더 지나자 이승만 정권은 공공연하게 탄압을 자행했다. 백범 선생이 서거한 지 두 달이 채 되지 않아 경교장을 떠나야 했을 뿐 아니라, 건국실천원양성소도 해산할 수밖에 없었다. 김태선 서울시 경찰국장은 11월 해방 이후 백범 선생의 성명서나 기자회견 내용 등을 모은 《김구주석최근언론집金九主席最近言論集》을 북한 노선에 찬동한다는 죄목으로 차압하는 조치를 취했다. 《백범일지》도 찍을 수 없었다.

그러나 그러한 탄압의 와중에도 백범 선생을 기념하기 위한 기념사업협회가 국민장위원회 위원 등이 중심이 되어 조직되었다. 국민장위원회를 마감하며 조완구 선생이 제의했고, 백범김구선생기념사업협회의 결성에 모두 찬성했던 것이다. 제1차 발기인 대회가 1949년 8월 6일 서울 기독교청년회관 YMCA에서 개최되어 회장에 조완구 선생이 선출되었다. 나도 발기인의 한 사람으로 참석했다.

그러나 이승만 정권 아래에서 기념사업을 하기는 어려웠다. 실제 제1주기 추도식도 준비했지만, 6·25의 발발로 무산되고 말았다. 이후 4·19혁명이 일어날 때까지 추도식을 한 차례도 갖지 못했다. 4·19 뒤에야 공식적으로 11주기 추도식을 가질 수 있었다. 그 자리에서 백범김구선생시해진상규명투쟁위원회가 발족했다.

이승만 정권에서는 백범 선생의 묘소와 3의사, 임정 요인의 묘소까지 다른 곳으로 이장하려 했다. 4·19 뒤에 《경향신문》이 그러한 내용을 기사로 밝힌 바 있는데, 묘소를 이장하고 그 곳에 10만 명을 수용하는 대운동장을 건설하고자 했다는 것이다. 독립운동가들을 비롯한 여론과 야당의 반대가 거세지자, 그 계획은 2만 명을 수용하는 운동장 건설로 축소되었다. 오늘날 효창운동장이 그것이다.

백범 선생의 영위가 경교장을 떠나자, 나도 더 이상 경교장에 머물 수 없었다. 이풍식 씨와 내가 경교장에서 백범 선생의 비서 일을 맡아 돌아가실 때까지 머물고 있다가, 이때 뿔뿔이 헤어졌다.

나는 당시 가정을 꾸리고 있었다. 1947년 4월에 엄항섭 선생의 주례로 결혼을 했다. 신접살림은 한미호텔에 차렸다. 아내 권정례權貞禮는 백범 선생의 당질인 김홍두 씨의 국민학교 동기동창으로, 황해도에서 간호학교를 다녔고 도립병원에서 간호원으로 일하다가 월남했다. 김홍두 씨를 알아 경교장에 가끔 출입했는데, 자주 만나게 되어 결혼에 이르렀다. 아내는 뒤에 《백범일지》에서 할아

적십자병원의 간호원이었던 아내 권정례

버지(권태선權泰善)가 백범 선생과 신민회 활동을 함께 하는 내용을 찾아내기도 했다. 백범 선생은 아내가 나와 결혼하기 전에 아내를 적십자병원에 취직시켜 주셨다.

결혼 후 나는 성균관대학 전문부에 입학했다. 심산 김창숙 선생이 경교장에 오셨다가 돌아가실 때 내가 차로 모셔다 드리곤 했는데, 하루는 심산 선생이 물으셨다.

"자네는 어디 출신인가?"

나는 만주 출신이고 조선혁명군 사령관 양세봉 장군 산하 환인현 지역에서 독립운동 총관으로 활동한 선우정 할아버지의 손자로, 한국광복군훈련반(한광반)을 거쳐 중경에 갔던 일을 말씀드렸다.

"아, 그렇구먼. 젊은 사람이 중경까지 갔구먼. 학교는 어디를 나왔는가?"

나는 쑥스러워하며 중학교밖에 못 갔다고 말씀드렸다.

"아, 그래. 그러면 학교 공부를 더 해야 될 테니까, 우리 학교 가서 공부를 하게. 낮에는 백범을 모셔야 되니 야간부에 등록하라고. 학생과에 이야기를 해놓을 테니까 거기 가서 등록해."

심산 선생 덕분에 성균관대학 전문부의 야간부를 2년 동안 면비로 마칠 수 있었다. 정치과를 다녔는데, 수업은 거의 빠지지 않고 출석했다. 밤에 일이 있으면 다른 사람에게 맡기기도 하면서, 못한 공부를 하느라 제법 고생했다. 성균관대학까지는 경교장에서 창경원을 거쳐 걸어가면 그리 먼 길은 아니었다. 임시정부 배지를 달고 다녔는데, 사람들이 배지를 궁금해 해서 중국에서 가지고 있던 것이라고만 대답하곤 했다. 그 뒤에는 배지를 떼고 다녔다.

1949년 6월 22일, 전
문부 2년의 과정을 마치
고 학부로 진학했다. 하
지만 얼마 있지 않아 백
범 선생이 돌아가시고
형편도 어려워 학교를
다니지 못했다. 재등록

성균관대학교 전문부 제2회
졸업기념사진(1949년 6월 22일)
심산 선생 덕분에 성균관대학
교 전문부에 다닐 수 있었다.

하라고 해서 그렇게 했으나 6·25가 나서 결국 학
부는 마칠 수 없었다.

전문부 졸업 전에 심산 선생의 아들인 김형기金
炯基를 비롯하여 이명동李命同, 서승모, 이태섭, 그
리고 나 등 10명이 졸업을 계기로 서클을 만들고자
했다. 경상도 출신들이 여럿이었다. 모임의 목적은
뚜렷하지 않았지만, 뒤에 성균관대학 이외의 대학
으로도 확대해 가자고 했다. 마침 내가 경교장에서
일하고 있으니 백범 선생을 뵙고 지도를 받는 것이
좋겠다면서 경교장을 찾아 백범 선생을 뵙고 사진
을 찍기도 했다.

성균관대학교 졸업생들과 함
께(1949년 6월 22일)
왼쪽이 이명동, 그 옆이 나 선
우진이다.

어쨌든 나는 경교장을
나와 한미호텔에서 얼마
를 지내다가, 용산 삼각
지에 옛 상명여자중학교
건너편 일본식 연립주택

2층 다다미집에 세를 들었다. 김신 씨가 백범 선생 서거 후 우리에게 나누어준 돈으로 구한 전세집이었다. 마침 군정 때 교통장관을 지낸 민희식閔熙植 씨의 비서로 있던 정영국鄭永國 씨가 삼각지 부근에 교통부 직원들이 많이 산다며 그 집을 주선해 주었다.

집주인은 육군본부 정훈감실에 근무하던 김종열 대위였고, 부인은 심성이 고운 분이었다. 아내는 적십자병원에 한 1년 다니다가 그만두었다. 대신 손재주가 있어서 재봉틀 하나로 옷을 만들어 팔았다. 천을 끊어서 옷을 만들어 시장에 내다 팔다가 나중에는 몇 사람이 동업을 했다. 상명여중을 설립한 배상명裵祥明 씨 딸이 돈을 대고, 집주인인 향나 엄마가 시장에서 천을 사오면 아내는 옷을 만들었다. 5~6개월 그렇게 했는데 수입이 괜찮았다.

백범 선생의 경고, 동족상잔 6·25 ─────

1950년 6월 25일은 백범 선생의 서거 1주기를 하루 앞둔 날이어서, 추도식 준비가 한창이었다. 그런데 운명처럼 이날 전쟁이 일어났다. 백범 선생이 그토록 경고했던 동족상잔의 비극이 결국 현실화되고 만 것이었다. 백범 선생의 1주기 추도식도 결국 무산되고 말았다.

나는 피난을 가지 못했다. 6월 23일 아내가 쌍둥이 딸을 출산했기 때문이었다. 6월 25일 낮에 을지로에 있던 조선민주당에 나가 김춘정金春鼎 씨를 만났더니, 북한군이 남침을 했다고 했다.

그래서 효창원으로 가 백범 선생의 묘소를 다녀왔다. 그날 북한 공군 야크Yak 비행기가 철도를 마비시킬 목적으로 서울역 근처를 공습했는데, 효창원이 그 근처여서 크게 놀랐다. 6월 28일 한강철교가 폭파될 때도 내가 살던 삼각지와 가까워 그 폭발음에 또 한 번 놀라야 했다.

6월 28일 인민군의 탱크 소리가 들렸다. 그때부터 석 달 동안 공산 치하의 서울에서 고생을 했다. 서울이 인민군의 수중에 떨어진 지 사나흘 뒤에 인민군들이 나를 찾아왔다. 아마도 정치보위부 사람들이었던 것 같은데, 내게 서북청년단의 명단을 내놓으라고 했다.

"백범 선생과 서북청년단은 거리가 먼데 어떻게 내가 서북청년단 명단을 가지고 있겠소?"

내가 대답하자 그들은 다시 꼬투리를 잡았다.

"동무는 우리가 들어오면 적극적으로 협조해야 할 텐데, 왜 나와서 협조하지 않는가?"

그들 나름대로 조사하여 정보를 가지고 내가 백범 선생의 비서를 한 것을 알고 찾아온 것이었다. 그래서 내가 출산한 지 얼마 되지 않는 아내를 가리키며 변명했다.

"집사람이 출산해서 얼굴이 저렇게 붓고 그런데 어떻게 나갈 수 있겠소."

"당신들이 미워하던 이승만이 쫓겨 가고 우리 인민군이 서울을 점령했으니, 이제는 우리들에게 협조하시오."

그러고는 산모는 특별히 대접한다며, 동회에 가면 쌀과 미역을 줄 것이니 그것을 타다가 먹이라고 했다. 그래서 나도 일단 협조하겠다고 하여 그들을 돌려보냈다.

그날 저녁 우리 부부는 집을 나와 도망쳤다. 중경에서 사온 가죽가방에 그동안 찍은 사진들을 챙기고, 아이들 기저귀 보따리를 넣었다. 우리 부부는 아이들을 안고 마포로 넘어가 김애라金愛羅 씨 집으로 갔다. 내가 중경에 갈 때부터 마분지 수첩에 써왔던 일기며, 임시정부 마크나 광복군 마크 등은 미처 가지고 나오지 못했다. 겨우 사진 몇 장을 챙겼을 뿐, 재봉틀 등 모든 것을 버리고 나올 수밖에 없었다. 지금도 그때 버리고 나온 일기가 남아 있었으면 하는 아쉬움이 든다.

김애라 씨는 아내와 한 고향 사람으로 영어를 잘 했고, 그 남편도 영어를 잘 해서 미군 기관에 다녔다. 그 집에서 이틀인가 자고서, 아현동의 이은임 씨 집으로 갔다. 김애라 씨가 남편과 단 둘이 사는 형편이어서 오래 머물 수 없었다. 대신 미군 부대에서 나온 설탕과 분유 등을 얻을 수 있었다. 이은임 씨는 이봉창 의사의 조카로, 균명중학교 아래의 조그마한 한옥에서 살았다. 경교장 아래에서 백범 선생의 도움으로 이발소를 하던 이은임 씨는 이발사였던 남편이 병사하자 이곳으로 이사했었다. 그러나 그 집도 아이 셋이 먹을 것도 없고 해서 사나흘 이상 머물 수 없었다.

삼각지 집주인인 향나 엄마에게 언니가 두 분 있었는데, 그 분들이 수표동에 살고 있었다. 한 집은 청계천가의 방앗간 딸린 집이었고, 또 한 집은 그 집에서 몇 집 떨어진 곳에 있었다. 향나 엄마 집도 군인 가족이라 피난하여 방앗간 딸린 집이 아닌 다른 언니네 집에 살고 있었다. 아내는 향나 엄마에게 어려운 사정을 말했다. 이야기가 잘 되어 우리 식구들은 뒤의 집으로 옮겨갈 수 있었다. 혼란한 시기에 우리를 받아주어 고맙기 그지없었다.

수표동은 화교들이 모여 살던 곳이었다. 중국인들 틈에 숨어 있는 셈이었다. 그런데 그곳에서 깜짝 놀랄 일이 일어났다. 그곳 화교들의 책임자격인 사람이 내가 아는 사람이었던 것이다. 남북 협상에서 돌아온 뒤의 일이었다. 경교장에 한 중국인이 찾아와 신익희 선생을 소개해 달라고 했다. 사람이 괜찮아 보여 내가 신익희 선생에게 데리고 간 일이 있었다. 그 후로도 그는 한두 번 경교장을 찾아왔는데, 그 중국인이 바로 그곳 화교 사회의 우두머리였다. 그는 중국공산당이 전쟁 전부터 서울에 파견한 정보원이었는데, 전쟁이 나자 화교의 책임자 노릇을 했던 것이다. 그는 나를 보고서 눈으로만 인사를 하고 아는 척을 하지 않았다. 나는 혹시 그가 나를 고발하지 않을까 조심스러웠다. 그러나 그는 고발하지 않고 수표동에서 지낼 수 있게 해 주었다.

수표동에는 우리 가족 말고 이명동이라는 친구도 있었다. 그는 나와 성균관대학에 같이 다녔고 뒤에 동아일보사 사진부장으로 일했다. 이명동은 조카 되는 서울역전 도약방네 아들을 종종 데리고 왔다. 도 군은 나이가 많지 않았다. 나는 스타톤 단파 라디오를 가지고 있었는데, 여유가 없어 라디오를 갖고 싶어 하는 도 군에게 팔았다. 낮에 밖에 나다니면 검문에 걸리거나 노력동원에 끌려갈 가능성이 높아, 나와 이명동, 도 군은 주로 거리가 가까운 화교 지역에 있는 중화상회라는 곳에서 단파방송을 들으며 지냈다. 화교들 중 한국 사람과 결혼한 김모 씨가 살던 곳이었다.

아내는 고구마나 옷가지를 팔아 아이들 우유를 댔다. 서울 수복 전에 나는 두 차례나 인민군에 끌려갈 뻔했다. 한번은 청파동 쌍굴다리를 지나가다 검문에 걸려 의용군으로 효창국민학교 강당에 붙들려 갔다. 큰일 났다 싶어 꾀를 내 빠져나왔다. 마침 교정 밖에 가판 장사들이 있었는데, 보초에게 참외를 사먹고 들어오겠다고 속인 뒤 밖으로 나와 참외를 흥정하는 척하다가 도망쳤다. 그때 의용군으로 끌려갔다면 아내와 두 딸과 생이별을 했을지도 모른다. 아찔한 순간이었다.

또 한 번은 수표동에서 UN군의 인천상륙 소식을 듣고 서울 수복 직전인 9월 23~24일경 이명동 등과 만리동 균명중학교 근처에 있던 수도저수지에 가서 미군 비행기가 영등포 지역을 폭격하는 장면을 지켜보고 있었다. 그곳이 지대가 높아서 폭격 장면을 구경하기가 좋았기 때문이다. 인민군들은 벌써 복장을 뒤집어 입고 다닐 때였다.

구경을 재미있게 하다가 내려와 헤어진 후, 나는 균명중학교 아래에 있던 고모 댁에 들러 점심으로 수제비를 얻어먹고 나서 담배를 한 대 피우려고 밖에 나왔다. 그러다가 그만 인민군에게 잡혀서 끌려가게 되었다. 서대문 언초공장에 다니는데 소개疏開하려고 집에 들렀다고 둘러댔지만 인민군들이 믿지 않았다. 그래서 성균관대학 학생증을 보여주었는데 이때 백범 선생과 38선을 넘는 사진이 나왔다. 그들은 사진을 보더니 백범 선생을 가리키며 물었다.

"이 사람은 누구인가?"

"김구 선생님이오."

선생의 이름을 댔더니 인민군들은 잠시 놀란 표정을 지었다. 이윽고 다시 물었다.

"그래? 그럼 당신은 지금 김구 선생을 어떻게 생각하는가?"

등골이 오싹해졌다. 인민군 가운데에는 백범 선생이 남북협상에 참가하고 암살당했다는 사실을 알고 긍정적으로 생각하는 부류도 있을 것이고, 반대로 북한에서 외쳤던 '김구·이승만 타도'만을 아는 부류도 있었을 것이다. 여기서 답변을 잘못하면 끝이다 싶어 차라리 애매하게 답변하기로 했다.

"나는 김구 선생님을 모시고 평양에 가서 김일성 장군을 만나기도 했소. 김구 선생님은 독립운동을 오래 하셨고 임시정부의 주석도 지낸 우리나라의 애국자여서 내가 모신 것이오. 그러나 지금 그분이 돌아가신 지 벌써 1년이 되었는데, 지금 와서 그분이 어떻다고 하는 말을 내가 어떻게 하겠소. 그분이 살아계셨으면 지금 상황이 달라졌을지도 모를 일이오. 그러니까 과거에 내가 모실 때는 충성을 다했지만, 지금 내가 뭐라고 이야기할 수 없는 것이오."

그런 뜻으로 이야기를 하자 두 사람은 가만히 생각하더니, 고개를 끄덕이며 알겠으니 빨리 직장에 돌아가라고 했다. 그러나 쉽게 발걸음이 떨어지지 않았다. 공산군들이 돌아가라고 말하고는 돌아서면 뒤에서 총을 쏴 죽인다는 얘기를 들었던 기억이 났기 때문이다. 도무지 떨어지지 않는 발을 겨우 옮겨 한두 걸음 걸었다. 다행히 무사했다. 살았구나 싶은 생각에 재빨리 그 자리를 벗어났다. 다시 한 번 위기를 넘겼다.

풀려난 후 조짐이 이상하여 집으로 가지 못하고 청파동 이명동의 일본식 집에 가서, 이명동과 그 집 마루 밑에 숨었다. 아니나 다를까. 그날 밤 플래시 빛이 온 동네를 비추고 호각소리가 사방에서 요란했다. 젊은이들을 끌고 가려고 동네를 뒤진 것이다. 다행히 우리는 피할 수 있었다.

서울이 수복되고 북진할 때, 나는 공군을 따라 평양에 올라갔다. 마침 제갈춘諸葛春이라는 공군 대위가 나와 민찬기閔贊基 등 친구들에게 공군 문관증文官證을 만들어 줘서 그런 기회를 얻을 수 있었다. 만주에 거주하던 식구들이 평안북도 구성龜城에 정착한 사실을 전해 들었기 때문에 식구들을 만나보고 싶어 북진 행렬을 따라 갔던 것이다. 그러나 아직 완전히 점령하지는 못한 상황이어서 구성에는 가지 못했다. 대신 민찬기의 고향이 아내와 같은 해주여서 평양에 갔다가 해주로 가면서 안악 온천장에서 며칠 머물렀다. 그러다 중공군 참전으로 사리원으로 나갔다가 후퇴하는 군용 차량으로 인해 더는 올라가지 못하고 서울로 돌아왔다.

1·4후퇴 때에는 가족을 두고 나 혼자 부산으로 피난을 갔다. 민찬기가 금융조합연합회 차고부장이었는데, 내게 기다리고 있으면 자기가 짐을 싣고 오다가 같이 타고 가자고 했다. 그 차고가 서대문경찰서 바로 앞이었다. 오전부터 종일 기다렸는데 차가 오질 않다가 오후에야 나타났다. 그러나 짐을 가득 싣고 있어 탈 수가 없었다. 마침 서대문경찰서 옆에 담배공장이 있었는데, 그곳에 밀가루가 산같이 쌓여 있었다. 동네 사람들이 밀가루를 이고

가는데, 아내도 두 포대를 이고 왔다.

그날 저녁 아내는 밀가루로 전병을 부쳐 내게 싸주면서 눈물을 보였다.

"남자들은 서울에 있으면 안 된다고 해요. 인민군이 닥치는 대로 끌고 갈 테니 혼자라도 어서 떠나세요."

"어떻게 당신과 아이들을 놓고 나 혼자 떠난단 말이오."

내가 당치 않는 소리라고 거절하자,

"저는 어떻게든지 아이들을 데리고 있을게요. 설마 아이들이 있는 아낙을 저들이 어찌 하겠어요? 한강이 얼었을 때 빨리 떠나야 합니다."

아내가 하도 재촉해서 나는 어쩔 수 없이 혼자 피난길을 나설 수밖에 없었다. 이때는 동생 춘자도 우리와 함께 있었다. 춘자는 신학생이던 남편 승병수承炳洙가 거리에서 붙들려 국민방위군으로 징집된 뒤였다. 나는 담요 한 장과 옷가지를 들고 얼어붙은 한강을 걸어서 건너 영등포역으로 갔다. 그리고 마지막 피난 기차의 짐칸 위에 겨우 자리를 잡을 수 있었다. 아내와 춘자, 그리고 어린 아이 셋을 두고 떠나는 내 심정은 참담하기만 했다. 귓불이 떨어져나갈 것만 같은 매서운 추위는 그 참담함에 비하면 아무것도 아니었다.

기차로 대구까지 간 다음, 트럭을 타고 언양, 양산, 동래를 거쳐 부산 범일동에 도착했다. 부산에서는 부산관재청의 적산관리소에 근무하던 박승찬朴勝贊이라는 분의 신세를 졌다. 그는 박승록朴承錄이라는 친구의 형인데, 박승록은 학병 출신으로 해방 후 상해에서 만났다. 귀국한 뒤에 취직을 부탁해서 경찰의 아는 분에게 연결시켜준 적이 있었다. 그는 경위로 경남에서 파출소장으로 있다가 뇌염이 걸려 퇴직했다.

얼마간 박승찬 씨의 신세를 지다가 국제시장 동아극장 앞에서 하숙 생활을 하던 친구들을 만나 그리로 옮겼다. 겨우 근근이 지내면서도 서울에 두고 온 가족 걱정이 끊이지 않았다. 떨어지지 않는 발을 떼어 혼자 피난은 왔지만, 아내와 아이들 걱정에 제대로 눈을 붙인 날이 없었다.

그렇게 걱정으로 하루하루를 보내던 어느 날, 놀랍게도 아내와 아이들을 부산 피난지에서 만날 수 있었다. 이제는 헛것까지 보이는구나 싶었지만 그것은 헛것도 꿈도 아니었다. 그토록 보고 싶던 아내와 아이들이 진짜 내 눈 앞에 있었다. 아내는 식구들을 데리고 경기도 남양으로 피난을 갔었다. 그곳에 의사가 없어서 간호사 출신인 아내가 약을 사다가 주사도 놔주고 하면서 지낸 모양이었다. 그러던 중 인천이 부산과 왕래가 많은 곳이니까 혹 내 소식을 들을 수 있을까 하여 인천으로 갔다가, 특무대에 근무하던 심영순沈永淳이라는 친구를 만났다. 부산에서 심영순과 만난 기억은 없었다. 아마 내가 부산에 있다는 이야기를 전해들은 듯했다. 그가 내 소식을 아내에게 전하자, 아내는 그 친구에게 부산으로 보내달라고 부탁했다. 결국 그 친구의 도움으로 군용선 LST(Landing Ship Tank)를 얻어 타고 부산에 올 수 있었다. 다시 만난 아내가 얼마나 반갑고 기뻤는지 모른다.

우리는 해운대 해수욕장 근처에 작은 판잣집을 얻어 새 보금자리를 꾸몄다. 아내는 생선을 받아다가 시장에 나가 파는 일을 했는데, 특히 갈치가 많았다. 우연히 정인보 선생의 자제인 정상모 경위가 해운대 파출소장으로 있어 만나기도 했다. 마침 해운대 앞 바닷가 산 쪽에 미군 탄약창이 있어서 그곳에 취직이 되었다. 재고를 조사하는 일이었다.

그러던 중 누가 동래 나가는 곳에 있던 거제리 포로수용소에서 통역을 구한다는 이야기를 해주어서 혹시나 하고 가보았다. 담당자가 영어 잡지를 주면서 읽어보라고 했다. 내가 술술 읽으니까 무조건 "OK" 해서 취직이 되었다.

영어 통역이 유창하지는 않았지만 그런대로 통해서인지, 미군 대령인 포로수용소장이 나를 대동하고 공산군 포로들에게 지시사항을 전달한 일도 있었다. 중공군 포로도 있어 중국어 통역도 했다. 헌병대장인 미군 대위도 나와 가깝게 지냈다. 휴전에 앞서 포로교환이 되어 수용소가 없어질 때까지 통역으로 근무했다. 포로 수송에 차출된 적도 있었다. 중공군 포로 가운데 최고위 인물을 수송하는 일이었는데, 내가 중국어 통역이 가능해서 배치된 것이다. 기차 한 량에 헌병과 나, 둘이서 포로 한 명을 장단역까지 호송했다.

재민농원과 사업

휴전이 되면서 포로수용소는 없어졌지만, 미군 제3야전병원이 계속 운영되어서 그곳에서 일을 했다. 미 극동군사령부에서 모집한 켈로KLO(Korea Liason Office, 미 극동군사령부 주한연락처) 부대원들이 병원에서 치료를 받고 있었다. 직원 신체검사를 받았는데, 내 폐가 좋지 않다는 결과가 나왔다. 미군 야전병원에서 스트렙토마이신streptomycin 주사약을 얻어다가 맞으며 치료를 하다가 결국 직장을 그만두었다. 다행히 약은 병원에서 계속 주었고, 서울에 올라가게 되자 병원에서 서울의 미군 병원을 소개해 주었다. 그렇게 많이 나쁘지는 않았던지 큰일은 없었다.

휴전된 다음 해인 1954년, 나는 혼자 서울로 올라왔다. 막상 서울에 왔지만 갈 곳이 마땅치 않았다. 서소문 배재중고등학교 입구에 있던 애국동지원호회愛國同志援護會를 찾아갔다가 임시정부의 서무국장을 지낸 임의탁林義鐸 선생을 만날 수 있었다. 임 선생은 반갑게 맞아주며 근황을 물었다. 자신은 미군정 시기 보건사회부 차장을 한 김용택金容澤 씨와 함께 서울시와 협조하여 독립운동가들의 생활을 돕기 위해 집 짓는 일을 한다고 했다. 그러면서 내게 그 일을 함께 하자고 권유했다. 그것이 신촌 재민농원災民農園이었다.

서울시와 교섭하여 지금의 모래내 부근 하천부지 55,000평을 임대하여, 그곳에 집을 짓는 일이었다. 부지는 하천의 오른쪽이 1구, 왼쪽이 2구로 나뉘어 있었다. 실제 1구 3만 평에 시멘트 블록으로 3평짜리 방 2칸과 부엌 3평으로 된 9평짜리 집을 20여 채 지었다. 건축 사재는 모두 국제연합한국재건단UNKRA(United Nations Korean Reconstruction Agency)에서 지원해 주었다. 나는 입구 쪽에 400평 정도의 땅을 얻어 살았다. 집은 9평이었지만,

마당이 넓었다. 가족은 이듬해
봄에 상경시켰다. 잠깐 현저동에
셋방을 얻었다가 재민농원의 집
이 지어지자 그곳으로 옮겼다.

나는 재민농원의 총무 역할을
했지만, 급료가 있는 것은 아니
었다. 다만 생활필수품을 원조물자로 배급받아, 먹
고 사는 일은 해결되었다. 한때 몇 집에서 양계를
해서 달걀을 해태제과에 납품하기도 했다. 서울시
에 평당 몇 원의 임대료를 냈는데, 그때까지 불하
가 된 것은 아니었다. 허가를 받지 않았으니, 무허
가 주택이었던 셈이다.

재민농원 창설 기념사진
미국 CARE 원조회사에서 많
은 원조 물자를 받아 생활에
큰 도움이 되었다. 왼쪽에서
두 번째가 임의탁 회장이다.

2구에도 20여 채의 집이 들어섰다. 그 곳에는 한
국독립당 마포구당에서 일했던 신 장로라는 분이
신학생들을 합숙시켰다. 재민농원에는 납북된 명
제세明濟世 선생의 가족도 있었고, 안재환安載煥 선
생 가족, 김애라 씨네 가족도 살았다. 4·19 뒤에
는 감옥에서 나온 김학규 장군이 합정동 저수지 근
처의 땅에 집을 지어 살았다.

나는 재민농원에서 몇 해를 살다가 집을 다른 사
람에게 팔아넘기고, 그 돈으로 동교동 산중턱에 봉
원사 소유의 땅 300여 평을 사서 직접 설계를 하여
집을 지었다. 그리고 다시 연희동에 땅을 사서 집을

짓다가 돈이 모자라 곤란을 겪기도 했다. 집을 지어 파는 집장사를 한 셈인데, 집을 지어놓으면 팔리지 않아서 내가 들어가 살다가 제대로 값을 받지 못하고 팔아 오히려 손해를 보곤 했다. 집 세채를 지었으나, 모두 제 값에 매매가 이루어지지 않았다. 연희동에서는 뒤에 백범김구선생기념사업협회 부회장을 맡게 된 김우종 金宇鍾 목사가 세를 살았다.

그러다가 1960년 4·19혁명이 일어났다. 나는 그때 집짓기를 그만둔 뒤, 수원에 위치한 공군 제10전투비행단의 식당을 맡아 운영하고 있었다. 그 일은 공군본부 참모부장으로 있던 김신 장군의 도움으로 가능했다. 나는 일반장교 식당을 맡았다. 조종사 식당은 직영이었다. 마침 이봉창 의사의 조카딸인 이은임 씨가 그 곳의 문관으로 재직하고 있어서 함께 운영을 했다. 아내가 주로 그 일을 했다.

나는 부산에 내려가 사업을 벌였다. 국방부로부터 매장물자 발굴 허가를 얻어 고철을 찾아내 파는 일이었다. 내게 그 일을 권유한 이들은 철원에서 수도파이프를 발굴해 재미를 보았던 사람들이었다. 자본은 그들이 대고 나는 국방부에서 발굴 허가를 얻어내면 되는 식이었다. 마침 김국주金國柱 동지가 군수기지사령부의 참모장으로 있어 도움을 받을 수 있었다. 처음 허가를 받은 곳은 미군이 철수한 수영비행장이었다. 부산 적기부두에서부터 수영비행장까지 묻혀 있는 송유관을 발굴하는 일이었다. 그러나 생각보다 성과가 적었다.

그러다가 서면에 있는 미군 제2보급창에 불이 나서 식기 등의 물품을 부산의 늪지에 버렸다는 정보를 듣고, 그곳의 발굴 허가를 얻었다. 그러나 막상 늪지 공사를 시작하고 나니 진척이 아주 느렸고, 또 기대한 만큼의 물건도 있지 않았다. 결국 이 사업도 실패하여 별다른 이익을 얻지 못했다.

4·19 뒤에는 백범김구선생기념사업협회 일도 했다. 그러나 서울과 부산을 오가며 사업을 하다 보니, 수원의 장교식당도 제대로 운영하지 못했다. 5·16이 일어났을 때, 나는 부산에서 발굴사업을 하고 있었는데 얼마 있지 않아 아주 서울로 올라왔다. 한마디로 나는 사업 수완은 썩 좋은 편이 아니었다.

백범김구선생기념사업협회와 시해진상규명위원회

이승만 정권 아래에서는 백범 선생을 현양顯揚하는 모임이나 집회가 불가능했다. 추도식은 물론이고, 《백범일지》나 《김주주석최근언론집》과 같은 서적마저 보급할 수 없었다. 이미 언급했던 것처럼, 백범 선생의 묘소와 독립운동에 한 몸 바친 어른들을 모신 효창원을 다른 곳으로 옮기고 대규모 운동장을 건설하려다가 여론에 밀려 소규모의 효창운동장을 건립한 일도 있었다. 심지어는 사복경찰이 백범 선생 묘소를 참배하는 사람들을 일일이 조사하여 위협하기까지 했다.

1960년 4·19혁명이 일어나고 이승만 정권이 붕괴되자, 그제야 백범 선생 기념사업도 가능해졌다. 그간 묻혀 있던 백범 선생

백범 선생 시해가 정권 차
원에서 이루어졌음을 폭로
하는 고정훈 씨 기사
〈이승만박사 지령〉,《조선일
보》1960년 5월 24일.

시해에 관한 폭로나 증언도 줄을 이
었다. 특히 고정훈高貞勳 씨의 폭로는
시해사건이 정권 차원에서 이루어졌
음을 확인해 주었다.

1960년 5월 1일 백범김구선생기념
사업협회의 재건 논의가 종로 2가 소
재 영보빌딩에 있던 고려대학교 교
우회 사무실에서 진행되었다. 김덕
은 씨가 고려대학교 교우회 이사장
을 맡고 있던 까닭에 그곳에서 재건
을 논의했다. 그리고 김창숙 선생을
위원장으로 하는 백범 선생 11주기 추도식이 준비
되었다.

이런 준비 끝에 백범 선생이 돌아가신 지 11년
만에 처음으로 추도식을 가질 수 있었다. 6월 26일
효창원 백범 선생의 묘소에 제단을 만들어 진행한
추도식에는 억수같이 쏟아지는 비에도 불구하고
수천 명의 시민들이 참여하여 공원을 가득 메웠다.
나도 말석에서 추도식을 준비했는데, 11년 만에 모
신 백범 선생의 영전에 조금이나마 면목이 서는 느
낌이었다. 정부 대표로는 장면張勉 국무총리가 참
석했다.

추도식이 끝나자 그 자리에서 김용희金龍熙 동지

의 제청으로 백범김구선생시해진상
규명투쟁위원회를 발족했고, 김창
숙 선생을 위원장으로 선출했다. 추
도식이 끝날 무렵 비가 조금 줄자 참
석자들은 파고다 공원까지 시위행진
을 했다. 그러나 허정許政 과도내각
은 이에 관심을 보이지 않았다. 민주
당 정권이 들어서자, 시해진상규명
투쟁위원회에서는 당국에 수사를 요
청하는 한편, 안두희가 썼다는 《시
역弑逆의 고민苦悶》이라는 책자를 명예훼손 혐의로
제소했다. 그러나 당국에서는 안두희를 입건조차
하지 않고, 공소시효 만료를 내세우다가 기각하고
말았다. 민주당 정권이 한국민주당 출신들에 의해
주도되었고, 또 친일 혐의가 짙은 인물들이 고위
직에 적지 않게 참여하고 있었기 때문에 큰 기대
를 할 수 없었다. 그러나 시해진상규명투쟁위원회
에서는 시해사건의 배후에 대한 조사를 계속하여,
대체적인 전모를 파악하기에 이르렀다. 또한 행방
이 묘연한 안두희의 소재를 파악하기 위해 애썼지
만 찾을 수가 없었다.

그러다가 1961년 4월 17일 시해진상규명투쟁위
원회의 간사를 맡고 있던 김용희 동지가 우연히

백범 선생이 돌아가신 지
11년 만에 가진 추도식 기사
(《조선일보》 1960년 6월 26일)

종로에서 안두희를 발견하고 추격한 끝에, 검찰에 넘길 수 있었다. 김용희 동지는 광복군 제3지대 출신으로, 나와는 4·19 뒤에 대면한 사이였다. 시해진상규명투쟁위원회에서는 당국에 안두희 재판의 재심을 강력하게 요구했다. 그러나 한 달 만에 5·16 쿠데타가 일어나 조사가 중단되고 말았다.

이후 안두희는 다시 종적을 감췄는데, 강원도 양구에서 군납업을 하며 호화스럽게 살고 있다는 소문만 들려왔다. 곽태영郭泰榮 동지가 양구에서 오랜 시간 탐문하여 1965년 12월 안두희를 찾아냈다. 그러나 별다른 성과는 없었다. 오히려 시해 배후를 밝히도록 종용했으나 불응하자 개인적으로 응징했다가 경찰에 고발당하기까지 했다.

아무튼 하늘 아래 백범 선생을 시해한 안두희가 살아 있고, 더욱이 대명천지를 활보한다는 생각만 해도 백범 선생을 기리는 이들에게는 풀 수 없는 한이 아닐 수 없었다.

백범 선생의 추모 사업은 5·16군사쿠데타가 일어난 뒤에 별다른 움직임이 없다가, 서거 20주기를 앞두고 동상 건립을 추진했다. 5·16 이후 시청부터 남대문 쪽으로 가로수 사이사이에 백범 선생을 비롯하여 안중근·윤봉길·이봉창 의사며, 안창호 선생 등 독립운동가의 동상을 세운 것을 본 적이 있다. 또 박정희朴正熙 대통령은 국가적으로 본보기가 될 수 있는 인물의 현양 사업을 계획했다. 이순신 장군과 백범 선생이 후보에 올랐으나 이순신 장군을 현양하기로 하고 현충사 건립을 비롯한 현양 사업을 전개한 것이라고 들은 적이 있다.

아무튼 선생의 서거 20주기를 맞기까지 백범 선생의 기념사업에 적극적으로 나선 분은 없었다. 어른들을 대신하여 일을 추진할 젊은 인재들도 없었다. 나도 백범 선생의 서거를 막지 못한 죄인이라는 생각에 그러한 일에 적극적으로 나서기가 어려웠다. 하지만 서거 20주기를 맞게 되자, 기념사업 재건에 대한 논의가 일어났다. 백범김구선생기념사업협회도 재정비하고자 했다. 나를 비롯한 젊은 층에서는 정부의 지원을 받도록 주선할 수 있는 분이 회장에 선임되어, 협회를 적극적으로 이끌어야 할 것이라고 생각했다. 김덕은 씨가 이 일의 추진에 가장 적극적이었다. 우리는 김덕은 씨 소유의 종로 2가 영보빌딩 2층 고려대학교 교우회 사무실에 모여 기념사업 문제를 논의했고, 이후에도 이 사무실을 이용하기로 했다.

1968년 6월 25일, 명동의 유네스코 회관에서 협회의 임시총회가 개최되었다. 장년층이던 조경한, 이병찬, 김덕은, 김선량, 김지림 등은 임시정부의 국무위원을 역임한 조경한 선생을 회장으로 추대하고자 했다. 그러나 김우전, 이규석, 최천송, 조홍, 곽태영 등 우리 젊은 층은 민의원 의장을 역임하고 박정희 대통령의 신임이 두텁던 곽상훈 선생을 추대하고자 했다.

나는 먼저 수운회관의 곽 선생 사무실로 찾아가 곽 선생에게 백범김구선생기념사업협회 회장직을 승낙 받아 놓고, 임시총회에 임했다. 백범 선생이 귀국한 뒤 얼마 지나지 않았을 때 곽 선생이 두 번이나 백범 선생을 찾아와서 인천과 강화도를 안내한 적이 있어 어느 정도 잘 알고 있었기 때문이다. 결국 곽 선생이 회장으로, 박영준, 최덕신崔德新 씨가 부회장으로 선임되었다.

곽상훈 회장이 취임한 후부터는 기념사업협회 일이 잘 풀리기 시작했다. 첫째로 동상 건립 부지 결정이 빨리 이루어졌다. 동상 건립 자금 문제와 관련, 장년층은 국민모금으로 충당되어야 국민 전체가 참여하는 성의 있는 동상이 된다는 점을 강조했다. 반면 회장단을 비롯한 젊은 층은 전 국민 모금이 뜻은 좋지만 모금이 쉽게 되지 않는다는 점을 강조했다. 결국 현 회장단의 결정에 맡기기로 합의, 곽 회장에 위임하기로 했다.

그 해 9월 28일 협회의 재건 정기총회에서 3·1운동 50주년과 백범 선생 서거 20주년을 기념하여 정식으로 동상 건립을 의결하고, 동상건립 전문위원 12명을 구성했다. 서울특별시에서는 동상을 세울 터로 남산공원에 200여 평의 부지를 제공했다. 처음에는 협회에서 동상 건립지로 시청 앞을 제시했으나, 김현옥金玄玉 서울특별시장이 시청 앞은 어렵다면서 남산 야외음악당 자리를 제시했다. 그 때문에 박영준, 최덕신 부회장과 나, 그리고 이규석 씨가 시장을 면담했고, 결국 김현옥 시장이 제시한 현재의 장소인 남산 야외음악당 자리로 낙착되었다.

박정희 대통령은 곽상훈 선생에게 모금을 하지 말라며, 자신이 알아서 처리해 주겠다고 말했다. 그것은 안중근 의사 기념관 건립과 관련하여 있었던 잡음을 의식한 조치였던 것으로 안다. 대통령과 김성곤金成坤 민주공화당 재정위원장, 서정귀徐廷貴 호남 정유 사장이 각각 500만 원, 정주영鄭周永 현대건설 사장이 300만 원, 그 외 몇 사람이 더 기부하여 총 2,100만 원의 예산으로 동상

건립이 시작되었다.

1969년 4월 기공식을 가졌다. 이화여자대학교 미술대학의 김경승金景承 교수와 홍익대학교 출신인 민복진閔福鎭 씨가 합작하여 4개월 여의 공사로 마침내 동상이 건립될 수 있었다. 이 일에 나는 총무를 맡았고, 재무에 김우전, 문화에 이규석, 건설에 조룡趙龍, 섭외에 곽태영 동지가 선임되었다. 김우전 동지는 나와는 광복군 한광반 동기로, 이후 기념사업회가 어렵고 힘들 때도 끝까지 같이 하게 된다.

1969년 8월 23일, 남산에서 동상 제막식이 거행되었다. 이효상李孝祥 국회의장, 민복기閔復基 대법원장 등 3부 요인이 참석했다. 특히 자유중국의 고시원考試院 원장으로 있던 손문 선생의 자제인 손과孫科 박사가 장개석 총통의 특사 자격으로 참석했다. 또 자유중국 천주교의 지도자인 우빈于斌 추기경도 참석했다. 중화민국의 이 두 분은 중국에서 우리 독립운동을 위해 음으로 양으로 애썼던 분들로, 백범 선생과도 교분이 깊었다.

정당·사회단체·유족대표·독립운동가·각계인사·유지 등이 참석한 제막식은 공군 군악대의 주악으로 시작되어, 개회사·묵념·기념사·헌화·축사·축가·예사 등의 순으로 진행되었다. 서울특별시장이 대통령의 전화를 받고 당시로서는

백범 선생 동상 제막식
(1969년 8월 23일)
백범 선생 서거 후 20년이 지나서야 선생의 동상 건립이 가능했다.

가장 규모가 큰 백범 선생 동상이 세워진 광장 일대를 '백범광장' 이라고 명명했다. 그리고 동상 건립에 때를 맞추어 양우당출판사에서 《백범일지》 2,000권을 출판하여 동상 제막식에 참가한 분들에게 배부하는 등 1,000부를 소화했다.

백범김구선생기념사업협회가 주도하여 동상을 세울 때 민간 유지들에게 조건 없는 기부를 받았더라면 협회의 운영이 그리 어렵지 않았을 것이다. 동상 건립의 결산을 해보니, 겨우 수지를 맞출 수 있었다. 조금 여유 있게 예산을 잡았더라면 협회의 운영에도 일부를 전용할 수 있었을 텐데, 고지식하게 동상건립 예산만을 계상했던 것이다. 덕분에 협회 사무실만 하더라도 여러 번 옮기지 않을 수 없었다.

협회 사무실은 영보빌딩에 있던 김덕은 씨의 사무실 옆방이 비게 되어 그 곳에 얻었다. 필요한 경우 곽상훈 회장의 사무실이 있던 수운회관에 가 결재를 받는 식이었다. 영보빌딩 사무실은 협회가 보증금을 내고, 성조부인회誠助婦人會라는 봉사단체가 월세를 내는 형태로 함께 사용했다. 1969년을 전후하여 2년 동안 영보빌딩에서 지냈다. 영보빌딩의 사무실도 제대로 운영하기 어렵게 되자, 1970년 5월 서대문구 충정로 영화빌딩 6층에 있던 광복군동지회 사무실에 신세를 지게 되었다. 짐이래야 양우당에서 회수한 《백범일지》 1,000권과 관계문서 얼마가 전부였다. 6월 말에는 저동 쌍룡빌딩 옆의 작은 빌딩에 있던 대종교의 한얼청년회 사무실로 이전했다. 협회 부회장이던 박영준 씨가 한얼청년회 회장으로 있어서, 책상 하나를 얻어 그 곳으로 옮겼던 것이다.

1971년 제8대 국회의원 선거를 앞두고, 박정희 대통령이 자유중국 대사로 있던 김신 씨를 국회의원 선거에 입후보하라고 종용했다. 김신 씨는 금화장이 있던 서대문구를 희망했지만, 효창원이 있는 용산구에 입후보하라고 해서 그 곳에서 출마했다.

이에 따라 협회 사무실도 3월에 갈월동 용산고등학교 가기 전 주유소 옆에 있던 3층 건물의 2층으로 옮겼다. 30평 사무실을 전세 100만 원에 얻었다. 선거를 위해 사랑방 좌담회를 개최하면서, 남아 있던 《백범일지》 1,000권을 모두 소화했다. 그러나 김신 씨가 용산구에서 오랫동안 국회의원을 한 김원만金元萬 씨에게 져 낙선하자, 사무실도 폐쇄할 수밖에 없었다. 협회는 선거사무실 전세금 100만 원을 받아, 다른 사무실을 알아봐야 했다.

나는 건국실천원양성소 출신으로 강원일보사 기자를 했던 안윤기安允基 씨와 함께 사무실을 구하러 돌아다녔다. 여러 곳 중 교통이 편리한 을지로3가 10여 층 높이의 상지빌딩이라는 건물이 좋아보였다. 그래서 1971년 10월, 그 건물 5층에 열 평 정도의 사무실을 55만 원 전세로 구했다. 용산의 사무실에서 응접세트를 가져다 놓고, 책상과 책장을 갖추었다. 전화를 받고 심부름을 할 여직원 1명도 두었다. 종종 자유중국에서 백범 선생과 교분이 있던 인사들이 동상에 참배하는 일이 있었을 뿐, 크게 바쁜 일은 없었다. 가끔 언론기관에서 독립운동과 백범 선생에 관련된 문의가 있는 정도였다.

어느 해인가, 상지빌딩 측에서 보증금을 200만 원 올려 달라고 한 적이 있었다. 여러 해 보증금을 올려달라고 하지 않았는

백범 김구 선생 탄신 100주
년 기념식(1976년 8월 28일)
시민회관(현 서울특별시 의회
자리)에서 각계 인사 1,200여
명이 참석한 가운데 진행되
었다.

데, 그 해에는 한꺼번에 많
은 금액을 올려달라고 해서
난감했다. 마침 건축업을 하
는 이지호 씨가 사무실에 들
렀다가 그 얘기를 듣고는 서
울특별시장에게 사업 관련

으로 연결만 시켜주면 200만 원을 낼 수 있다고
했다. 급한 김에 곽상훈 회장에게 그러한 뜻을
전했더니, 곽 회장은 그 자리에서 시장에게 전화
를 넣었다. 그 후 일이 어떻게 진행되었는지는
모르지만, 곽 회장 덕으로 이 씨가 협회에 200만
원을 내놓아 어려운 고비를 넘길 수 있었다.

1976년은 백범 선생의 탄신 100주년이 되는 해
였다. 8월 28일, 현재 서울특별시 의회가 있는 시
민회관에서 각계 인사 1,200여 명이 참석한 가운
데, 진명여자고등학교 합창단과 공군 군악대의
음악으로 기념식이 진행되었다. 100주년 기념사
업으로 효창원 묘소와 남산의
백범 선생 동상 앞에
분향대를 설치하여 분
향을 받았다. 최영희崔永
禧 국사편찬위원장과 조일
文趙一文 건국대학교 정경대

《백범일지》 원본
《백범일지》 원본은 출간 50
년인 1997년 6월 12일 '보
물 제1245호'로 지정되었다.

학장이 각각 '백범의 인간과 사상' 과 '한국독립운동사상으로 본 백범의 위치' 라는 기념강연을 해주었다.

또 신세계백화점 화랑에서 8월 22일부터 29일까지 1주일 동안 백범 선생의 유묵·유품과 관련 사진을 전시했다. 내가 찍은 사진들이 많이 전시되었다. 마침 박승록 씨의 조카가 신세계백화점 사장으로 재직 중이어서, 적은 비용으로 많은 편의를 제공받을 수 있었다. 8월 26일에는 독립유공자와 백범 선생의 측근들, 그리고 학계와 언론계 등 사회각계 인사 200여 명이 참석한 가운데 '백범 김구 선생의 생애 전반에 걸친 회고와 역사적 평가' 라는 좌담회를 코리아나호텔에서 개최했다. 이 때 미국에 거주하던 사업가 이원모李元模 씨가 미국에 백범김구선생기념사업협회 미주지역 지부를 설치하고, 《백범일대기》를 저술하여 그 인세로 장학재단을 설립했다. 또 자유중국 정부에서는 김신 씨의 주선으로 《백범일지》를 중국어로 번역하여, 20만 부를 자유중국 각계에 배포했다. 이러한 일로 1976년은 바쁘긴 했지만, 보람도 컸던 해였다.

백범 선생 탄신 100주년이 지난 뒤, 나는 백범 선생의 애국사상을 국민들에게 널리 알리기 위해 곽태영 동지와 함께 동양방송을 찾아가 《백범일지》 낭독방송을 부탁했다. 매일같이 가서 부탁을 해서인지, 동양방송에서는 아침 시간에 《백범일지》를 낭독하는 프로그램을 만들어 방송했다. 김종성金鍾聲이라는 성우가 《백범일지》 전체를 낭독했던 것이다. 그 후 동아방송에서도 '백범 김구' 라는 프로그램을 만들어 아침 시간에 낭독했다. 태극출판

사에서 간행된 《백범 김구》(선우진 저)를 대본으로
삼았다.

1980년 곽상훈 회장이 돌아가자, 박영준 씨가
제3대 회장으로, 최석채 씨가 부회장으로 선임되
었다. 협회에는 나와 안윤기 씨가 상근했고, 곽태
영 씨가 종종 들렀다. 또 안윤기 씨의 소개로 홍소
연洪笑蓮 양이 직원으로 근무하기 시작했다. 홍 양
은 상지빌딩 이후 효창동을 거쳐 현재 백범기념관
까지 30년 가까이 협회 일을 보고 있다.

그해 안두희가 미국 이민을 획책하는 것이 알려
져, 이강훈 선생을 모시고 정부 당국과 주한미국
대사관에 강력히 항의했다. 주한미국대사관에서
는 이 나라의 위대한 지도자 백범 선생을 시해한
안두희에게 입국허가를 하지 않게 해달라는 우리
의 청을 받아들이겠다고 약속했다. 정부로부터 가
명으로 여권을 발급 받은 안두희를 출국금지 조치
했다는 법무부 장관의 회신을 받을 수 있었다. 그
러나 정부는 여전히 백범 선생 시해 진상을 밝히
는 일에는 미온적이었다. 그래서 나나 동지들은
백범 선생의 영전에 얼굴을 들 수가 없었다.

《백범 김구》라는 제목의 백범 선생 전기가 발간
된 것도 이즈음의 일이었다. 1982년 6월 26일, 백
범 선생 서거 33주년에 맞추어 연세대학교 추헌수

안두희가 미국 이민을 준비
중이라는 기사
《동아일보》 1981년 12월 12일.

秋憲樹 교수를 대표집필자로 한 이 전기를 1,000부 발간했다. 백범 선생 자신이 쓰신 《백범일지》를 제외하고, 백범 선생의 생애를 학문적으로 집대성한 전기를 그제야 비로소 세상에 내놓을 수 있었다.

1985년 10월 협회 사무실을 다시 효창동 백범 선생 묘소 가까운 곳으로 옮겼다. 30여 평의 사무실 비용은 유족인 김신 씨와 박영준 회장이 전담했다. 이곳에서 시작한 일이 '백범강좌'였다. 12월 12일 최석채 부회장이 '백범 정신과 통일원리', 유영준劉英俊 인하대학교 교수가 '백범 민족주의의 이해'라는 제목으로 시작한 이 강좌는 매월 열려, 백범 선생에 관련된 주제이외에도 독립운동이나 통일문제, 시국현안, 교양에 관련된 내용까지 자유로운 주제로 2000년 2월까지 모두 157회가 계속되었다. 그러다가 백범기념관 건립 문제로 종료되었다. 작은 규모였지만 백범 선생의 흉상과 모친 곽낙원 여사의 동상을 제작하여 협회의 전시관에 백범 선생 관련 자료와 함께 전시했던 것도 기억나는 일이다. 1990년에는 정부로부터 건국훈장 애국장을 받았다.

1989년 9월 백범김구선생기념사업협회 박영준 회장이 사퇴하여, 부회장 김우종 목사가 회장직을 대행하게 되었다. 이 대행체제는 1991년 2월 장충식張忠植 단국대학교 총장이 회장이 될 때까지 계속되었다. 장충식 회장은 그 해 9월 효창동의 5층 건물을 임차하여 백범회관이라고 이름하고 백범자료실을 만들었다. 2002년 10월 백범기념관이 건립될 때까지, 10여 년 동안 이곳을 협회 사무실로 사용했다. 그리고 1992년 5월에는 백범김구선생기념사업협회를 사단법인으로 전환시켰다. 장충식 총장이 이사회 회장으로 선임되었다.

나는 1980년대 후반에 미국에 가 있는 둘째 딸의 초청으로 도미하여 볼티모어에 머물렀다. 미국에 몇 년 머물며 1년에 한두 번 귀국하여 몇 달씩 지내곤 했다. 크게 바쁜 일이 없던 협회 일은 거의 안윤기 씨가 맡아 했다. 아무튼 20년 가깝게 백범김구선생기념사업협회의 실무를 꾸려오던 처지에서 한껏 자유롭게 협회의 일에 참여할 수 있었다. 그러다가 장충식 총장이 회장이 된 뒤 미국에 체류하던 나를 종용한 덕분에 백범김구선생기념사업협회 상임이사를 맡은 것이 1992년이었다.

장 회장은 임영재任永宰 씨와 조내벽趙乃壁 씨에게 부회장을 맡기고, 총무국장에 국방부 병무과 출신의 조인식趙仁湜 씨를 임명했다. 임영재 부회장은 미국에 있던 내게 하루걸러 전화를 하면서, 장 회장이 내 귀국을 재촉한다고 귀국을 종용했다. 나는 여러 번 사양했다. 그러나 백범 선생을 기념하는 일을 돕지 않고 해외에 나와 있는 것이 죄스러워 더 이상 사양할 수가 없었다. 그래서 미국 생활을 접고 귀국하여 협회 일을 하게 되었다. 사단법인이 된 협회의 등기이사가 아니라, 협회의 실무를 맡았다. 사실 김신 씨나 나나 협회를 임의단체에서 사단법인으로 바꾸는 일에는 이전부터 부정적이어서, 일부러 법인으로 등록하지 않았었다. 아무튼 나는 2004년 2월 김신 씨가 두 차례 협회 회장에 선임될 때까지, 10년 넘게 상임이사 일을 봤다.

1995년 11월 1일부터 28일까지 경희궁터에서 문화일보사와 공동으로 '백범 김구의 겨레사랑 전'을 개최했다. 각계 인사를 비롯하여 초·중·고등학생 등 10만 명이 넘게 이 전시회를 관람할 만큼 큰 호응을 얻어서 보람을 느꼈다. 이 전시회는 심양의 한국어 신문인 요령일보사의 계광현桂光賢 사장이 인쇄 시설이 낙후했다면서 한국에 협조를 부탁하여, 조인식 씨와 내가 신설 신문사인 문화일보사에 도움을 타진하러 방문했다가 이루어진 일이었다. 마침 사장이 없어 부사장인 이인원李寅源 씨를 만났는데, 그는 내가 잘 아는 분의 사위였다. 요령일보사 협조 문제는 도움을 받을 수 없었으나, 대화 중에 이 부사장이 전시회를 지원하겠다고 나섰다. 《문화일보》에 전문 학자들이 집필한 백범 선생에 관한 글이 1년 넘게 연재되고 있던 터라 더 쉽게 전시회 개최 문제가 이야기될 수 있었다.

'백범 김구의 겨레사랑 전'의 지방 전시도 이루어졌다. 1996년에는 인천종합문화예술관 대전시실에서, 1998년에는 광주비엔날레 전시관에서 진행되었다. 그리고 백범선생동상건립 범시민 추진위원회의 모금으로 1997년 10월 17일 백범 선생과 곽낙원 여사의 동상이 인천시민공원에 세워졌다. 이 일은 이회림李會林 동양제철화학 회장이 중심이 되어 이루어졌다. 1999년 4월 12일에는 효창원 백범 선생 묘전에서 부인 최준례 여사의 합장식이 있었다. 선생이 서거하신 지 50년 만의 일이었다.

1992년 5월, 이강훈 선생을 회장으로 한 백범김구선생시해진상 규명위원회가 재발족되었다. 나는 총무위원장을 맡았다. 장충식 기념사업협회장이 한글회관에 진상규명위원회 사무실을 임대해 주어, 일하는 데 큰 도움이 되었다.

진상규명위원회에서는 1992년 11월 각계 인사들이 모여 세종문화회관 세종홀에서 백범김구선생시해진상규명촉구결의대회를 열고 백범김구선생시해진상규명특별법을 제정할 것을 요구했다. 국회 법사위원회에서는 박명환朴明煥 의원 외 22명의 연서로 특별법을 제안했다. 그러나 국회에서는 이를 받아주지 않았다. 이에 이만섭李萬燮 국회의장을 찾아가 현역 국회의원 22명의 정당한 요구를 왜 처리하지 않느냐고 사무처를 질타했다. 이러한 우리들의 요구에 이만섭 국회의장은 적극적으로 성의를 다했다.

백범김구선생시해진상규명촉구 결의대회(1992년 11월) 정부의 미온적인 태도에 대한 항의와 압박 차원에서 결의대회를 열고 백범선생시해특별법 제정을 요구했다.

1993년 국회 법제사법위원회에서는 강신옥姜信玉 의원을 위원장으로 하는 조사위원회를 구성하여 조사 활동을 시작했다. 조사 결과를 담은 보고서가 1995년 12월 법제사법위원회 전체회의에서 채택되었고, 국회 본회의에서도 채택되었다.

보고서의 요지는 백

범 선생의 암살사건
이 안두희에 의한 우
발적인 단독범행이
아니라 면밀한 준
비·모의와 조직적
인 역할 분담 하에

이루어진 정권적 차원의 범죄였다는 것이었다. 안
두희는 그 거대한 조직의 하수인에 지나지 않았으
며, 범죄자들은 모두 정권적 차원의 본 암살사건에
우선 도의적 책임이 있고 본 사건 뒤처리에 개입한
것이 확인된다는 결론이었다. 실명이 거론되지 않
는 등 불만족스러운 부분도 있었다. 그러나 백범
선생의 시해사건을 '정권적 차원의 범죄'라고 규
정하는 등 국가기관의 조사보고서로서는 한 획을
그은 것이었다. 《백범김구선생암살 진상조사보고
서》의 '맺음말' 부분을 인용하면 다음과 같다.

백범 암살 사건은 한국현대사에서 한 획을 긋는 중요
한 사건이었다. 1950년대 이승만 정권시기에는 암살
자 안두희가 정권의 비호 아래 백범 암살의 정당성을
공공연하게 주장하였다. 1960년 4월 학생혁명 이후
민간 차원의 진상 규명 과정에서 다양한 증언들이 폭
발적으로 나타났고, 국민과 여론은 안두희 체포와 진

상 규명을 촉구하였다. 그러나 곧이어 5·16 군사쿠데타로 그 진상 규명을 위하여 국가 차원의 협조는 기대할 수 없었다. 정부는 진상규 명을 위하여 아무런 행동을 보여주지 못했지만, 진실을 파헤치려는 신문기자들, 역사학자들, 백범시해진상규명위원회 등의 희생적인 활동으로 사실은 거의 밝혀졌다고 볼 수 있다. 다만 민간 차원의 노력들은 다방면에서 있었지만, 그들이 원하는 것은 정부 스스로 왜곡된 역사를 바로잡는데 앞장서 줄 것을 요구해 왔고 그 요구가 이번 국회 조사활동으로 어느 정도 달성되었다고 볼 수 있다. 암살범 안두희의 마지막 증언을 면밀하게 분석하면 백범 암살사건은 안두희에 의한 우발적 단독범행이 아니라 면밀하게 준비 모의되고 조직적으로 역할 분담된 정권적 차원의 범죄였다. 안두희는 그 거대한 조직과 역할에서 암살자에 지나지 않았다. 김지웅은 암살사건 전반을 계획 조율하였으며, 홍종만은 암살 하수인들을 관리하였다. 이들은 모두 정권적 차원의 비호를 받았지만, 그 일차적 배후는 군부 쪽이었다. 장은산은 암살을 명령하였고, 사건 이후 김창룡이 적극 개입하였고, 채병덕 총참모장, 전봉덕 헌병부사령관, 원용덕 재판장, 신성모 국방장관 등이 사후 처리를 주도하였다. 백범 암살에서 가장 큰 쟁점은 역시 이승만과 미국의 관련성이다. 이승만 대통령의 경우 정권적 차원의 범죄라는 차원에서 우선 도덕적 책임이 있다. 또한 사건 뒤처리에서 개입한 것이 확인된다. 다만 암살 사건에 대한 사전 개입과 지시는 불투명한 편이다. 미국의 경우 우선 백범의 정치노선에 대한 거부감을 가지고 있었고, 암살사건의 내막을 알 수 있었을 것으로 판단된다. 다만 미국역시 백범 암살에 대한 구체적 지시나 명령을 한 흔적은 보이지 않는

다. 암살사건에서 최고위층의 개입을 구체적인 지시
명령의 대목까지 확인할 수 있는 경우는 극히 드물다.
다만 최고위층 자체가 하나의 상황을 만들기 때문에
도덕적 책임, 상황적 책임을 물을 수 있다. 이제 백범
암살 사건의 전반적 윤곽은 잡혔다고 할 수 있다. 보
다 더 정확하고 확실한 진상규명은 역사가들이 할 일
이다. 그들의 할 일은 왜곡된 한국 현대사를 하루 빨
리 바로잡아 민족정기를 세워야 할 것이다.

– 《백범김구선생암살 진상조사보고서》 중에서

안두희의 배후를 밝힌 기사
《동아일보》 1992년 4월 13일

1992년 4월, 백범 선생의 시해 배후를 밝히고자
수년간 노력하던 권중희
權重熙에 의해 단독 범행
임을 주장하던 안두희의
입에서 배후자들의 이름
이 나왔다. 그러나 안두희
는 곧바로 기자회견을 자
청, '모든 것이 폭력으로
강요된 거짓 진술이었으
며 암살 배후는 없다' 고
번복했다. 이로 인해 오히
려 권중희가 폭행 및 납치
혐의로 구속되어 징역 1

안두희 피살 내용을 담은 기사
《경향신문》 1996년 10월 24일

백범기념관
백범 선생 서거 51주년이 되는 2000년 6월 26일 기공식을 갖고 건립이 시작되어 만 2년 후인 2002년 10월 22일 완공되었다.

년에 집행유예 2년을 선고받았다. 당시 여론은 권중희 개인에 의한 사적 응징의 문제점을 지적하며 정부와 국회 차원의 진실규명을 촉구했다.

1994년 안두희는 국회에 소환되었다. 그러나 중풍과 실어증으로 들것에 실려 나왔고 부인이 대신 증언을 했다. 1996년 10월 안두희는 버스 운전기사 박기서朴琦緖에게 '정의봉正義棒'이라 새긴 목봉으로 응징 당했다. '절세의 애국자를 죽이고도 천수를 누린다면, 후손들에게 나라를 사랑하라 말할 수 없다'는 생각 하에 감행한 일이었다고 한다.

1996년 1월 백범김구선생시해진상규명위원회가 해산되었다. 대신 백범기념관건립추진위원회가 발족했다. 그간 백범기념관 건립은 기념사업협회가 노태우盧泰愚 대통령과 김영삼金泳三 대통령 시절에 여러 차례 자체적으로 시도했으나 결실을 보지 못했다. 그러다가 2000년 6월 26일, 백범 선생 서거 51주년이 되던 날에 기공식을 가지게 되었다. 그리고 만 2년이 지난 2002년 10월 22일, 백범기념관이 준공되어 개관식을 성대하게 거행했다.

기공식과 개관식에 김대중 대통령이 직접 참석하여 축하했다. 백범 선생이 돌아가신 지 53년이 지나서야 비로소 그 분을 기념하는 건물이 마련된 것이다. 그날에서야 비로소 우리 민족이 백범 선생에게 진 빚을 어느 정도 갚을 수 있었다. 물론 백범 선생은 자신을 기리는 기념관을 원하지 않았을 것이다. 하지만 백범 선생을 사표師表로 삼아 살아온 이 땅의 많은 후손들에게는 기쁜 날이 아닐 수 없었다. 이제야 국가와 국민이 앞장서서 백범 선생을 모시는 일에 적극 나섰다고 느껴졌다.

그리고 백범기념관 준공에 앞서 1999년 백범 선생 서거 50주기를 맞아 《백범김구전집》(전 12권)이 발간되었다. 대한매일신보사의 김삼웅金三雄 주필이 각계의 재정 후원을 얻어 간행한 이 전집은 우리나라 근현대사의 석학들이 모여 백범 선생이 직접 쓰신 자료를 비롯하여 관련 자료와 추모, 그리고 사진 자료 등을 총망라한 것이었다. 백범 선생이 서거하신 뒤 반세기 만에 전집이 간행된 것이다. 프레스센터에서 출판기념회가 있었다. 김대중 대통령은 이 자리에도 직접 참석하여 축사를 해주었다.

10장

내 인생의 회고록

만년의 회상 ————————

나는 40대에 허리 디스크 때문에 두어 해 크게 고생을 했었다. 두더지, 지네, 뱀까지 고와 먹으며 치료를 했으나 잘 낫지 않았다. 그런 사실을 알던 김신 씨 부인이 김신 씨가 사냥해서 잡아온 노루 뼈 2마리 분을 보내줘서 그것을 고아 먹었는데 다행히 많은 효과를 보았다. 선천적으로 몸이 약해서 시간 나는 대로 등산을 다녔다.

1960년대 말 서울특별시가 홍익대학 옆의 와우 아파트를 분양할 때, 독립유공자 분양이 있어서 한인애국단에 참여했던 한도원韓道源 씨와 함께 신청했더니 분양이 되었다. 그러나 아파트가 다 지어져서 입주를 준비하는데, 붕괴되는 일이 일어났다. 내가 분양 받은 동의 옆 동이 무너진 것이다. 이것이 잘 알려진 와우아파트 붕괴사건이다. 시에서 대신 경의선 철도가 다니는 연세대 쪽 바람산에 지은 아파트를 분양해 줘서 여러 해 그 곳에서 살았다.

그러다가 1970년대 초에 화신백화점 근처에 있던 동양고속이 서울역 건너편 버스터미널로 옮겨간다는 이야기를 듣고, 그 곳에 가게를 하나 맡았으면 해서 교통부장관으로 있던 김신 씨에게 부탁을 했다. 오십 줄에 들어섰으니 생활 대책을 강구해야 할 형편이기도 했다. 마침 일이 잘 되어서 동양고속의 이민하李敏廈 사장이 100만 원에 가게를 할 수 있게 배려해주어, 서울역 건너편 동양고속 버스터미널에 햄버거나 커피, 음료수 등을 파는 스낵 가게를 열었다.

스낵 가게는 1970년대 후반 버스터미널이 강남으로 이전할 때까지 잘 되었다. 덕분에 대흥동에서 전세로 있던 나는 화곡동에 석조 2층으로 된 주택을 살 수 있었다. 화곡동에 살던 김용희 동지와 그 부인 이용자李容子 씨가 소개해준 집이었다. 스낵 가게를 하면서 번 돈에 190만 원 정도의 은행 융자를 더해 총 830만 원을 주었다. 제법 큰 집에서 10년 가깝게 살았다.

이때부터 나와 가족들은 기독교대한성결교회 강서교회에 출석했다. 처음엔 백범 선생을 모시고 교회를 다녔지만, 1970년대부터는 김용희·이용자 부부의 인도로 가족을 이끌고 정성껏 나갔다. 1982년 12월 26일에는 장로로 장립되었고, 1991년 교회법에 의해 명예장로가 되었다. 앞으로도 교회에 충실할 생각이다.

아내 권정례는 혈압이 높았다. 아내는 1973년 첫째 딸 결혼 날이 잡히자 재민농원 시절부터 가깝게 지내던 명제세 선생의 부인 홍종임洪鍾任 여사에게 청첩장을 드리려고 했다. 딸 결혼 소식을 전하면서 오랜 시간 뵙지 못한 아쉬움을 풀려 한 것이다. 그런데 수유리에 산다는 것만 알고 주소를 몰라 더운 여름 날 수유리를 헤매다가 그만 졸도하고 말았다. 택시로 집에 돌아와 바로 세브란스 병원으로 옮겨 뇌수술을 두 번이나 받았으나 다시 일어나지 못한 채서 세상 사람이 되었다. 백범 선생을 보낸 이후 가장 큰 충격이었다.

30년 가까이 함께 산 아내가 돌아가자, 큰 집이 텅텅 빈 것 같았다. 그래서 화곡동 집을 팔고 영등포구 당산동의 강남아파트로 옮겼다.

선우진의 고희연과 아내 신채영의 회갑연(1992년)

아내와 나는 3남 3녀를 두었다. 맏이가 아들로 영燊이고, 이어 쌍둥이로 미선美仙과 미라美羅, 그리고 미령美玲이가 있으며, 그 아래로 엽燁이와 환煥이가 있다. 모두 미국에 살고 있다.

상처 후, 이용자 씨의 소개로 1986년 신채영申彩瑛과 재혼하여, 당산동 유원아파트를 분양받아 살았다. 1980년대 후반 볼티모어에 살고 있는 둘째 딸의 초청으로 미국에 갔다가, 그곳에서 4년을 머물렀다. 물론 해마다 한두 번 귀국하여, 몇 달을 서울에서 보내면서 협회 일도 참여하고 친구들도 만나며 지냈다.

미국에 있을 때, 한광반 출신으로 미국에 이민 가 있던 윤재현, 노능서, 홍기화洪基華, 김유길金柔吉, 윤영무尹永茂, 정명鄭明 씨 등을 만나 회포를 풀기도 했다. 한광반은 아니지만 중경에서부터 알던 학병 출신 한필동韓弼東 씨도 만났다. 윤재현 씨와의 기억은 아직도 새롭다. 보스턴대학 교수로 있던 윤재현 씨는 대학을 퇴직하고 LA로 이사를 갔다. 그런데 그 이삿길을 나와 함께 했다. 볼티모어에 와서 나와 함께 1주일간이나 자동차를 타고 LA까지 간 것이다. 힘들었지만 그만큼 잊히지 않는 추억이다.

또 LA에서는 백범김구선생기념사업협회 미주지역 지부를 만들어 활동하던 이원모 씨를 만나서, 진주 삼현여자고등학교 최재호崔載浩 교장과 함께 라스베이거스와 그랜드캐니언, 후버 댐 등을 돌아볼 수 있었다. 이원모 씨는 국내에서 학원 사업을 통해 돈을 벌어 미국으로 이민, 갖은 고생 후 사업에 성공한 분이었다. 지금은 윤영제尹永濟 씨의 주도 하에 뉴욕지부가 생겨 활동 중이다.

역시 한광반 출신인 윤영무 씨도 만났는데, 그는 적극적으로 친북 활동을 하고 있었다. 다른 한광반 동지들과는 사는 곳도 다르고 이념적인 문제도 있어서인지, 서로 만나는 일이 많지 않았다.

미국에 있으면서도 1년에 한두 번은 귀국했다. 하지만 오랜 시간 국내에 있지 않아서인지 주위 분들 중에서 이민 간 것이 아닌가 생각하는 분들도 있었다. 사실 이민은 아니지만, 볼티모어에서 가게를 내볼까 싶어 가게를 보러 다닌 적이 있긴 했다. 사진 복사 프린터가 국내에 수입되지 않았을 때, 그런 가게를 해볼까 했던 것이다. 그러나 그만 두었다.

그간 이미 언급한 대로 나는 백범김구선생기념사업협회의 일을 돕는 데 대부분의 시간을 보냈다. 또 광복회 대의원을 맡기도 했다. 몇 차례 중국을 방문할 기회도 있었다. 한광반 동지들과 함께 우리가 훈련을 받던 임천을 50여 년 만에 찾기도 했다. 당시

이십대였던 청년들이 팔십이
다 된 백발노인의 모습으로 임
천 땅을 밟은 것이다. 세월이
빠르다는 사실이 새삼 피부에
와 닿았다.

중경의 연화지蓮花池 임시정
부 청사를 비롯하여, 임천에서
중경으로 이동하며 지나쳤던 파촉령巴蜀嶺과 장강
長江이며, 귀국하기 직전 머문 상해 등지를 돌아보
았다. 옛 기억들과 지금의 풍경이 자연스레 오버랩
되었다. 내 나이가 벌써 아흔을 바라보고 있지만
이상하리만치 그때의 기억은 생생하다.

이쯤에서 내가 만주를 벗어나 중경 임시정부까
지 오게 된 경위를 정리해야 할 것 같다. 사실 그것
은 우연이기도 하고 또 어찌 보면 운명이기도 했
다. 그것을 어찌 구분할 수 있을까. 그저 그것이 내
삶이었고, 그것을 거스르지 않고 충실했다고 말할
수밖에.

한광반 동지들과 함께
찾은 중국 상해
왼쪽 끝이 나 선우진이다.

1941년의 갈림길 ─────

1932년 4월, 나는 삼촌과 함께 한국인만 다니는

무순보통학교에 3학년으로 편입했다. 무순에는 여러 학교가 모여 있었다. 전차에서 내리면 일본인 중학교가 있고, 옆으로 일본인 소학교와 한국인 보통학교, 그리고 중국인 학교가 자리하고 있었다. 전차로 통학했는데, 학생들은 무료로 태워주었다. 나는 학교에서 전기를 사용하고 수돗물을 쓰며 신기하게 여겼다. 처음 접해보는 것들이었기 때문이다. 기차를 구경하러 일부러 정거장에 나갔다가 갑작스런 기적 소리에 몹시 놀란 적도 있었다.

보통학교 교장은 니시하라西原라는 배가 몹시 나온 일본인이었다. 교사는 일본인과 한국인이 있었는데, 홍재후洪在厚 선생이 졸업할 때까지 내 담임을 맡았다. 보통학교에서는 적령기의 학생들과 여학생들을 합반하여 한 학급을 만들고, 결혼을 했거나 나이가 많은 사람은 따로 모아 다른 한 학급을 만들었다. 삼촌은 결혼한 상태여서 나와 다른 반에 배정되었다. 당시는 청국의 마지막 황제인 선통제宣統帝 부의溥儀를 황제로 세운 일본의 괴뢰 만주국滿洲國이 세워지던 시기였다. 하지만 보통학교에서는 《조선어독본》도 가르쳤다.

삼촌은 노래와 말을 잘 했다. 삼촌에 비하면 나는 내성적이고 공부 잘하는 모범생이었다. 보통학교 동창 중 졸업 후 만난 사람은 한 사람도 없다.

1936년 3월 나는 무순보통학교를 졸업하고 무순중학교에 진학했다. 무순중학교는 학생이 한 반에 40명 정도 되는 일본인 학교였다. 한 학년에 3~4개 반이 있었다. 한국인 학생은 얼마 되지 않았다. 그러나 내가 한국인이라고 심한 차별을 받은 기억은 없다. 나는 입학 후 아버지를 따라 학교에서 지정한 상점에 가 교복과 모자, 책가방 등을 사서 입어보았다. 그 기쁨은 이루 말할 수가 없었다.

삼촌은 중학교 진학을 하지 않고 보통학교에서 보습과補習科 2년을 마친 후, 일본 건축회사에 취직했다가 운전을 배웠다. 회사에서 하북성 석가장石家庄에 파견하자 혼자 무순을 떠났다. 삼촌은 석가장으로 가서 가끔 편지를 보냈다. 숙모에게는 자주 연락했을 것이다.

어느 날 할머니가 삼촌이 다른 사람에게 부탁해서 부친 편지가 왔다고 하면서, "걔가 회사에 있지 않고 어디 딴 데로 갔다고 하면서, 소식이 없어도 안심을 하라고 하네" 하셨다. 그런데 할아버지에게는 달리 연락이 있었던 것 같았다. 뒤에 알았지만 삼촌은 석가장에서 광복군 공작원에 포섭되어 서안으로 옮겨갔다. 할아버지는 아무 말씀도 하지 않으셨지만, 내 눈치로도 임시정부 계통과 연락이 되었던 것이 아니었나 싶었다. 할아버지께서는 내가 장손이라 혹 삼촌과 연계되어 집을 나가지 않을까 해서 아무런 말씀도 하지 않으신 것 같았다.

1940년 중국 관내 지역으로 간 뒤 광복군에 참여했던 삼촌 선우기를 해방 후 중경에서 만나 찍은 사진 왼쪽부터 허영일許永一, 삼촌 선우기 그리고 나 선우진이다. 허영일과 삼촌은 광복군 제2지대에서 곤명 미14항공대로 파견되어 근무하다가 일본의 패망으로 본대로 귀환했다. 그 때 중경에 들러 같이 사진을 찍었다.

1941년 전후의 일이었다.

1941년 3월 나는 무순중학교를 졸업했다. 그러나 스무 살 청년이 된 내 진로는 막연하기 그지없었다. 더욱이 앞으로 한국인을 군대에 징병할 것이라는 소문도 들려왔다. 나는 취직을 하지 않고 만주 건국대학建國大學에 입학해 볼까 하는 생각으로 길림吉林으로 해서 장춘, 즉 당시 신경新京에 갔다. 그런데 집안이 외지에 나가서 대학에 다닐 형편이 못 되었다. 당시 신경은 일본이 만든 신도시로, 중심가의 로터리가 아주 크고 인상적이어서 지금도 기억에 남아 있다.

할머니의 먼 남동생뻘인 홍진표 씨가 반석에서 조선상점이라는 잡화상점을 하고 있었다. 우리는 그분을 진표 삼촌이라고 불렀는데, 진표 삼촌은 신둔에서 농사를 짓다가 땅을 팔고 반석으로 이사하여 장사를 하고 있었다. 그런데 내가 일본말과 중국말을 잘 하니까 가게 일을 도울 수 있겠다 싶었는지, 진표 삼촌은 집에 나를 석 달만 보내달라고 부탁했다. 그래서 나는 신경에서 바로 반석으로 가 조선상점의 일을 거들었다. 상점에서는 포목과 건어물 등 여러 물품을 다루었다. 반석 주위에는 많은 한국인이 농사를 지으며 거주하고 있었다.

반석에 머물면서 만난 사람 중 문학빈文學彬이라는 이가 있었다. 내가 용두에 살던 어린 시절, "문학빈 장군이 왔다"고 하면 울던 아이도 울음을 그쳤다고 할 정도로 전설적인 인물이었다. 배움은 짧았지만 권총을 잘 쏘고 용맹한 독립군이었다. 평안북도 벽동에서 살던 그는 1920년대부터 서로군정서 의용대의 유격대장을 비롯하여 통의부統義府와 정의부·국민부의 중대장을 역임했다. 그러나 압록강을 건너 국내 습격을 감행할 정도로 이름이 알려졌던 그는 1933년 일제에 체포된 뒤 투항하고 말았다. 변절한 문학빈은 일본 경찰복을 입고 상점에 오곤 했다. 그는 경부警部 계급이었던 것 같은데, "내가 일본 경찰복을 입고 있지만, 독립군을 토벌하는 경우에는 사람을 미리 보내 정보를 흘렸다"고 이야기하곤 했다. 어릴 때 우러러 보던 문학빈이 변절하여 변명이나 하는 모습에 화가 치밀었지만 다른 한편으로는 씁쓸한 기분이 들었다.

해방 후, 문학빈은 만주의 장연민주자위군長延民主自衛軍에서 활동하다가 뒤늦게 귀국했다. 하루는 동상으로 수술한 다리를 절룩거리며 경교장으로 백범 선생을 뵈러와 그를 다시 만난 적이 있다. 6·25 이후 내가 임시정부 서무국장을 지낸 임의탁 선생 등 몇 사람과 연희동에서 재민농원을 할 때에는 집을 하나 주어 같이 살면서 일하기도 했다.

반석에 있던 또 다른 한국인 상점 봉길상회 주인의 사촌동생 김성찬金成燦은 평안북도 철산 출신이었다. 나는 비슷한 또래이던 그와 가깝게 지냈다. 그런데 하루는 중국 천진天津에 다녀온 적이 있던 그가 천진에 사촌이 있다고 내게 천진으로 같이 가자고 했다.

"선우 형은 일본말과 중국말을 잘 하니까 좋은 곳에 취직할 수 있을 거야."

나는 관내關內에 간 삼촌을 만나고도 싶었고, 마침 징병설이 돌기도 했기 때문에 그 말에 귀가 솔깃했다. 중국에서는 산해관山海關과 만리장성 안쪽은 관내, 그 바깥쪽은 관외關外라고 불렀다. 내가 어떻게 갈 수 있냐고 묻자, 김성찬은 통행증이 있어야 산해관을 넘을 수 있다고 했다. 통행증을 어떻게 구해야 할지 난감해하자 그는 돈만 있으면 산해관을 넘어가게 해주는 사람들이 있다며 천진행을 부추겼다. 그래서 내가 돈을 대겠다, 같이 가서 취직할 때까지 그 친척 집에 있게 해 달라고 부탁하자, 그는 문제없다고 자신 있게 대답했다.

내가 상점 일을 도운 것이 1년 가깝게 되었으므로 그 임금을 받을 수 있었다. 그리고 부족한 돈을 메우려고 봉천에 계신 할아버지를 찾아갔다. 할아버지는 내가 중학교에 다닐 때 무순에서 봉천으로 이사했다. 봉천에서도 한의원을 했다. 할아버지가 후실을 두게 되면서 할머니는 무순에 그대로 계시고 할아버지만 후실과 봉천으로 거처를 옮겼던 것이다. 할아버지는 침을 잘 놓아서 벌이가 괜찮았다.

나는 할아버지에게 약간의 돈을 얻어서, 기다리고 있던 김성찬과 봉천에서 기차로 천진을 향해 떠났다. 집에는 아무런 연락도 하지 않았다. 집에서 붙들까봐 그냥 떠났다. 그러나 그것이 생이별이 될 것이라고는 그때는 짐작조차 못했다. 나는 해방 후 여동생 춘자를 제외하고는 가족들을 다시 만나지 못했다.

1942년 9~10월경이었다. 나와 김성찬은 산해관 못 미쳐 두 정거장 전인 고령高岭이라는 곳에서 내렸다. 정거장에 내리니 철도경비대에서 우리를 보고 사무실로 들어오라고 했다. 먼저 내린 사람이 들어가 무슨 이야기를 하다가 매를 얻어맞는 것이 보였다. 우리는 겁이 났지만 거짓말을 하는 수밖에 없다는 생각에 서로 말을 맞추고 들어갔다. 경비대원이 윽박지르듯이 물었다.

"어디를 가는 길인가?"

"삼촌이 중국인들을 데리고 이곳에서 사업을 합니다."

우리가 대답하자, 그들은 다짜고짜 몰아세웠다.

"이 녀석들 거짓말 하네. 여기에 네 삼촌이 어디 있어. 여긴 아무 것도 없는 곳인데!"

그랬다. 그곳은 깊은 산골로 사업을 할 만한 곳이 아니었다. 경비대원은 산해관까지 끊은 차표를 빼앗고, 다음 기차로 봉천으로 돌아가라고 지시했다. 결국 우린 대합실에서 봉천행 기차를 마냥 기다려야만 했다. 그런데 기회가 생겼다. 대합실은 경비를 하지 않고 그저 경비원들이 왔다 갔다 하기만 했다. 여기까지 와서 그냥 돌아갈 수 없지 않느냐고 이야기하다가 뒤쪽 창문이 열려 있는 것을 발견했다.

우리 둘은 창문을 넘어 빠져나와 산 쪽으로 달리기 시작했다. 뒤늦게 경비대원들이 쫓아왔지만, 산 속으로 도망쳤다. 칠흑 같이 어두운 밤에 어디로 가는지도 알지 못한 채 철길에서 멀리 떨어진 소로를 헤맸다. 철도 가까운 곳은 경비대가 순찰을 돌기 때문에 철길에서 먼 곳으로 가야만 했다. 걸어서 산해관까지 갈 생각이었다. 밤새 산길을 헤맸다. 하지만 아침에 보니 얼마 가지 못한 상황이었다. 같은 곳을 빙빙 돈 셈이었다.

날이 밝은 후 하루 동안 걸어서 우리는 만리장성萬里長城 근처까지 갈 수 있었다. 고령에서 하룻길이었다. 길 가에서 가까운 수수밭 속에 숨어 해가 지기를 기다렸다. 해가 진 뒤 중국인들 몇 사람이 왔다 갔다 하는 것을 보았다. 나는 밤에 수수밭에서 나가 그 중국인들에게 돈을 조금 줄 수 있다, 산해관을 어떻게 넘을 수 있는지 알려달라고 했다. 운이 좋았던지 바로 해결이 됐다. 그 중국인들이 바로 만리장성을 넘어가게 해주는 브로커였던 것이다.

나와 김성찬이 그들을 따라 한참 산을 올라가 보니 만리장성을 올라가는 턱이 있었다. 그들은 장성 저쪽에 신호를 해서 끈을 던져줄 테니 그 끈을 하나씩 잡고 발을 딛고 넘어가라고 했다. 그때 내가 그들에게 지불한 돈은 정확히 기억나지 않지만 꽤 상당한 액수였다. 중국인들이 미소를 지으며 아주 만족해했다.

산해관을 넘어 시내로 들어간 우리는 아침을 사먹고, 두어 정거장을 걸어갔다. 산해관에서 기차를 탔다가 다시 붙들릴 수도 있다고 생각했기 때문이다. 시골 아주 작은 정거장에서 천진까지 가는 기차표를 사서 무사히 천진으로 갈 수 있었다.

천진에 도착한 것은 너덧 시쯤이었다. 김성찬의 사촌형 집에는 아무도 없었다. 밖에서 기다리고 있는데 어둑어둑해지자 김성찬의 형수가 장을 보고 돌아왔다. 김성찬이 인사를 하자 형수는 깜짝 놀라더니 웬일이냐며 집에 들어가자고 했다. 나도 함께 들어가 그 집 신세를 지게 되었다. 나는 김성찬의 사촌형에게 인사를 하고, 폐를 끼치게 되어 미안하다고 인사했다. 다행히 김성찬의 사촌형이 발이 넓어서 4~5일 만에 취직이 되었다.

삼촌을 찾아

내가 취직한 회사는 의흥상사공사義興商社公社였다. 김성찬의 사촌형과 가까웠던 그 회사에서 마침 사람을 구하려던 차에 잘 되었다면서 나를 고용했다. 회사는 하남성 귀덕歸德에 있었는데, 곡물 무역을 주로 하는 곳이었다. 귀덕은 일본군 점령시 상구商丘로 불렸는데, 서주徐州와 개봉開封의 중간에 위치한 도시로 곡창지대였다. 회사에서 차표를 끊어줘서 귀덕으로 가게 되었다. 귀덕역에서 시가로 들어가는 길에 있던 일본군 헌병대 맞은편의 건물이 의흥상사공사였다.

의흥상사공사의 주인은 김사섭金沙燮이라는 황해도 사람이었는데, 곡물 무역과 약방·문방구·서점을 함께 하고 있었다. 큰 건물의 한쪽에 의흥상사 간판을 걸고 있었다. 다른 한 편은 후생당약국厚生堂藥局이었다. 약국은 주인의 형인 김인섭金仁燮이 운영했다. 나는 의흥상사 일은 하지 않고 약국과 문방구 겸 서점을 관리했다. 취직을 한 뒤 나는 집으로 편지를 보내 소식을 전했다. 의흥상사공사는 농업 지역인 하남성·안휘성 등지에서 밀·땅콩·콩·참깨 등을 구입하여 천진이나 상해, 한국에 판매했다. 곡물과 약품 등을 다루는 사업이 잘 되어 돈을 많이 번 김씨 형제는 매일 술을 마시러 다니며 호화로운 생활을 하고 있었다.

귀덕에는 일본군과 화평군和平軍이 주둔하고 있었다. 화평군은 일본의 괴뢰정권인 왕정위王精衛 정권의 군대였다. 귀덕을 중심으로 주위에는 국민정부군國民政府軍과 중국공산당의 팔로군八路

軍 등도 주둔하고 있었다. 전선 지역이었던 것이다. 각 군대 주둔 지역 사이에는 유격대가 활동하고 있었다.

이곳에서 조동린趙東麟에 관한 이야기를 들었다. 당시에는 그 이야기가 조동린의 이야기인 줄 몰랐다. 훗날 광복군에서 함께 활동하게 되는 그는 귀덕에서 체포되어 일본영사관 유치장에 감금되었다. 그날 들은 것은, 그가 청소를 하던 중 분뇨 통을 일본군 보초에게 뒤집어씌우고 도망가다가 붙들려 개봉으로 이송되었는데, 또다시 기차에서 탈출했으나 결국 잡혔다는 이야기였다. 중경에서 만나보니 조동린은 의외로 작은 체구의 인물이었다. 또 내가 귀덕에 있을 때, 헌병대 통역으로 있던 박해근朴海根이 헌병대 지하에서 독립군 관계 인쇄물을 만들던 중 발각되어 도주하다가 체포된 일도 있었다.

후생당약국에서는 진통제 주사약을 취급했다. 삼성제약三省製藥에서 만든 해로단인海潞斷咽이었다. 해로단인은 아편을 끊는다는 뜻이었지만 실제로는 코카인을 넣어 만든 주사약이었다. 중독이 되면 아편과 다름없는 효과를 내는 약이었다. 내가 귀덕에 갔을 때 해로단인은 주로 20CC짜리 작은 앰플이었는데, 점점 크기가 커져서 뒤에는 링거 병 크기가 되었다. 삼성제약은 북경에서 해로단인을 만들었는데, 한국인이 운영하는 회사라고 들었다. 일제가 해로단인의 제조를 허가하여 판매할 수 있게 해놓았겠지만, 중국인들이 한국인을 어떻게 여길까 싶어 미안한 생각이 들었다.

여동생 춘자가 결혼한다는 편지가 와서, 나는 여자 고무신 세

컬레와 돈을 집으로 보냈다. 그러나 무순우체국에서 고무신을 내주지 않아 돈만 받았다는 편지를 받았다. 전쟁이 막바지에 이르러 일제가 고무 원료를 일상용품이 아닌 군수품으로 취급하는 통에 반입이 허락되지 않았던 것이다.

해로단인은 주로 인근 지역의 약장수들이 사러 왔는데, 주문을 받아서 판매했다. 그런데 그들은 각기 다른 군대 점령지를 지나와서 거래했기 때문에, 이중 스파이와 같은 역할을 해야만 했다. 즉 저쪽 지역의 정보를 이쪽에 와서 주고, 이쪽의 정보를 저쪽에 알려주는 것이었다. 이것이 중국 국민정부군과 중국공산당 팔로군, 일본의 괴뢰정권인 왕정위 정권의 화평군이 모두 귀덕 주위로 집결되었던 이유였다.

젊은 시절 나 선우진의 모습
(1944년)
중국 하남성 귀덕에서 찍어 집에 보냈던 사진이다.

귀덕 생활에 익숙해지면서, 나는 관내 지방으로 온 목적, 즉 삼촌과의 만남을 실행하려고 준비했다. 삼촌이 정확히 어디에 있는지는 알지 못했다. 그러나 눈치로 임시정부와 연결되어 있다고 짐작하고 있었기 때문에 중국 국민정부군 주둔지로 가면 찾을 수 있을 것으로 믿었다.

약방에 오는 중국인 가운데 안휘성 임천臨泉에서 약방을 하는 곽郭씨 성을 쓰는 사람이 있었다. 나는 그에게 임천에 조선인들이 있는지 물어보았다. 곽 씨는 있다는 이야기를 들은 것 같다고 했다. 임천은 중국군 지역이었다. 귀덕에서 자동차로 2시간 정도 걸리는 호현毫縣까지는 일본군 점령 지역이었고, 호현부터 임천 사이는 중국 유격대 지역이었다. 나는 곽 씨에게 약값을 싸게 해주는 등 여러 가지로 잘 대해주면서, 임천에 한국인이 있는지 꼭 알아봐달라고 부탁했다.

곽 씨는 대개 한 달에 한 차례 왕래했는데, 다음번에 와서는 알아본 결과 조선인이 틀림없이 있다는 이야기를 들었다고 했다. 바로 그들이 독립군이구나 하는 생각이 들었다. 광복군이라는 말을 듣지 못해 그들을 독립군이라고 생각한 나는, 그들이 진짜 독립군이 맞는지 확실하게 알아봐 주기를 부탁했다. 그러기를 몇 차례 하면서, 나는 임천에 한국독립군의 왕래가 있다는 점을 확신하게 되었다. 그래서 곽 씨를 계속 잘 대접했다.

그러다가 곽 씨에게 내가 임천으로 가야겠으니 도와달라고 부탁했다. 호현에서 만나 임천까지 같이 가주면 된다고 부탁하며, 필요한 약도 많이 주었다. 신세를 잊지 않겠다고 신신당부를 했다. 그 결과 1944년 3월 어느 날 오후 2시에 호현 남문 밖에서 만나기로 약속할 수 있었다. 나는 그 약속한 날 보름 전에 후생당약국을 그만두었다. 주인 김씨 형제들은 여러 차례 만류했다. 그들이 내일 술이나 미시러 다녀도 내가 일을 잘 처리해서 매상이 늘고 장부 정리도 잘 되었기에, 나를 놓치지 않으려 했던 것이다. 그러나 삼촌을 만나겠다는 내 의지는 그들의 만류보다 강했다. 나는 집에 편지를 해서 회사를 그만 두고 다른 곳으로 떠날 것이며 당분간 소식을 전하기 어려울 것이라 했다. 월급을 정리하고 호현으로 갈 준비를 하면서 가까운 개봉開封과 서주徐州를 구경했다.

1944년 3월, 마침내 귀덕을 떠났다. 나뭇잎들이 파릇파릇 피어나고 있었다. 밀과 보리도 기지개를 켜고 있었다. 그런데 그 위로 메뚜기 떼가 지나갔다. 이상한 소리와 함께 등장한 메뚜기 떼는 순식간에 하늘을 새카맣게 뒤덮었다. 마치 일식을 보는 것 같았다. 메뚜기 떼가 내려와 앉으면 그 지역의 곡식이나 나무는 남아나질 않았다.

성 안에 들어가 돌아다니다가 오후 2시 남문에서 곽 씨를 기다렸다. 그러나 시간이 지나도 그의 모습은 보이지 않았다. 날은 저물어 가는데, 답답했다. 곽 씨가 그럴 사람이 아닌데, 키도 크고 사람도 좋고 또 내가 그토록 잘해 주었는데 생각하면서 연방 시계만 쳐다봤다. 귀덕으로 돌아갔다가 다시 오기도 어려웠다. 결국 성안에 들어가서 자고 혼자서라도 임천으로 가기로 했다. 호현을 지나자 자동차도 다니지 않아서 걸어갈 수밖에 없었다. 겨우 밀고 다니는 외바퀴차가 있어 타기도 했지만 바람이 불면 돛대를 달고 다니는 정도였다.

임천을 향해 혼자 터벅터벅 걸어갔다. 황하黃河에서 날아오는 먼지가 대단했다. 길가에는 좌판들이 있었다. 달걀도 팔고 차나 담배도 팔았다. 달걀을 몇 개 사려고 했더니 삶은 달걀이었다. 상인에게 날달걀이 없냐고 물었더니, 있다고 해서 달걀을 사서 깨어 먹고 앉아서 쉬었다. 중국인 몇 명이 내 주위를 왔다 갔다 했지만 별로 이상하게 생각하지 않았다. 그러나 조금 쉬다가 길을 가기 시작하자, 중국인들이 뒤따르다가 총을 대고 옆길로 끌고 들어갔다. 아찔했다. 날달걀을 먹은 것이 화근이었다. 중국인들은 삶은 달걀은 먹지만, 날달걀은 먹지 않았다. 날달걀 먹는 것을 보고 내가 중국인이 아님을 그들이 알았던 것이다.

내 손을 앞 쪽으로 묶고 보리밭으로 끌고 들어갔다. 얼마를 가니 집이 몇 채 있었다. 유격대의 아지트였다. 책임자가 내게 어디를 가느냐고 물었다. 나는 사실대로 임천에 가려고 호현에서 곽 씨와 만나기로 했는데, 만나지 못해서 혼자 가는 길이라고 밝혔다. 중국인들에게는 내가 중국말을 잘하는 것이 이상하게 보였던 모양이다. 나는 만주 태생임을 밝혔다. 중국 관내 발음과 만주 발음이 조금 달랐다. 유격대 책임자는 나를 한간漢奸, 즉 일본 간첩으로 보고하는 공문을 썼다. 상부에 간첩을 체포했다고 보고하면 유격대의 성적이 올라가기 때문이다. 유격대 책임자는 내게 호위를 붙여 좀 더 규모가 큰 유격대에 인계했다.

그 유격대에서 또 나에 대한 조사를 했다. 그러고는 다시 임천과 가까운 유격대로 인계했다. 그러기를 여러 번, 임천까지 5~6일 걸려 이동했다. 임천에는 노소예환魯蘇豫晥을 관할하는 제10전구사령부가 있었다. 나는 국민정부군에 인계되어, 임천 못 미쳐 우로장于老莊이라는 곳에 위치한 참모부로 보내졌다. 책임자가 소교少校(소령)였는데, 그는 내가 어떻게 해서 임천까지 오게 되었는지 물었다. 나는 자초지종을 다시 설명했다. 곽 씨를 만나지 못해서 혼자 임천으로 오다가 붙잡혀서 여기까지 왔다고 밝혔다.

소교는 내게 어디 사람인가를 물어 조선인이라고 대답하자, 화를 내면서 왜 동북 즉 만주 사람인데 조선인이라고 거짓말을 하느냐고 질책했다. 내가 조선인이라고 거듭 밝히자, 한국 글씨를 쓸 수 있느냐고 물었다. 그래서 한글을 몇 자 쓰니까 겨우 조선인임을 믿었다. 소교는 물론 한글을 몰랐다. 그는 동북 사람이었다. 같은 중국인임에도 동북인은 중국군 내에서 한족에게 차별을 받았던 모양이다. 중국 관내에서도 중국인들은 동북인들을 멸시했는데, 군대에서도 마찬가지였던 것이다. 그 소교는 내가 동북에서 왔다고 하니까 반갑게 대하며, 며칠 기다리라고 하면서 유치장이 아닌 민가에서 자도록 조치해주었다. 물론 보초를 세워서 감시는 했다.

이틀 뒤 한국광복군의 책임자인 김학규 장군이 찾아와 만날 수 있었다. 그분을 뵈러 갔더니 학병에서 탈출한 두 사람이 함께 있었다. 이상일李相一로 불린 한성수韓聖洙와 이문화가 일본군복을 그대로 입고 나를 맞아주었다. 김학규 장군은 내가 환인현에서 살았다는 이야기를 듣고, 선우 총관의 손자임을 금방 알아보았다. 그분은 서로군정서를 거쳐 양세봉 장군 휘하에서 조선혁명군 참모장으로 활동했기 때문에, 만주 지역의 독립운동에 대해 잘 알고 있었다. 1942년 임시정부의 제6징모분처 주임위원으로 임명되어 부양阜陽에서 초모공작을 지휘하는 중이었다. 김학규 장군은 선우 총관의 아들 하나가 광복군 제2지대에 와 있다는 이야기를 들었다고 했다. 삼촌이 광복군에 있다는 것을 확인한 셈이었다. '지성이면 감천'이라고 하더니, 이제야 내가 집을 떠나온 목적이 달성되었다는 실감이 났다.

한국광복군 ―――――――――――――――

임천에서 김학규 장군을 뵙고, 그보다 먼저 와있던 한성수와 이문화를 만난 것은 1944년 4월경이었다. 학병으로 전쟁에 끌려왔다가 탈출한 두 사람은 중국어를 몰라 김학규 장군이 잠깐 들를 때 겨우 도움을 받으며 지냈다. 그러다가 내가 오자 그렇게 반가워할 수가 없었다. 한두 달을 그렇게 우로장에서 세 사람이 지냈다. 일본 전수대학專修大學에 재학 중이던 한성수는 징병되어 일본군에 있다가 3월 26일 서주에서 탈출했다.

서주 부근에서 일본군을 탈출하는 학병들이 증가하고 그들이 유격대를 거쳐 중국군에 인계되면서, 5월에 이르자 탈출 학병이 몇 명씩 우로장으로 모여들기 시작했다. 임천은 작은 도시였는데, 우로장에서 강을 건너야 했다. 우로장에는 제10전구사령부 참모부가, 강 건너편 임천에는 군관학교가 위치해 있었다. 정확하지는 않지만 5월까지 우로장에 모인 한국 청년은 탈출 학병을 포함하여 10명 정도 되었다. 이들은 광복군에 편입되었다.

우로장에는 일본군 탈영병도 한 사람 있었다. 어느 날 덥고 집이 좁아서 밖에서 낮잠을 자고 있는데, 갑자기 중국 군인들이 깨워서 일어났다. 한국인이 새로 왔다고 해서 반가워 뛰어나가 부둥켜안고 말을 걸었지만, 이상하게 아무런 대답이 없었다. 알고 보니 다츠오카立崗라는 일본인이었다. 본인의 말로는 배가 고파서 병영을 빠져나와 중국인 집에서 음식을 훔쳐 먹으려다가 잡혀왔다는 것이다. 몇 사람이 일본이 자랑하는 '야마토 다마시(대화혼大和魂)'는 다 어떻게 하고 잡혀왔는가, 왜 할복을 하지 않고 붙들려왔느냐 하고 물었다. 이 친구의 대답이 걸작이었다. '야마토 다마시'는 천황에게 바치고 왔기 때문에 없다고. 그는 잡혔던 지역에 포로수용소가 없어서 우로장까지 오게 되었는데, 비위가 좋아서 시키는 일을 잘했다. 동네에서 일을 시켜도 잘하자 중국군들은 그를 우로장에 놔두기로 하고 묵인했다. 광복군이 우로장을 떠나 강 건너 군관학교로 옮겨갈 때까지 그와 같이 있었다.

어느 정도 여유가 생기자 나는 약방 곽 씨를 찾아갔다. 나를 본 그는 깜짝 놀라 어쩔 줄을 몰라 했다. 내가 왜 호현에 나오지 않았느냐고 따지듯이 묻자, 어물어물하며 대답을 못했다. 약속을 지키지 않은 것에 화가 나긴 했지만 전에 이래저래 잘 알고 지내던 인연도 있고 해서 그냥 풀었다. 약이 필요하면 종종 그에게 신세를 지기도 했다.

우로장에 운동 기구가 없어서 강에 나가 수영을 하거나, 모자를 잘라 솜을 넣어 만든 공을 차곤 했다. 나는 여기에서 수영을 배웠다.

학병을 탈출하거나 초모되어 임천에 온 한국 청년의 숫자가 늘어나 우로장에 수용하기가 어려워지자 광복군과 중국군은 우리를 군관학교에 수용하여 훈련을 시키기로 했다. 임천에 있던 군관학교는 1924년 광주廣州에 설립된 황포군관학교의 후신인 중앙육군군관학교의 분교였다. 당시 중국에서는 중요 지역에 군관학교 분교를 설치하여 간부 재교육과 장교 양성을 도모하고 있었다. 임천에는 이런 성격의 군관학교 중 제10분교 간부훈련단이 설치되어 있었다. 김학규 장군이 군관학교에 '한국광복군훈련반'(한광반)을 운영하도록 협의했던 것이다. 정확하게 한광반이 개설된 날짜는 기억하지 못하지만, 한국 청년들이 증가하던 여름 7~8월경이었던 것으로 기억된다. 현재 8월 1일 날짜가 적힌 사진이 남아 있다.

한광반은 처음부터 일정한 규모를 가지고 시작한 것이 아니었다. 탈출 또는 초모된 청년들이 임

한국광복군훈련반(한광반)(1944년 8월 1일) 일본군에서 탈출하거나 새롭게 모인 한국 청년들을 중심으로 조직되었다. 두 번째 줄 왼쪽에서 다섯 번째가 나 선우진이다.

천에 오는 대로 한광반에 편입되었다. 따라서 길게
는 3~4개월, 짧은 경우에는 몇 십일 훈련을 받았
다. 훈련은 정신훈련과 군사훈련이 있었다. 하지만
한광반원 대부분이 적 후방이나 일본군에서 탈출
한 청년들이라 이미 군사훈련을 받은 상태였기 때
문에 정신교육을 좀 더 중요시했다.

한광반에 들어가면서 머리를 빡빡 깎아야 한다
고 해서, 우리는 김학규 장군에게 적극 항의했다.
학병들도 탈출한 이후 임천에 올 때까지 머리가 자
란 상태였으므로 머리를 깎는 데 반대했다. 며칠을
그러다가 결국 김학규 장군의 설득으로 머리를 깎
았는데, 서로 보고 웃고 말았다.

군복은 중국군 군복을 입었다. 무명옷을 오디 물
로 물들여 회색빛이 도는 군복이었다. 그리고 속내

운동복을 입은 한광반
(1944년)
가운데 '한광'이라는 마
크가 선명하다. 두 번째
줄 오른쪽에서 세 번째가
한성수다.

의에 '한광韓光'이라는 마크를 빨간 글씨로 써서 입었다. 운동할 때 찍은 사진이 남아 있는데 글자가 선명하다. 여름에는 내의를 윗도리로 입었다.

식사는 하루에 두 차례 했는데, 끼마다 긴 빵을 하나씩 주어서 칼로 베어 먹었다. 반찬은 고추를 조금 넣어 볶은 가지나물이 주로 나왔다. 그 한 가지 반찬으로 빵을 먹어서, 항상 배가 고팠다. 중국군도 마찬가지였다. 배가 고파 종종 밤에 고구마 서리를 했고, 오디가 많이 나서 여러 차례 따먹었다. 감이 많이 열려서, 익지 않은 떫은 감을 뱉어가면서 먹기도 했다. 몰래 개도 잡아먹었다. 밤에 주방의 큰 솥에 죽인 개를 넣고 끓이는데, 이영길이 개를 잡는 것에서 요리까지 모두 처리했다. 한광반 교육 중에 이 일로 말썽이 된 적은 없었다.

한광반에는 대만인도 있었다. 오명덕吳明德이라는 사람이었는데, 중국어가 통하지 않았다. 대만에서는 방언으로 광동어와 비슷한 민남어閩南語를 사용했기 때문에 중국인과의 소통이 원활하지 않았던 것이다. 그가 어떠한 경로로 임천에 오게 되었는지 정확히 알지는 못했다. 아마도 일본군의 대만어 통역으로 있다가 탈출했거나 잡혀온 경우가 아니었나 싶다. 우리와는 일본어로 의사소통을 할 수 있었기 때문에, 중국군에서는 그를 우리와 같이 배치했다. 오명덕은 한광반을 마치고 중경까지 함께 가서, 대만 거류민단을 찾아갔다.

나는 한광반 사람들과 대체로 잘 지냈다. 내가 중국어를 할 줄 알았기 때문에 동료들과 밖에 나가게 되면 통역을 도맡았다. 내

성격이 모나지 않아서인지 모두와 가깝게 지냈다.

정신교육 차원에서 강의를 많이 들었다. 기억나는 강의로는 중국인 교관의 '불란서혁명사'가 있다. 중국어를 장조민張朝民이라는 분이 통역했다. 그리고 김학규 장군이 우리 역사와 독립운동사를 강의했다. 신흥무관학교 출신인 그분은 만주에서 조선혁명군을 지휘하여 많은 전투에서 승리한 경험을 들려주었다. 무순의 보통학교와 중학교에서 일본어로만 교육을 받고 일본 역사를 배운 내게는 새로운 경험이었다. 부양의 광복군 제3지대 부지대장이던 이복원李復源 선생이 와서 군사학을 강의하기도 했다. 그분은 함남 북청 출신으로 일본과 미국에서 교육을 받았다. 특히 미국에서 군사학교를 졸업하고 만주로 와서 독립운동을 한 분이라좀 거칠고 우락부락할 줄 알았는데 점잖은 학자풍의 어른이었다. 우리는 그 분을 '미주 아저씨'라고 불렀다.

중국인 교관들에 의한 집체훈련은 주로 도수제식徒手制式 훈련이었다. 한광반에는 총이 지급되지 않아 도수제식 훈련밖에 할수 없었다. 일과도 아침에 일어나 구보하고 체조를 한 다음 식사를 하고 학과 교육을 받는 식이었다. 학과 시간은 오전과 오후에 1시간씩 있었다. 오수午睡 시간이 있어 낮잠을 자곤 했다. 군사훈련의 한국인 교관은 신송식申松植이라는 분이었다. 진경성陳敬誠이라는 이름으로도 알려진 그분은 광동군관학교 출신이었다. 벋정다리인 이평산李平山이라는 교관도 있었다. 역사 강의를 했는데, 전혀 군인 타입이 아니었다. 그리고 한광반을 관리하는 중국인이 있었다. 반부班附라고 불렀는데, 항상 함께 생활했다.

한성수는 노래를 잘 했다. 그에게 독일 군가를 배워 졸업할 때 합창을 하기도 했다. '용진가'나 '광복군 아리랑' 등의 군가는 김학규 장군에게 배웠다. 애국가도 안익태安益泰 작곡의 새 곡조로 불렀다. 취침 시 점호를 하면 반드시 애국가를 불렀다. 중국 군가도 배웠다. 한성수는 적 후방 공작을 전개하다가 1945년 상해에서 체포되어 해방을 몇 달 남기고 남경南京에서 일제에게 사형당하고 말았다.

한광반 가운데 박영록朴永祿은 좌익사상을 가지고 있었다. 그는 나 다음에 우로장에 온 것으로 기억된다. 친한 몇 사람에게 중국 공산당이 있는 연안으로 가자는 이야기를 했다. 먼저 중국어를 아는 김국주에게 그러한 제의를 한 모양이었다. 김국주가 거절하자 역시 중국어를 아는 내게도 접근했다. 달 밝은 어느 날 밤, 낮은 언덕에 앉아 이런저런 이야기를 하다가 연안으로 가자는 제안을 조심스럽게 했다. 나는 서안에 있는 삼촌을 만나야 하기 때문에 안 된다는 뜻을 확실히 했다. 다음 날 박영록은 김학규 장군의 가방을 훔쳐 혼자 도망치다가 붙들렸다. 가방에는 돈도 들어 있었다. 그 때가 한광반을 마지고 중경으로 떠나기 얼마 전이었는데, 박영록은 방에 칸을 막아 임시로 만든 감옥에 갇혀 있었다. 결국 그는 중경에 같이 갔다가 서안으로 갔지만 OSS 훈련도 받지 않았다. 해방이 된 다음 한국광복군 제2지대와 행동을 같이 하지 않고 연극하던 송 씨 및 학병 1명 함께 개별 행동을 하다가 행방불명되었다.

나는 한광반 교육 중에 한국독립당에 입당했다. 김학규 장군은

1940년 민족주의 계열의 정당들이 규합되어 조직한 한국독립당에 참여했기 때문에 한광반 피교육자들에게도 한국독립당 가입을 권유했고, 대부분이 입당했다. 이 때 장준하 등 몇 사람은 이에 반대했다. 김학규 장군은 중경에 한국독립당 외에 좌파적 경향이 강한 민족혁명당이 활동하고 있었기 때문에 강요는 하지 않았다. 하지만 내심 우리가 한국독립당에 가입하기를 원했던 것 같다.

한광반은 10월 22일에 졸업했다. 우리는 군관학교 강당에서 졸업 전날 연극을 공연했다. 졸업한 뒤에는 중국군 소위 계급장을 달았다. 그동안은 중사 계급의 대우를 받고 있었다. 군관학교 강당은 가건물이었지만 크고 천장이 상당히 높았다. 연극은 김준엽이 쓰고 장준하 등 몇 명이 고친 대본을 가지고 했다. 〈광명지도光明之道〉라는 제목의 그 대본은 학병들의 탈출 이야기를 중심으로 전개되었다.

학병들은 부모와 처자의 슬픔을 뒤로 하고 집을 떠나 일본군에 입대하여 기차를 타고 중국에 배치되었다. 일본 군대에서 이들 학병에게 가해진 민족 차별은 매우 심했다. 게다가 학병들에게 장교로 임관할 수 있는 간부후보생 자격이 주어지자 일본인 병사들의 학대가 더욱 심해졌다. 차별대우를 참을 수 없던 학병 세 사람이 탈출을 했으나, 일본군에게 붙잡히고 말았다. 일본군은 한국인 학병을 지목하여 그들에게 총을 쏘라고 지시했다. 결국 학병들은 눈으로 신호를 해서 일본군을 향해 총을 쏘고, 그 때 중국 유격대가 도착한다는 내용이었다. 이 이

한광반 졸업식 사진(1944년 10월 22일)
한광반은 졸업 후 대부분은 중경의 임시정부에 합류하고, 나머지 일부는 적 후방 공작을 수행하기 위해 임천에 남았다.

야기는 학병 출신인 노능서가 실제로 겪은 일이었다고 한다.

나는 이 연극에서 중국 유격대와 함께 학병들을 구하는 광복군으로 출연했다. 내가 태극기를 품에서 꺼내 흔들면서 함께 애국가를 부르는 것으로 연극은 막을 내렸다. 이 연극은 뒤에 중경으로 가던 도중, 남양南陽과 노하구老河口에서 두어 차례 더 공연했다.

졸업을 전후하여 한광반에서는 《등불》이라는 잡지를 만들었다. 하지만 나는 이 잡지에 대해서는 특별한 기억이 없다. 장준하 · 김준엽 · 윤재현 등 학병 출신들이 주도해서 만들고 나는 직접 관여하지 않았기 때문이다. 한광반은 학병 출신과 일반인이 함께 교육을 받았지만, 별다른 갈등은 없었다.

나는 훈련을 받는 동안 소화불량으로 크게 고생했다. 그래서 밤낮으로 빵을 남겨두었다가 불에 구워 먹었다. 그렇게 먹으면 소화가 잘된다는 이야기를 들어서였다. 훈련반에는 군의관이 배치되어 있었지만, 약이 없어서 도움을 받지 못했다. 상처가 나면 바늘을 불에 그슬려 꿰매고, 마늘을 잘라 상처에 비비는 치료를 하는 수준이었다. 후생당약국을 오가던 곽 씨에게 소화제를 얻어 먹을 수 있었던 것이 그나마 다행이었다. 중국군 군의관 고高 대위는 약이 없어 병사들에게 제대로 대접을 받지 못했다. 명령 계통이 지켜지지 않아 약 때문에 병사들과 싸우기까지 했다. 군의관은 그래도 우리가 지식인이라고 이러한 고충과 불만을 우리에게 털어놓기도 했다.

한광반 교육을 받을 때 강간죄로 붙들려온 병사가 생매장 당하는 것도 보았다. 강간죄는 군법으로도 가장 엄하게 처벌되는 죄목이었지만, 그 병사의 경우에는 군법도 제대로 적용되지 않았다. 상관이 그 병사에게 구덩이를 파라고 지시했다. 병사가 구덩이를 파지 않으려고 하자 구타가 이어졌다. 병사는 구덩이를 파지 않을 수 없었다. 결국 그 병사는 자신이 판 구덩이 속에 들어가 생매장되고 말았다.

졸업에 앞서 우리들은 앞으로의 진로에 대해 여러 차례 토론을 했다. 훈련을 받을 때부터 우리의 상당수는 중경으로 갈 생각을 하고 있었다. 김학규 장군은 적 후방 공작에 나갈 사람들은 남으라고 자원을 받았지만, 내심 한광반을 마치면 부양에 있는 징모

분처에서 활동해주기를 기대했던 것 같다. 그렇다고 잔류를 강요하지는 않았다.

나는 처음부터 중경으로 갈 생각을 한 것은 아니었다. 하지만 삼촌을 만나기 위해 임천까지 왔던 만큼 중경으로 가서 서안에 있는 삼촌을 만날 방법을 찾고자 했다. 그리고 우리는 적 후방 공작에 필요한 여러 조건들을 몰랐기 때문에, 오히려 공작에는 큰 도움이 되지 않을 것으로 생각되었다. 결국 한성수·김우전·전이호全履鎬 등 학병 출신과 김국주 등 십여 명이 그 곳에 남기로 했다.

중경으로 가는 길

중경으로 출발한 것이 11월 23일이었던 것 같다. 김준엽과 김우전은 11월 21일, 장준하는 11월 30일로 회고했는데, 내 기억이 틀릴지도 모르겠다. 중경으로 출발할 때부터 마분지를 묶어 만든 수첩에 일기를 썼었는데, 그것을 6·25 때 분실한 것이 다시 한 번 아쉬워진다.

한광반을 졸업하고서도 우리가 임천에서 한 달을 기다렸던 것은 적 점령 지역을 통과하기 위해 중경으로 가는 중국군 지원병 부대와 합류하려는 생각에서였다. 중국 지원병 부대는 임천 지역에서 모집한 중학교 졸업 이상의 지원병 70~80명으로 이루어져 있었다. 우리와 이들이 일본군이 점령하고 있던 평한선平漢線 철도를 건너가기 위해서는 중국군 대대 규모의 호위대가 필요했다.

필요한 식량을 마차에 실은 우리는 중간에서 중국 지원병 부대를 만나 함께 이동했다. 우리 일행은 오후에 출발했다. 김학규 장군이 한참 따라오다가 가다가 먹으라고 사탕수수를 사서 주기도 했다.

우리 일행은 대부분 한광반 출신이었지만, 몇 사람은 한광반에서 훈련을 받지 않은 교민이었다. 그리고 오희영吳姬英은 만주에서 활동한 오광선 장군의 딸로, 이 지역에서 공작을 하다가 중경으로 돌아가는 길이었다. 부부와 아이들을 포함하여 전체 숫자는 50명 정도였다. 인솔은 신송식 교관이 맡았다. 우리는 평한선 철도 쪽으로 이동하여, 평한선 가까이에서 중국군 호위대와 합류했다. 그들은 우리와 중국 지원병 부대를 평한선을 무사히 넘어가게 하기 위해 동원됐다.

평한선은 북경과 한구漢口를 잇는 철도였는데, 당시 북경을 북평北平이라고 불러서 평한선이라고 했다. 기차가 지나가기 30분 정도 전에 일본군 철도수비대가 모터카를 타고 점검을 하고 파손 부분은 수리하는 모양이었다. 철도 주변은 왕정위 정권의 화평군이 주둔하고 있었다. 중국군 호위대는 화평군과 전투를 하는 것이 아니라 교섭을 했다. 교섭에 시간이 제법 걸렸다. 다행히 잘 끝났는지 우리와 중국 지원병 부대는 밤늦게 평한선을 건널 수 있었다.

일행 중 백정갑은 옴이 올라서 걷기가 어려웠다. 한광반 교육을 받을 때부터 위생 상태가 나빠서 이가 끓고 옴이 오르는 경우가 많았다. 옴은 사타구니부터 오르기 시작하여 행동하는 데 무척 힘이 들었다. 옴이 오르는 사람이 생겨도 임천에서 약을 구할

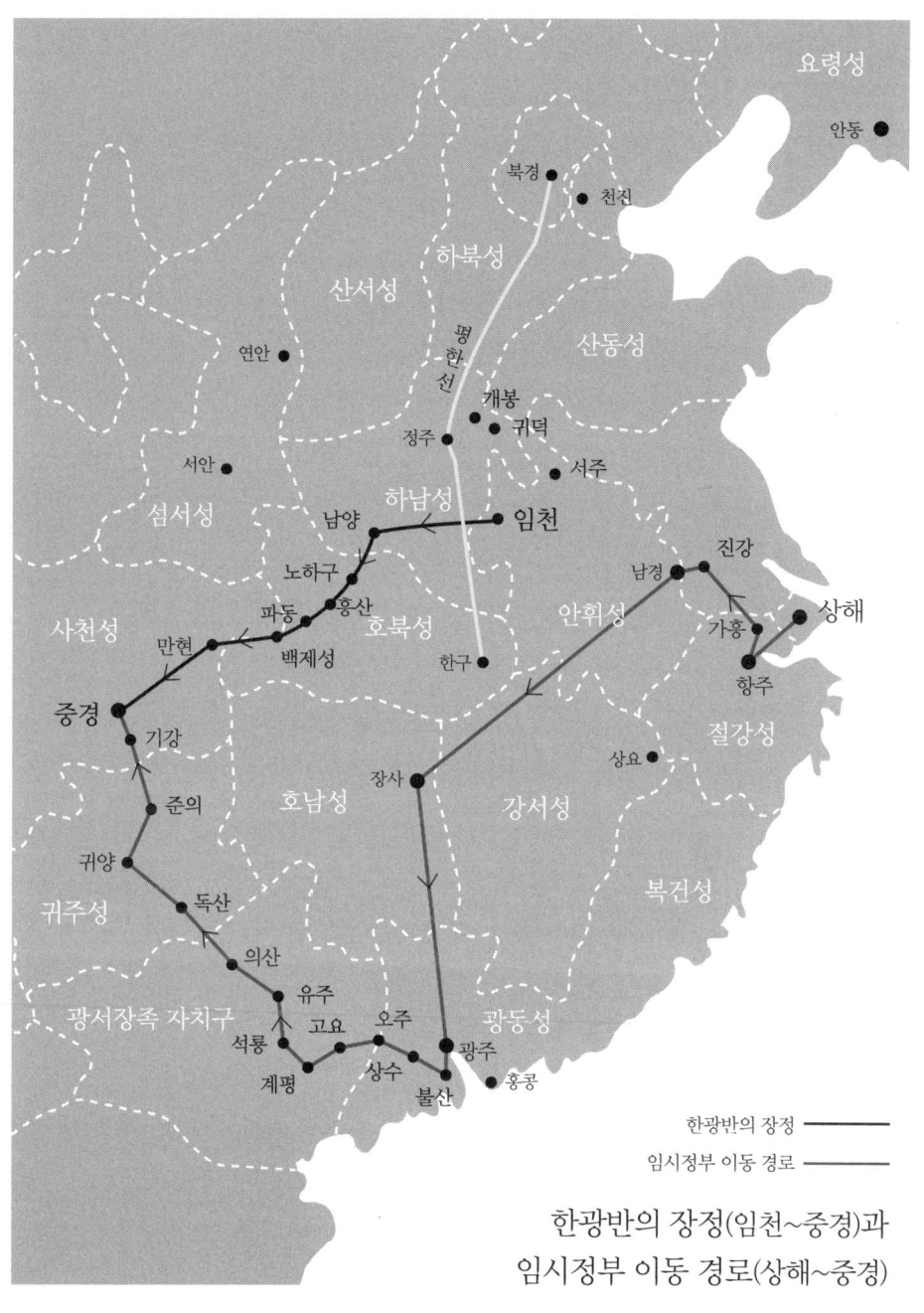

요령성

안동

북경
천진

하북성

산서성

평한선

연안

개봉
정주   귀덕

서안

섬서성   하남성   서주

남양   임천

노하구   진강

파동   홍산   남경   상해

산동성

만현   백제성   호북성   안휘성   가흥

사천성   한구   항주

중경   기강   절강성

준의   장사   상요

귀양   호남성   강서성

귀주성   독산   복건성

의산

광서장족 자치구   유주   고요   광동성

석룡   오주

계평   상수   광주

불산   홍콩

한광반의 장정 ━━━
임시정부 이동 경로 ───

한광반의 장정(임천~중경)과
임시정부 이동 경로(상해~중경)

수 없어, 나는 약방 곽 씨에게 유황을 구해달라고 부탁했다. 유황 가루에 돼지기름을 섞어서 바르면 조금 괜찮아졌던 것이다. 백정 갑은 옴이 심해 더 이상 걷지 못하여 평한선을 넘지 못하겠다고 했다. 중국군은 중국지원병과 한국광복군이 평한선을 넘었다는 사실이 탄로가 나면 안 된다며, 못 가면 죽이고 갈 수밖에 없다고 강경하게 나왔다. 결국 우리가 부축해서 평한선을 겨우 무사히 넘을 수 있었다.

밤새 남양을 향해 계속 걸었다. 남양은 제갈량諸葛亮이 태어난 곳으로, 그를 기리는 큰 사당이 있는 곳이었다. 남양까지 가기 위해서는 작은 강을 건너야 했다. 우리는 배를 타고 건너가 성 앞의 촌락에서 유숙했다. 이 때 우리 일부가 먼저 성안에 들어가 붓과 종이를 사서 '환영 한국혁명청년歡迎 韓國革命靑年' 이라는 표어를 여러 장 쓴 다음, 밤에 성문과 시내 중요 지점에 붙여놓았다. 다음 날 곳곳에서 그 표어를 본 남양 시민들은 행정기관의 지시로 알았을 것이다.

신송식 교관 등이 관청에 들어가 일행의 여정을 설명하자 출입이 허용되었다. 일행은 남양에 있는 중학교와 교섭하여 학생들을 대상으로 연극을 공연했다. 한광반 졸업식 전날 공연한 〈광명지도〉를 다시 한 것이다. 중국 학생들이 대사를 알아들을 수 없었으므로, 신송식 교관이 중국어로 간단하게 설명을 했다. 그리고 저녁에는 일반인을 대상으로 다시 한 번 공연했다. 아무튼 대단한 성황이었다. 덕분에 식사 대접을 잘 받았다.

어떤 중국 노인이 연극을 보고 감격해서 눈물을 지으며, 우리에게 목욕을 시켜주고 비누를 한 개씩 나누어주었다. 우리는 그 분이 독립군과 관계가 있나 하는 생각을 하기도 했다. 아무튼 오 랜만에 목욕과 빨래를 할 수 있었다. 불을 피우고 옷을 불에 말리 자 이가 톡톡 소리를 내며 떨어졌다. 또 남양시 당국에서는 우리 에게 천으로 만든 신발을 한 켤레씩 기부했다. 우리는 그때까지 초혜草鞋라고 부르던 짚신을 신고 있었는데, 남양에서 버리고 새 신발을 신을 수 있었다.

와룡강臥龍崗을 구경하기도 했다. 이동 중에 처음 누리는 호사였 다. 남양은 옥玉 특산지였다. 옥돌 제품을 보니 그 색채가 유난히 아름다웠다. 그런데 함께 이동하던 중국 지원병 부대와 마찰이 생 겼다. 남양에서 시민들이 우리에게는 극진한 대접을 했지만, 중국 인 동포인 그들에게는 별다른 대접을 하지 않았기 때문이다.

이러저러한 일을 하며 남양에서 여러 날을 보냈다. 일본군이 한국인 탈출병들이 평한선을 넘는다는 정보를 탐지하여 평한선 근처에서 토벌 작전에 나섰기 때문이다. 뒤에 탈출해 온 학병들 로부터 그러한 이야기를 들었다.

우리는 남양 성안에서 머물지 않고, 성 밖 강 건너 촌락의 헛간 에서 머물렀다. 중경에 도착할 때까지 대개 촌락의 헛간에서 잠 을 잘 수밖에 없었다. 남양에서 며칠 쉬는 동안에 밀을 얻어다가 맷돌에 갈아 각자가 식량을 가지고 가도록 했다. 식량은 떠날 때 제10진구사령부에서 이동 지역의 보급기지에 협조를 요청하는 공문을 주었기 때문에 쉽게 해결할 수 있었다. 양식과 피복, 신발 등은 이동하면서 중간 중간 보급기지에서 지원받았다. 특히 양식은 무거워 많이 지니고 갈 수 없었기 때문에, 밀을 받으면 밤에 갈아 밀가루를 만들어서 각각 나누어 지고 다녔다.

처음에는 식량이나 부식을 마차에 공동으로 싣고 출발했지만, 평한선을 넘어 호송부대가 떠난 안전지대에서는 전부 개인이 메고 갔다. 차나 마차를 구할 돈이 없었기 때문에 다른 방법이 없었다. 음식은 아침부터 수제비를 해먹었는데, 배가 빨리 꺼졌다. 소금이 없어서 고구마를 넣어 먹기도 했다. 담배는 지급되지 않았다.

남양에서 노하구로 가는 도중 어느 지역에서는 중국 지원병 부대가 우리보다 먼저 도착하기도 했다. 그런데 그들은 성안으로 들어가지 못하고 있었다. 군대가 성문을 열어주지 않았기 때문이다. 이 군대는 군벌과 같은 존재였다. 성문에서 보초들이 우리 일행을 향해 총을 쏘자, 대표가 두 손을 들고 가서 공문을 들여보냈다. 임천에서 받아온 공문은 한국광복군에 대해 중국 각 기관에 협조를 구하는 내용이었다. 우리는 중국 지원병 부대까지 포함한 우리 전체의 입성을 요청했는데, 지역 사령관은 4가지 조건을 걸고 입성을 허락했다. 정해 준 자리를 떠나지 말 것, 시민에게 폐를 끼치지 말 것, 밤에 외출을 하지 말 것, 그리고 오전 5시 이전에 떠날 것이 그 내용이었다. 군벌이 노출되면 중앙군에 의해 군대가 해산되고 장비를 몰수당하기 때문이었다. 따라서 그 조건을 지키지 않을 수 없었다.

우리는 남양을 출발하여 며칠 걸려 노하구에 도착할 수 있었다. 가는 도중 트럭을 봤지만 아무런 도움도 받지 못했다. 겨울

날씨가 매서웠다. 배가 고파 밭에 있는 당근을 뽑아먹기도 했다.

　이동할 때에는 새벽 5시경 선발대가 먼저 출발했다. 지역조사와 교섭이 필요했기 때문이다. 선발대는 지역의 보장保長을 만나 교섭하여 빈방이나 헛간을 7~8개 마련해야 했다. 그리고 분필로 문에 영어로 HKB라고 써두었다. 한광반이라는 의미였다. 내가 중국어를 할 수 있어서 꼭 선발대로 나갔으며, 장준하와 같이 갈 때가 많았다. 선발대가 일을 마치고 한 잠 자고 나면 본대가 도착하곤 했다. 노하구에서는 광복군 제1지대의 구대가 사용하고 있는, 폭격을 맞아 일부가 훼손된 강가의 2층 벽돌집을 숙소로 이용할 수 있었다. 이 구대는 구대장이 몇 사람을 지휘하고 있었다. 이때가 12월 28일이었던 것으로 기억된다.

　그런데 다음 날 밤부터 일본군 비행기의 폭격이 시작되었다. 일본군은 밤에만 폭격을 했다. 시가지가 아닌 강 건너의 군대의 보급창이 폭격 대상이었다. 이틀을 폭격한 뒤, 사흘째 되는 날 밤 일본 비행기가 추락했다. 그래서 다음 날 아침에 모두 추락한 비행기를 구경하러 가는데, 멀어서 나는 가다가 돌아오고 말았다. 1945년 1월 1일로 기억된다. 일본 비행기는 날개가 알루미늄이나 철붙이가 아니라 직물로 만들어졌다는 이야기를 들었다.

　노하구에서도 연극을 두 차례 공연했다. 한광반원 중 김성근金成根은 일본 상지대학上智大學 출신이었다. 이 대학은 독일 예수회에서 운영하는 천주교 대학으로, 독일어를 많이 가르쳤다고 한다. 그가 시내 성당에 찾아갔더니, 마침 신부가 독일인이었다. 김성근이 우리 일행의 사정을 독일 신부에게 이야기하자, 이 신부는 우리를 위해 비행기 편을 알선해 주고자 했다. 노하구에는 체놀트 소장이 지휘하는 미국 제14항공대 파견대가 주둔하고 있어서 교섭이 가능했다. 신부가 애를 써준 덕분에 항공대 파견대에서는 우리를 비행기로 중경까지 데려다 주겠다고 승낙했다.

그런데 문제가 발생했다. 중국 지원병 부대가 미군에게 자신들도 비행기로 중경에 보내달라고 요구하고 나섰던 것이다. 그들은 "일본군을 탈출한 한국인들은 비행기로 중경까지 간다고 하는데, 우리 중국군 지원병들은 걸어서 중경까지 가야 하는가"라며 군 당국에 강경하게 항의했다. 그러나 미 파견대에서는 이러한 중국 부대의 요구를 들어주지 않았다. 일이 이렇게 되자 중국군에서는 우리의 비행을 방해하기에 이르렀다. 아무튼 이 일이 해결되기를 기다리며 노하구에서 보름을 머물렀다. 그러는 가운데 개인 복장과 외투, 신발 등이 지급되었고, 여비도 개인별로 지급되었다. 하지만 비행기로 중경에 가는 일은 이루어지지 않았다. 결국 우리 일행은 노하구에서 아침을 먹고 조금 늦게 강을 건넜다.

일행 가운데 안광언安光彦과 김영록金永祿은 노하구에 남았다. 안광언은 귀가 아프다고 했고, 김영록은 독감이었다. 그러나 안광언은 좌익 사상을 가지고 있어 조선의용대 계열인 광복군 제1지대의 잔류 권유에 남았던 것 같다.

일행이 건넌 강은 바로 적벽강赤壁江이었다. 《삼국지》에 나오는 적벽대전이 바로 이곳에서 일어났다는 이야기를 들으며, 우리는 감개무량했다. 그리고 자금산紫金山이 나왔다. 이제 파촉령을 넘으면 양자강을 따라 배를 타고 중경에 도착할 수 있었다. 선발대로 먼저 이동하다가 산에서 호랑이를 보고 놀란 기억도 있다.

아무튼 한 겨울에 파촉령을 넘어 6~7일 만에 흥산興山에 도착했다. 개발되지 않은 노천탄광이 많은 곳이었다. 여기에서 파동巴東까지 가기 위해서는 카누 같은 목선을 타야 했다. 물살이 세고 바위가 많았지만 2시간 정도 걸려 파동에 도착할 수 있었다.

1998년에 한광반 대원들이 광복회의 후원으로 역사 탐방을 가졌었다. 53년 만에 중경에서 양자강 관광선을 타고 상해 방면으로 내려가다가 파동에서 작은 관광선을 갈아타고 올라가며 구경했는데, 그 곳이 바로 이 곳 '신농계神農溪' 였다. 지금은 양자강 댐 공사로 물이 불어 그 때 그 광경을 볼 수는 없었다. 하지만 여전히 그 때와 다름없이 물이 깨끗하고 아름다운 풍광이어서, 참으로 감회가 깊었다.

파동에 도착하여 배를 교섭했다. 신송식 교관은 뱃삯은 공짜로 하고, 밥값을 내는 것으로 선장과 교섭했다. 교섭이 잘 이루어져 3,000톤급의 '민중호民衆號' 라는 배를 타고 중경을 향해 떠났다. 중경까지의 뱃길은 물살이 세고 협곡이 많았다. 양쪽 강안이 벼랑이고 강폭이 좁았다. 강 위아래 양쪽에서 배가 지나갈 경우에는 한쪽에서 2~3분 고동을 울리며 배가 움직이는 것을 알리고, 다른 쪽에서도 역시 그런 식으로 움직였다. 벼랑은 깎아지른 듯 험준했다. 들은 이야기로는 그 벼랑에 사는 원숭이들도 벼랑을 통해서는 물을 먹을 수가 없어서 계속 꼬리를 물고 내려간 뒤 한 마리씩 등을 타고 내려가 물을 먹은 후 다시 등을 타고 올라왔다고 한다.

물살이 센 곳은 물보라가 대단했다. 물살의 흐름과 반대로 위쪽으로 치는 물보라여서 작은 배들은 힘이 모자라 노를 저어 이동하기 어려울 정도였다. 이런 곳에서는 육지에서 인부들이 직접 배를 끌어 이동했다. 대나무를 잘게 찢어 줄을 만들어 배에 걸어 두고 끌었는데, 로프가 물에서 튕겨 나오며 물보라를 일으키는 모습이 장관이었다. 민중호는 규모가 큰 동력선이어서 그런 경험은 하지 않았다. 파동에서 뱃길로 가다가 《삼국지》의 무대이기도 한 '백제성白帝城' 도 볼 수 있었다.

중경에서 멀지 않은 곳에 위치한 만현萬縣이라는 도시에 배가 정박했다. 중경으로 가는 뱃길의 오른 쪽에 위치해 있었다. 거기 사는 중국인들이 흙으로 벽돌을 빚는 모습을 볼 수 있었다. 여름이 되면 다 떠내려갈 곳에 벽돌을 빚는 모습이 이상해서 중국인에게 물어보니, 그 곳에 염분이 많아서 흙벽돌을 만들어 놓았다가 군은 다음 육지로 올려 강물이 불어나 일을 하지 못할 때 벽돌을 녹여 소금을 만든다고 했다. 뒤에 중경에 가서 암염巖鹽을 보았는데, 중경에서는 암염을 얼음 덩어리처럼 메고 다니며 정으로 쪼개 팔곤 했다. 그 암염 맛이 짜면서도 달아 놀랐다. 배로 중경까지는 한 1주일 걸렸다.

대한민국임시정부 주석 김구와의 첫 만남 —

중경은 가릉강嘉陵江과 장강이 만나는 곳에 있었다. 우리는 조

1995년 복원한 중경의 대한민국임시정부 청사
임시정부가 1945년 1월부터 11월 환국할 때까지 사용하던 청사다.

천문朝天門 부두에서 내렸다. 1945년 1월 31일 오전이었다. 부두에서 조천문까지는 높고 가팔라서 바퀴가 달린 구식 케이블카가 놓여 있었다. 케이블카는 전기로 움직였는데, 타고 내려갔다가 느리게 다시 올라가는 것이었다. 50여 년 뒤에 그곳에 다시 가보니, 양자강에 댐을 만들어 물이 불어서 케이블카는 사라지고 없었다.

우리는 조천문에서부터 대열을 정비하고 용진가를 부르면서 신송식 교관을 따라 임시정부 청사로 향했다. 그런데 우리가 찾아간 곳에는 임시정부가 없었다. 신 교관이 임시정부가 연화지蓮花池로 옮긴 것을 몰라 그 전에 청사가 있던 오사야항吳師爺巷으로 안내했던 것이다. 결국 물어물어 연화지의 청사에 도착했을 때가 오후 2시경이었다.

나는 임시정부 청사가 상당히 빈약할 것으로 생각했다. 전에 그렇게 들었기 때문이었다. 그러나 꼭대기까지의 높이가 5층 정도인, 규모가 제법 되는 건물이었다. 나중에 보니 높이는 높지만 실제로는 여러 동이 모두 2층이었다. 옥상 위에 큰 태극기도 게양되어 있었다. 임시정부 요인은 아무도 나와 있지 않았다. 우리는 줄을 맞춰 서서 태극기에 경례를 하고 애국가를 불렀다. 그러자 이 소식을 들은 임시정부의 어른들이 나오셨다. 김학규 장군이 이미 중경에 연락을 취해 놓았기 때문에, 이분들은 우리의 도착을 기다렸던 것이다.

이때 처음으로 김구 주석을 뵈었다. 그러니까 선생과의 인연은 이날부터 시작된 것이다. 물론 그때는 이 인연이 그렇게 오래 지속될 거라고는 짐작도 못했고, 내가 선생의 싸늘한 시체를 안고 비분강개할 줄은 더더군다나 몰랐다. 중경 임시정부에 도착했다는 흥분, 삼촌을 조만간 만날 수 있다는 기쁨이 그때 내가 당장 누릴 수 있는 감정이었을 뿐이다. 단단해 보이는 체구에 얼굴뼈가 많이 드러나 어찌 보면 강인한 인상마저 들었던 김구 주석께 우리는 거수경례를 했다. 김구 주석께서는 잠시 침묵하다가, 드디어 감격한 목소리로 말문을 열었다.

"그간 여러분이 중경으로 떠났다는 소식을 듣고 기다렸는데, 동지들이 이와 같이 씩씩한 모습으로 오게 되니 참으로 반갑기 한이 없소. 더구나 국내로부터 나온 지 얼마 되지 않은 여러분을 눈앞에 대하고 보니 내가 고국산천에 돌아온 것과 같은 생각이 들어 복받쳐 오르는 감회를 억누르기 힘든 것도 사실이오. 멀리 오느라고 피곤할 것 같으니 좀 쉬도록 하시오."

국내에 지원병과 학병 그리고 징병까지 강제되던 상태에서, 고국의 젊은이들이 친일파가 다 되었다는 소문까지 들리던 마당에, 일본군에서 생명을 걸고 탈출하여 중경의 임시정부를 찾아온 젊은이들을 맞는 주석의 감회는 과연 어떠했을까. 김구 주석에 이어

총사령관 이청천 장군에게도 거수경례로 인사를 했다. 다른 분들은 양복을 입었는데, 김구 주석은 검정 중국 두루마기를 입고 계셨다. 나는 중경에 오면서 이분들의 생활이 곤란할 것으로 상상했었다. 그런데 대부분 양복에 넥타이 차림의 멋진 모습이었고 태도도 세련되었다. 우리 모두 임시정부가 곤궁하다는 이야기만 들었는데, 막상 찾아간 임시정부는 전혀 그렇지 않게 느껴졌다.

임시정부의 대문은 철창으로 되어 있었고, 굉장히 넓었다. 문에는 '대한민국림시정부'라고 쓰여 있었고, 아래에는 영어로 'The Provisional Korean Government'라 되어 있었다. 우리들의 등장은 사실 한국독립운동의 새로운 전기를 마련한 것이기도 했다. 연로한 지도자들 중심으로 운영되던 임시정부에 국내와 일본군 점령 지역에서 거주하던 청년들이 자발적으로 중경까지 찾아온 것은 그 자체로 대단한 사건이었다. 우리의 합류를 통해 임시정부에서는 국내와 연계되어 있음을 만방에 알릴 수 있었으며, 수십 년의 일본 지배가 강제되어 일본인이 다 되었을 줄 알았던 젊은이들이 민족정신을 잃지 않고 있었음을 확인할 수 있었던 것이다.

그리고 중국 정부가 그것을 인정했다는 사실은 중요한 일이었다. 나뿐만 아니라 한광반 출신 모두가 감격스러워했다. 비록 일제에 국권을 빼앗긴 지 30년이 넘었지만 오랜 시간 임시정부가 존재했음을 확인하고, 수십 년 국권을 되찾기 위해 평생을 보내신 어른들을 뵈면서 어찌 감격하지 않을 수 있었으랴. 두 달 넘게 걸려 어렵게 찾아온 임시정부에서 우리는 독립에 대한 의지를 다시금 되살리지 않을 수 없었다. 60여 년이 지난 오늘에도 그날의 감격이 생생히 떠오른다. 당시 중경에서 중국어로 발간되던 《독립신문》에는 〈한광반 학생 중경으로 오다〉라는 제목의 기사가 실렸었다. 그때의 분위기를 살피는 데 도움이 될 것이다.

한국·중국 양쪽의 열렬한 환영을 받으면서 35명은 한 마음이 되어, 임시정부의 영도 하에 일치단결하여, 한국 독립과 동맹국의 승리를 위하여 끝까지 분투하리라. 한국 광복반 학생들이 중경으로 와서 훈련을 받게 된다는 사실은 이미 본보 전호에 보도한 바 있다. 주지하는 바와 같이, 그들은 작년 11월 20일 산동성山東省 남부 모처에서 출발하였는데 갑자기 적에게 봉쇄되어 고난을 겪었었다. 그들은 도중에서 중국 각지 군민軍民의 열렬한 환영을 받으며, 70여 일의 기나긴 행군을 거쳐 비로소 1월 31일에 중경에 안착하였다. 그들은 서주徐州 및 그 부근의 적진 속에서 자진하여 탈출해 온 학도병들이어서, 모두 전문학교·대학교의 학력 소유자들이다. 그들의 평균 연령은 25세 가량이며, 신체는 모두 매우 건강하고 정신력이 넘친다. 한국의 우수한 지식 분자들이다.

그들이 중경에 도착한 날 저녁에 한국임시정부가 성대한 환영회를 거행하고 김구 주석·홍진洪震 의장, 각 국무위원·각 부장이 열렬한 환영사를 하였다. 그들은 모두 극단적 흥분과 격동된 감정으로 답변을 하였다. 그들은 국내에 있을 때 모두 임시정부와 광복군의 활동상황을 들었고, 모두 기회가 있으면 곧 달려오고 싶었는데, 지금 목적을 달성한 셈이라고들 말하였다. 그들은 김 주석 이하 여러 선배들이 수십 년래 고통을 참고 분투한 일에 대하여 한없는 숭배를 표시하며, 임시정부의 영도 하에 전민족의 총 단결과, 광복군의 확대 발전을 위하여 끝까지 분투하여, 한국 독립과 동맹국의 승리목적을 완성하겠다고 자원하였다. 그리고 그들이 중경으로 온 후 중경의 중한문화협회·전국위로총회全國慰勞總會와 삼민주의청년단三民主義靑年團이 잇달아 환영대회를 거행하였고, 위로총회는 위로품으로 현금 천 원과 양말 한 켤레와 담요 한 장씩을 특별히 배급하였다. 이외에 중외中外의 기자 다수가 그들을 계속 방문하여 위로와 환영의 뜻을 표시하였다. 그들은 답사할 때 모두, 현재 적진내의 한국 사병은 모두 전쟁을 반대하며 왜적을 몹시 미워하고 있다. 그리고 그들은 큰 모험을 하여 자진 한국임시정부를 향하여 와서 한국 독립을 위하여 복무할 생각을 하고 있다. 그러므로 중국 당국은 이 문제를 깊이 주의하여, 자진 탈출해 오는 한국 사병에 대하여 최대의 편의를 도모해 주기를 바란다. 그리고 동맹국이 한국임시정부를 최대로 원조해 주어 적진 속에 있는 한국 사병을 쟁취하는 공작을 전개케 하고, 적군 내부의 와해와 동맹국의 승리를 촉진하는 일에 감사를 드린다고 하였다.

– 《독립신문》 제6호(1945년 3월 1일)

경위대 활동

임시정부 건물은 중앙에 높은 계단을 두고 왼쪽과 오른쪽으로 나뉘어 있었다. 연화지 청사는 정부 업무도 보았지만, 정부 요인들의 숙소로도 사용되고 있었다. 오른쪽 건물 1층은 식당이었는데, 의정원이 열리면 회의실로도 사용했다. 2층은 외무부가 사용했으며, 일부는 숙소였다. 왼쪽 건물 1층은 문화부와 군무부軍務部가 쓰고 있었고, 2층은 선전부가 사용했다. 뒤에 경위대가 그 1층을 숙소로 사용했다.

임시정부에서 50명이나 되는 우리의 숙소를 별도로 구할 수 없어, 우리는 20일 가까이 임시정부 회의실에서 머물렀다. 회의실이 커서 마루에서 덮개를 덮고 잤는데 큰 불편은 없었고, 겨울이었지만 그렇게 춥지는 않았다. 중경에 도착한 이후 우리는 군복을 지급받았다. 그리고 여러 차례 환영 모임에 참석했으며, 중국인들의 대접도 받았다. 특히 중국의 국부로 숭앙받는 손문의 아들인 손과가 회장으로 있던 중한문화협회의 환영회에서는 댄스파티까지 열어주었다. 그러나 한광반 출신 일부는 댄스파티까지 하는 이러한 환영회에 불만을 가지고 있었다. 그래서 밟으면 터지는 딱총 화약을 통해 불만을 표시, 참석자들이 놀라기도 했다.

우리는 특별한 스케줄이 없어서 목욕을 하러 가는 등 한가하게 보냈다. 한 20일이 지난 뒤 우리는 중경의 교외지역인 토교土橋로 이동

임시정부의 대식구들이 살았던 중경 토교
토교는 중경에서 남쪽으로 15킬로미터 떨어진 곳에 있다. 그곳 동감폭포 위 언덕에 임시정부의 대가족들이 거처했다.

했다. 중경에 거주할 만한 곳도 없었고, 토교에 한인촌이 조성되어 있었기 때문이다. 중경에서 토교까지는 조천문 부두에서 배를 타고 갔다. 당시 자동차는 목탄차로, 험한 길을 가는 데에는 적당치 않았다.

우리는 몸이 좋지 않았다. 옴과 같은 피부병도 있었다. 그런데 토교 근처에 유황온천인 남온천이 있어 약을 바르고 온천을 하고 해서 상당한 효과를 보았다. 거의 매일 온천에 갔다. 당시 그곳의 정치대학에 재학 중이던 민영수閔泳秀도 만날 수 있었다.

토교에는 신한교회가 있었는데, 우리를 위해 교회에 나무로 2층 침대를 만들어주었다. 교회는 새로 지었는지 새 건물이었다. 신한교회의 목사는 임시정부 요인을 역임한 이상만李象萬이라는 분이 맡고 있었다. 왕족이라던 그 분은 임시정부에 관여하기 전에는 중국인을 상대로 인삼장수를 했다고 들었다.

여자들은 신한촌의 집에 머물게 했다. 신한촌에는 4개 동의 건물이 있었는데, 1동에 두 집씩 여덟

한국혁명여성동맹 창립기념사진(1940년 6월 17일) 임정 요인들의 부인이 중심이 되어 조직되었다.

집이 살고 있었다. 민필호閔弼鎬, 최동오, 이광李光 선생 등의 가족이 살았다. 엄항섭 선생 가족은 도로변 개천가에 따로 살았고, 조금 떨어져 중국식 집에는 류진동 선생이 병원을 했다. 오광선 장군 가족들도 그 곳에 있었다.

임시정부 요인들은 토교에서 출퇴근할 수 없어서 중경에 머물렀고, 가족들은 토교에 거주했다. 차리석 선생의 부인도 토교에 있었다. 최동오 선생 부인은 젊은이들을 좋아했고, 음식을 잘 해주었다. 광복군에 있다가 중국군 장교로 복무 중이던 아들 최덕신의 처인 며느리 유미영柳美英과 함께 살았다. 유미영은 유동열 장군의 양녀라고 들었다. 중경 임시정부가 넓어서 요인 상당수가 그곳에서 숙식을 했다. 민족혁명당 계열 요인들은 남안南岸의 손가화원孫家花園이라는 곳에 거주했는데, 김구 주석의 큰 아들인 김인·안미생 부부도 그 곳에 살았다. 김규식 박사도 남안에 계셨다. 임시정부에는 자주 나오지 않고 일이 있을 때만 나오셨다. 남안에는 내가 직접 가보지 못해 더 자세한 것은 알지 못한다.

1945년 3월 1일, 임시정부 청사에서 3·1절 기념식이 있었다. 기념식을 마치고 연극도 했는데, 신순호 씨 등이 출연했다. 4월 29일 윤봉길 의사 의거일에도 청사에서 모임이 있었다. 3·1절 뒤에 토교에 이범석 장군과 미 공군 장교로 있던 정운수가 와서 서안에서 미군과 연합하여 OSS 훈련을 받을 사람들을 선정했다. 이 장군은 개별 면담을 했는데, 내게 "몸이 건강해 보이지 않으니, 삼촌이 있는 서안으로 가자"고 했다.

나는 중경에 도착하자마자 삼촌이 서안의 제2대 본부에 있다

경위대
임시정부의 위신을 높이고
요인들을 경호할 목적으로
1945년 3월 창설되었다.

는 소식을 듣고 편지를 보냈는데, 20일 만에 회답이 왔다. 전혀 기대하지 않았을 내 편지를 본 삼촌이 얼마나 놀라고 반가웠을까. 다만 집에 숙질간이 모두 잘 있다는 소식을 전하지 못하는 것이 안타깝기만 했다. 그래서 기회가 되면 서안으로 갈 생각을 하고 있었다.

그런데 윤경빈이 주동하여 경위대警衛隊를 조직하자는 이야기가 나왔다. 임시정부의 위신을 높이고 요인들을 경호해야 한다는 취지에서 경위대 조직이 논의되었던 것이다. 이전에도 임시정부에 경위대가 있긴 했지만 유명무실했다. 윤경빈·이영길·박승헌朴承憲·백정갑·신현창·승영호·이문화·서상열, 그리고 나까지 모두 9명이 경위대 조직에 찬성했다. 윤경빈이 신익희 내무부장을 뵙고 말씀드렸더니 좋다고 했다. 경위대는 광복군에서 내무부에 파견된 형식으로 운영되었고, 윤경빈이 대장을 맡았다. 내무부에서는 우리에게 카키색 군복도 지급하고, 모자도 만들어주었다. 중국 국민당 조직부장인 진성陳誠 장군이 모젤 권총 10자루와 탄환 100발이 들어 있는 케이스 10여 통을 보내주었다.

나는 서안으로 가려던 생각을 접고, 경위대에 참여하기로 마음을 먹었다. 서안으로 OSS 훈련을 받을 동지들이 떠난 뒤 경위대도 중경으로 옮겨 근무를 시작했다. 경위대가 만들어지는 도중에 우리 한광반 일부가 서안에 OSS 훈련을 받으러 갔다. 아마 윤봉길 의거를 기념한 직후였던 것 같다. 서안에 가서 훈련 받은 친구들은 5월부터 7월까지 3개월 훈련을 받고, 8월에 작전에 투입될 예정이었다. 그런데 해방이 되었다.

경위대는 중경 임시정부 청사에서 근무했다. 숙소도 배정 받았다. 정문에서 왼쪽 2층 건물 중 1층을 경위대 숙소로 사용했다. 임시정부 정문은 중국 경찰이 보초를 섰기 때문에 우리 경위대는 보초를 서지 않았다. 식사는 중국인 요리사가 여러 명이 있어 쉽게 해결되었다. 하지만 아침은 죽이었고 저녁은 밥으로, 두 끼를 먹었다. 이영길과 박수덕은 술을 잘 했지만, 윤경빈과 나는 그렇지 못했다.

경위대를 만든 뒤 유가만柳家灣 포로수용소에 위문을 갔다. 이 수용소는 중경에서 장강을 건너야 했기에 오가는 데 하루 종일 걸렸다. 수용소에는 학병이나 징병으로 중국 전선에 동원되었다가 탈출했거나 포로가 된 동포들이 여러 명 수용되어 있었다. 수용소에는 한국인 포로가 40~50명 수용되어 있었는데, 대개 징병 1기들이었고 학병은 한두 명이 있었다.

중국 국민당에서는 한적韓籍사병이 수용되면 임시정부에 통보해 주었고, 우리는 면회를 가서 신원을 파악했다. 우리가 한적사병의 석방을 요구하면, 인계해 주어서 그들을 광복군에 편입시키곤 했다. 여름, 아마도 6월경이었던 것 같다. 나는 윤경빈과 함께 수용소에서 한국인 포로들을 인수받았다. 그 석방을 교섭하기 위해 신익희 내무부장을 모시고, 박수덕·서상열 등과 수용소를 방문했다.

선전부장으로 계시던 엄항섭 선생이 나를 좋아하셨다. 당시 중경 중앙방송에서 국제방송이 1주일에 한 번 씩 있었다. 한국어와 일본어, 중국어 방송이었다. 중국어 방송은 대만을 대상으로 하는 것이었다. 일본어 방송은 일본군 소장 출신이 했다. 그는 비행기로 가족과 일본에 가다가 비행기가 추락하여 비상착륙하다가 가족이 모두 죽자 반전으로 전향한 인물이라고 들었다.

한국어 방송은 이청천 장군(본명은 지대형池大亨) 딸인 지복영池復榮 씨가 하다가 무슨 일인지 그만두게 되었다. 그러자 엄 선생이 나에게 그 일을 맡겼다. 국민당에서 중국어로 된 원고가 오면 엄 선생이 번역했다. 나는 방송 원고를 읽은 후 임시정부와 광복군을 선전했다. 시사 프로였다. 해방되어 내가 엄 선생을 모시고 상해로 갈 때까지 수개월 정도 방송 일을 맡았다.

어느 날 주석판공실장 민필호 선생이 내일 오전에 좀 만나자고 하기에, 다음 날 뵙고 점심을 함께 했다. 방송국 가는 길 음식점에서 자라탕을 시켜먹었는데, 나는 처음 먹어보는 음식이었다. 민 선생은 내게 "선우 동지를 데리고 온 것은 주석과 나, 그리고 선우 동지밖에는 모른다"고 했다. 그분은 나를 데리고 가면서 증명사진을 찍게 했는데, 간 곳은 중앙조사통계국이었다. 흔히 남의사藍衣社로 불린 이 기관은 비밀정보기관이었다. 민 선생은 여러 사람에게 나를 왕일주王一舟라는 이름으로 소개했다. 그들은 내게 자주 들려 협조해줄 것을 부탁했다. 나는 정보 관련 훈련을 받지 않았고, 이후 특별한 일은 없었다. 며칠 후 민 선생에게 연락이 와서 통계국에 갔더니 중국인 책임자가 증명서, 즉 왕일주의 신분증을 주면서 생명의 위험이 있어도 증명서를 보이면 안 된다고 강조했다. 신분이 탄로 나면 안 된다는 뜻이었다. 그 곳은 중국 내 임시정부에 관한 정보가 있으면 그것을 임시정부에 전달하는 임무를 수행하고 있었다.

6월경 백범 선생은 외무차장 정환범鄭桓範 씨를 미국대사관에 보내, 자신과 외무부장 조소앙 선생, 임시정부 서무국장 임의탁 선생의 미국 비자를 신청하게 했다. 샌프란시스코회의가 개최되는 미국으로 직접 가실 생각이었던 것이다. 임시정부는 국제적 승인을 받고자 여러 가지로 애를 썼다. 그러나 중국 여권은 나왔지만, 미국 비자는 나오지 않았다. 그리고 8월에 마침내 일본에 원자폭탄이 떨어졌다. 폭탄 투하와 함께 내 운명도 역사에 휩쓸려 들어가기 시작했다.

백범 선생은 보통 때는 좀처럼 말씀을 안 하시다가도, 일단 시작하면 시간 가는 줄 모를 정도로 재미있게 말씀을 하셨다. 1946년 탈장수술을 한 뒤 1개월 정도 용산에 있던 성모병원 분원에 입원해 휴양하고 계실 때, 저녁이면 수녀들이 백범 선생 방에 모여들어 독립운동 이야기를 해달라고 청하곤 했다. 그러면 백범 선생은 감옥에 계실 때 이야기며 독립운동하던 이야기를 재미있게 들려주셨다. 병상에 앉아 수녀들에게 인천감옥 시절 이야기를 하던 선생의 모습이 아직도 잊히지 않는다. 나는 그 시절 이야기가 백범 선생의 인간적인 모습을 가장 압축적으로 보여주는 대목이라고 늘 생각했었다.

1896년, 백범 선생은 국모인 명성황후 시해의 원수를 갚기 위해 치하포에서 일본인을 살해한다. 이 일로 선생은 인천 감옥에 수감되어 사형 선고를 받는다. 백범 선생은 자신의 행동이 정당한 것이었다며 시종 당당하게 심문에 임했다. 이 소식을 들은 전국의 의인들이 백범 선생을 면회하고 구명 운동을 펼치기도 했다.

그러나 백범 선생은 교수형에 처해지게 되었다. 교수대로 끌려가기 직전, 마침내 이 사건의 내막을 알게 된 고종황제가 사형 집행을 정지하라는 명을 내려 선생은 극적으로 목숨을 유지할 수 있었다. 이후 김주경과 같은 이들이 백범 선생의 석방을 위해 각고의 노력을 벌였으나 모두 허사로 돌아갔다. 이에 백범 선생은 자신이 옥중에서 죽어버린다면 왜놈을 기쁘게 할 뿐이고, 탈옥을 하더라도 의리에 어그러질 것이 없다고 판단하여 탈옥을 결심한다.

백범 선생은 동료 수감자들과 함께 탈옥 계획을 진행했고 마침내 거사 당일 선생이 먼저 마룻바닥을 드러내고 땅속을 파서 옥을 벗어났다. 일단 탈출 경로를 확보한 것이다. 감옥 담장만 넘어서면 끝나는 일이었다. 담에 줄사다리를 매어 놓고 선생은 잠시 갈등했다. '이 길로 가버리는 것이 좋지 않을까. 동료 수감자들은 결코 나의 동지가 아니다. 건져내서 무엇 하리.' 그러나 선생은 마음을 달리 먹기로 했다. '사람이 현인군자에게 죄인이 되어도 하늘을 이고 땅을 밟고 부끄러운 마음 견디기 어렵거늘, 하물며 저와 같이 더러운 죄인의 죄인이 되고서야 죽을 때까지 그 부끄러움을 어찌 견디랴' 하며 나오던 구멍으로 다시 들어가 동료 수감자들을 먼저 내보내고 마지막으로 뒤따라 나갔다. 그런데 먼저 나간 네 명은 옥담 밑에서 벌벌 떨고 있을 뿐 담을 넘지 못하고 있었다. 선생은 한 명씩 모두 담 바깥으로 다 내보내고 자신도 급하게 몸을 솟구쳐 담을 넘었다.

이 일화는 《백범일지》에도 잘 소개되어 있지만 나는 선생이 구수한 입담으로 수녀들에게 들려주는 것을 직접 들었다. 보통 사

백범 김구 선생 존영

람이라면 당시 상황에서 선생과 같은 결정을 내리기 어려웠을 것이다. 백범 선생에게서 이 이야기를 들은 이후, 나는 '내가 살기 위해 대의를 버려서는 안 된다'는 것을 인생관으로 삼아왔다. 그만큼 내게 큰 영향을 준 일화였다.

백범 선생은 모든 사람을 존중했다. 선생 자신이 으뜸이 되기보다는 나라와 국민들을 진정으로 섬기는 분이었다. 진정한 지도자를 만나기 어려운 오늘의 현실에서, 나는 다시금 백범 선생을 떠올린다.

"우리나라 대한의 완전한 자주독립"을 소원했던, 독재를 배격하고 자유를 정치이념으로 삼았던, 이기적 개인주의를 버리고 문화국가를 이루자고 했던 백범 선생의 사상은 60여 년이 지난 오늘에도 조금도 그 빛이 바래지 않고 있다. 진정한 지도자가 없는 오늘날의 현실을 살아가는 젊은이들이 백범 선생과 같은 대인의 뜻과 행동을 배우고 새겨, 사람이 살아나가는 데 진정 필요한 것이 무엇인가를 깨달았으면 하는 바람이다.

얼마 전 새로 제작될 10만 원권 화폐의 인물로 백범 선생이 선정되었다. 국민들이 백범 선생을 독립운동의 지도자로, 또 통일의 길을 모색한 지도자로 지지하고 있음을 확인할 수 있었다. 백범 선생은 개인적인 욕심이 없던 분이었다. 선생이 지방을 순시할 때, 그 지역에서 환영의 뜻으로 현수막에 '환영 국부國父 김구 주석'이라고 써놓은 적이 있었다. 백범 선생은 이를 보고 "국부는 한 나라에 한 분, 이승만 박사뿐이니 내 이름 앞에 붙은 국부

민주의원 회의를 마치고 백범 선생과 이승만 박사(1946년) 백범 선생은 주변의 추앙을 물리치고 항상 이승만 박사가 초대 대통령이 되어야 한다고 말했다. 임시정부의 문지기를 소망했던 선생의 뜻을 엿볼 수 있는 대목이다.

라는 말은 떼어내라"고 했다. 선생은 "앞으로 통일된 대한민국의 초대 대통령은 이승만 박사가 되어야 한다"고 말씀하셨다. 주변에서는 국민들이 백범 선생을 추앙하는데도, 선생은 왜 이승만 박사만을 내세우는지 모르겠다고 답답해했다. 그러나 선생은 '우남장雩南丈'이 초대 대통령이 되어야 한다고 판단하셨던 것 같다.

임시정부의 문지기를 소망했던 분이었기에, 백

정범부白丁凡夫라는 뜻의 '백범'이라는 호를 쓰셨다. 정치에서도 개인적인 욕심을 보이지 않고 겸손했던 백범 선생이었기에 원칙과 그것의 실천을 강조할 수 있었다. 그리고 그 원칙을 지키시다 돌아가신 것이다.

백범 선생은 《백범일지》를 간행하면서, 자신이 못난 것을 알지만, 못난 한 사람이 민족의 한 분자로 살아간 기록을 '범인凡人의 자서전'으로 남긴다고 했다.

내가 새삼스레 회고록을 간행하는 것은 주위의 권유를 뿌리치지 못해서다. 내가 살아온 일을 기록하기 위해서가 아니다. 내가 모신 백범 선생의 모습을 나 스스로 기억하고 싶어서, 또 백범 선생의 모습과 그 분을 잘 모르는 이들에게 알리고 싶어서다. 백범 선생이 스스로를 '범인'이라고 했지만, 그분이야말로 진정 이 나라와 민족의 지도자였음을 확신하기 때문이다.

엮고 나서

　선우진 선생님의 회고록 작업이 처음 논의된 것은 2003년 초
반이었다. 전공 분야가 아니어서 여러 차례 사양했지만, 주위 동
학들의 거의 강제적인 권유로 결국 이 일을 맡고 말았다. 1년 계
획으로 시작된 일이었는데, 막상 일을 시작해야 할 즈음에 학교
임용 문제가 생겨 제대로 일을 진행하지 못했다. 2004년에 선생
님과 10여 차례 인터뷰를 하면서 자료를 모으기 시작했다. 인터
뷰 내용을 푸는 데에만 1년의 시간이 걸려, 원고는 2005년에 와
서야 시작할 수 있었다. 그러나 진척이 매우 느렸다. 연구소에 근
무하던 때와는 달리 학교의 여러 일들이 집중적으로 원고 작성에
매달리지 못하게 만들었기 때문이다.
　작업이 부진하자 선우 선생님께서 여러 차례 채근도 하시고,
역정도 내셨다. 최근 선생님의 건강이 많이 나빠진 것이 이 작업
의 부진과 무관하지 않음을 알기에 죄송스럽기 그지없다. 본래
선우 선생님이 회고록 간행에 별 관심이 없으시다가 주위의 권유
로 일이 시작된 것을 잘 아는 형편에서 더욱 죄송스러웠다. 선생
님은 처음부터 자신의 생애를 되돌아보거나 드러내기 위해 회고

록 작업을 시작한 것이 아니었다. 오히려 백범 선생을 모셨으면서도 시해를 막지 못했다는 죄책감에서 여러 차례 회고록 집필을 마다하셨다.

2007년 초에 이르러서야 초고가 완성되었다. 그 이전부터 원고가 되는 대로 선생님의 수정을 받았는데, 막상 초고가 만들어지고 몇 차례 수정을 거치면서 선생님이나 나나 모두 만족하지 못했다. 초고가 지나치게 단조롭고 연대순의 논문 투로 만들어져 선생님의 목소리가 제대로 전달되지 못했던 것이다. 결국 윤문이 필요하다고 판단, 그 일을 잘 수행할 수 있는 진봉철 씨의 도움을 받아 초고의 순서나 표현을 대폭 바꾸는 작업에 들어갔다. 선우 선생님의 건강 문제로 일이 약간 지연되기도 했지만, 아무튼 2008년 여름이 끝날 즈음 200자 원고지 1,000매 정도의 분량으로 정리될 수 있었다.

선우 선생님은 백범 선생의 모습을 오늘에 전하고자 자신이 기억하는 백범 선생을 말씀하셨다. 60년이 지난 일을 어제 일처럼 기억하기도 했다. 물론 기억이 희미한 부분도 없지 않았다. 그러나 무엇보다도 이 회고록은 선우진 선생님의 기억이라는 점을 잊지 않았으면 한다. 내용에 따라 선생님과 나의 의견이 다르기도 했다. 연구자로서 자료를 보면서 선생님의 기억을 수정하고자 한 부분도 없지 않았다. 그러나 이 회고록이 선생님의 기억 정리를 우선으로 한다는 점에서 선생님의 기억을 중심에 두었다. 아울러 선생님의 명의로 발표된 여러 회고나 증언을 원고 작성 시 참고했다.

선우진 선생님을 처음 뵌 것이 1991년 한국광복군 유적지를 찾아 중국에 처음 떠날 때 백범회관에서였으니, 벌써 20년 가깝게 되었다. 회고록 작업을 통해 선생님을 가까이에서 모시면서, 백범 선생에 대해서는 한없는 존경을 표하면서도 스스로는 그지없이 낮추는 선우 선생님을 뵐 수 있었다. 작업은 주로 백범기념관에서 홍소연 선생의 협조로 진행했다. 인터뷰 내내 함께 하고 교정과 사진 선정 작업까지 도맡은 홍 선생은 실제 이 작업의 공동참여자였다.

회고록의 출판에는 김구재단 김호연 이사장의 지원이 있었다. 김호연 이사장은 이 회고록을 시작할 수 있게 여러 가지로 애를 쓰고, 오랜 기간 인내심을 가지고 출판을 기다려주었다. 푸른역사의 박혜숙 사장과 정호영 씨의 마무리가 고마울 뿐이다.

2008년 12월
최기영

찾아보기

백범 선생과 함께 한 나날들

- ◉ 2009년 1월 5일 초판 1쇄 발행
- ◉ 2009년 6월 10일 초판 3쇄 발행
- ◉ 글쓴이　　　　선우진
- ◉ 엮은이　　　　최기영
- ◉ 발행인　　　　박혜숙
- ◉ 편집인　　　　백승종
- ◉ 영업·제작　　　변재원
- ◉ 인쇄　　　　　정민인쇄
- ◉ 제본　　　　　정민제책
- ◉ 종이　　　　　화인페이퍼
- ◉ 펴낸곳　　도서출판 푸른역사
　　　　　　우 110-040 서울시 종로구 통의동 82
　　　　　　전화: 02)720 - 8921(편집부) 02)720 - 8920(영업부)
　　　　　　팩스: 02)720 - 9887
　　　　　　전자우편: 2007history@naver.com
　　　　　　등록: 1997년 2월 14일 제13-483호

ⓒ 선우진, 2009

ISBN　978-89-91510-84-5　03900